改变，从心开始

立 品 图 书·自觉·觉他
www.tobebooks.net
出 品

整合心理学

人类意识进化全景图

[美] 肯·威尔伯 / 著　　聂传炎 / 译

ARTTIME 时代出版
时代出版传媒股份有限公司
安 徽 文 艺 出 版 社

图书在版编目（CIP）数据

整合心理学：人类意识进化全景图 /（美）肯·威尔伯著；聂传炎译．—合肥：安徽文艺出版社，2015.8

ISBN 978-7-5396-5376-1

Ⅰ．①整…　Ⅱ．①肯…②聂…　Ⅲ．①心理学—教材　Ⅳ．①B84

中国版本图书馆 CIP 数据核字（2015）第 062058 号

引进图书合同登记号：12151504

INTEGRAL PSYCHOLOGY: Consciousness, Spirit, Psychology, Therapy
by Ken Wilber

Published by arrangement with Shambhala Publications, Inc.
Horticultural Hall, 300 Massachusetts Avenue, Boston, MA 02115, U.S.A.,
www.shambhala.com

出 版 人：朱寒冬　　责任编辑：宋潇婧　王婧婧
特约编辑：罗　熠　　装帧设计：尚上文化

出版发行：时代出版传媒股份有限公司　www.press-mart.com
安徽文艺出版社　www.awpub.com
地　　址：合肥市翡翠路 1118 号　邮编：230071
营 销 部：（0551）63533889
印　　刷：三河市华晨印务有限公司　（0316）3655880

开本：787×1092　1/16　印张：22.5　字数：290 千字
版次：2015 年 8 月第 1 版　2015 年 8 月第 1 次印刷
定价：68.00 元

目　录

第二部分 从前现代通向现代之路

第三部分 成果：整合式模式

致读者：昼景（daylight view）

“心理学“这个字眼意味着对心灵[①]（psyche）的研究，而”心灵”这个字眼则意味着心智或灵魂。在微软词典的“心灵”词条中，我们看到的解释是：“自我：阿特曼[②]，灵魂，灵性；主体性：更高的自我，灵性自我，灵性。”这再次提醒我们，心理学的基础深深地扎根于人类的灵性和灵魂之中。

“心灵”或其他类似词语起源悠久，至少可以上溯到公元前数千年之时，当时几乎总是指身体或其他物理介质中活跃的力量或灵性。在16世纪的德国，心灵与逻各斯（logos）[③]——道或学——合起来形成了心理学

---

① 由于本书涉及大量与心灵相关的术语，各个术语在具体语境中含义往往各不相同，因此本书的大致译法如下：mind（心智）、psyche（心灵）、soul（灵魂）、spirit（灵性）、mental（心理的）、psychic（通灵的）。如果原文属于泛指，考虑到中文表达习惯，上述译法偶尔也会混用，但绝大多数时候都作了严格区分。

② 阿特曼（atman），印度哲学术语，特指《奥义书》（梵名Upanishad）和吠檀多派（梵名Vedanta）哲学，用以表示“自我”、“神我”之义。这个词由动词“呼吸”（梵名van）转化而来，因为印度人认为呼吸乃是生命之根源，因此以atman为统摄个人之中心。

③ 古希腊哲学及神学的术语，是西方哲学的核心概念。逻各斯在哲学上表示支配世界万物的规律或原理；在神学上则表示上帝的旨意或话语。

（psychology）这个词，用来表示对人类灵魂或灵性的研究。至于何人首次使用“心理学”这个字眼，至今尚无定论；有人说是梅兰希顿[①]，有人说是弗雷格斯[②]，有人说是马尔堡的郭克兰纽[③]。但是，到了1730年，德国的沃尔夫[④]、英格兰的哈特利[⑤]和法国的博内（Bonnet）开始在更现代的意义上使用这个词，但即便在那时，psychology仍然符合《新普林斯顿评论》在1888年所做的定义，意指“关于心灵或灵魂的科学”。

我曾经打算写作心理学史与哲学史，并开始为此搜集素材。我决定这样做的原因在于，当我阅读绝大多数的心理学史教科书时，下面这种离奇古怪的事实引起了我的注意：在这些书籍讲述心理学——和心灵——的历史时，仿佛它是1879年左右在威廉·冯特[⑥]负责的莱比锡大学实验室中突然产生的。冯特诚然是反省心理学和构造主义心理学之父，然而，心灵自身当真是在1879年才忽然存在的吗？

有几本教科书将其历史推得稍稍更早些，回溯到了冯特所创建的科

---

① 梅兰希顿（Philipp Melanchthon，1497—1560），德国基督教新教改革家，继路德以后成为德国宗教改革运动的领袖，起草有《奥格斯堡信纲》。

② 弗雷格斯（John Thomas Freigius，1543—1583），德国著名博学家和历史学家。

③ 郭克兰纽（Rudolph Goclenius，1547—1628），德国著名科学家，经院哲学家，著有《哲学词典》。

④ 沃尔夫（Christian Wolff，1679—1754），德国博学家、法学家、数学家、启蒙哲学家，继承了莱布尼兹的哲学并将其系统化，强调理性思想和数学方法，著有《全部数学科学的基础》等书。

⑤ 哈特利（David Hartley，1705—1757），英国哲学家，心理学联想主义流派的创始人。

⑥ 威廉·冯特（Wilhelm Wundt，1832—1920），德国心理学家、哲学家，最早的心理学实验室的创立者，构造主义心理学的代表人物，著有《生理心理学原理》、《心理学概论》等重要著作。

学心理学的先驱者，包括法兰西斯·高尔顿爵士[①]、赫尔曼·冯·亥姆霍兹[②]，尤其是权威人物古斯塔夫·费希纳[③]，正如某本教科书乏味地写道："在1850年10月22日上午（这是心理学历史上的重大日子），费希纳洞察到：可以在心理感受和物理刺激之关系的定量研究中，发现心灵和身体的关联法则。"费希纳的法则很快就广为人知，它表述为$S=K\log I$（心理感受与物理刺激的对数成正比）。还有本教科书这样解释其重要性："在这个世纪初期，伊曼纽尔·康德预言说，心理学绝不可能成为科学，因为我们不可能通过实验来测量心理过程。借助于费希纳的工作，科学家们首次能够测量心灵。到19世纪中叶为止，科学方法被运用到了心理现象当中。日后，威廉·冯特会将这些最初的创造性成就协调并融合起来，'铸造'成心理学。"

每本教科书都认为，在构建现代心理学的过程中，古斯塔夫·费希纳属于重要的转折性人物，每本教科书都对他推崇备至，因为他找到了运用定量标准来研究心灵的办法，因此最终让心理学具备了"科学性"。甚至威廉·冯特也很重视这一点。"我们永远不会忘记，"他宣称，"费希纳最早将测量和实验观察的精确办法和原则引入到心理现象的研究之中，因此开创了名副其实的心理科学。其方法的主要优点在于：它无须领会

---

① 法兰西斯·高尔顿爵士（Sir Francis Galton，1822—1911），英国维多利亚时代的文艺复兴人、人类学家、优生学家、热带探险家、地理学家、发明家、气象学家、统计学家、心理学家和遗传学家，著有《遗传的天才》、《人类才能及其发展的研究》等书。

② 赫尔曼·冯·亥姆霍兹（Hermann von Helmholtz，1821—1894），德国物理学家、生理学家，著有《力量的保存》、《生理光学手册》等书。

③ 古斯塔夫·西奥多·费希纳（Gustav Theodor Fechner，1801—1887），德国物理学家，实验心理学家，心理物理学、实验美学的创始人，著有《心理物理学纲要》、《美学初探》等书。

哲学体系的发展演变过程。现代心理学事实上都具有真正的科学性特征，能够远离所有的形而上学争论。”我猜想，这个费希纳博士可能很高兴自己让心理学摆脱了灵魂或灵性的毒害，将心灵还原成了可以测量的、基于经验的事物，因而开创了真正的科学心理学时代。

就我所知，这就是人们对古斯塔夫·费希纳的全部评价，直到若干年以后，当我在摆满了哲学旧书籍的书店中淘书之时，我非常吃惊地发现，有本书的书名非常引人注目：《死后的生活》。这本书写于 1835 年，作者正是古斯塔夫·费希纳。该书的开场白极其有趣：“人在地球上不止生活一次，而会生活三次。人生的首个阶段是持续的睡眠；第二个阶段是睡而复醒，醒而复睡；第三个阶段则会永远醒着。”

随后，这本专著就转入永远醒着的阶段：“在首个阶段，人孤独地生活在黑暗之中；在第二个阶段，他会和同伴交往，但仍然和他们分离开来，活在事物表面所反射出来的光明中；在第三个阶段，他的生命……和宇宙的灵性……结合起来，成为了更高的生命。”

“在首个阶段，他的身体从胚胎开始发展，形成第二个阶段的器官；在第二个阶段，他的心灵从胚胎开始发展，形成第三个阶段的器官；在第三个阶段，神性的胚胎（它潜藏在每个人的心中）开始发展。”

我们将从首个阶段转入第二个阶段的过程称为“出生”，将从第二个阶段转入第三个阶段的过程称为死亡。从第二个阶段转入第三个阶段的道路，并不比从首个阶段转入第二个阶段的道路更加黑暗。后者引导我们看外在的世界，而前者则引导我们看内在的世界。

从身体到心智到灵性，也就是意识成长的三个阶段。只有当每个人的自我死掉以后，他们才能觉悟到宇宙灵性的浩瀚无边。这是费希纳关于生命、心智、灵魂和意识的真实哲学，教科书为何不肯费心告诉我们呢？而我之所以决定写作心理学史，也仅仅是因为“必须有人来说话”。

[冯·哈特曼[①]的《无意识哲学》让“无意识”的概念变得广为人知，该书出版于1869年——比弗洛伊德的学说早30年——开创了10年之内印刷8次的先河。冯·哈特曼阐述了叔本华的哲学，而叔本华本人则明确表示，他的哲学思想主要来源于东方神秘主义与佛教，尤其是《奥义书》：在个人意识之中潜藏着宇宙意识，这种宇宙意识对大多数人来说是“无意识的”，但它可以被唤醒，并获得充分的了解，从而无意识的东西能够变成有意识的东西，这乃是世人最大的良善。弗洛伊德从乔治·果代克的《它者之书》（*The book of the It*）中直接汲取了“本我”（id）的概念，而果代克的这本著作则基于宇宙之道或持续发展的宇宙灵性的存在。而……还是就此打住吧，这个话题说起来很长，但所有这些事实都有力地提醒我们：现代心理学的根源可以追溯到灵性传统之中，而这恰恰是因为心灵自身与灵性源头存在着联系。在心灵最深处，我们发现的不是本能，而是灵性，而理想的心理学研究应该关注所有这些东西：身体、心智和灵魂；潜意识、自我意识和超意识；睡眠、半睡半醒和完全清醒。]

费希纳的确对基于经验的、可测量的心理学做出了卓越的贡献；他的《心理物理学纲要》可以当之无愧地被视为首部重要的心理学著作，完全配得上继冯特之后的心理学家所给予的全部赞美之辞。然而，费希纳的心理物理学的总体观念就是：灵性和物质是密不可分的，它们是同一个重大现实的两面。他研究心理特征的初衷就是为了指出这种不可分离性，而不是将灵性或灵魂还原为物质实体。他当然也完全没有否认灵魂和灵性，然而在那些不太敏锐的研究者手中，他的思想却似乎变了样。

正如某个学者所总结的，费希纳认为：“整个宇宙在本质上是灵性的，物质实体所构成的现象世界只是这种灵性现实的外在形式。原子只是通

---

① 冯·哈特曼（Edward von Hartmann，1842—1906），德国哲学家，试图将黑格尔、谢林、叔本华诸家的哲学融合起来，著有《无意识哲学》等书。

向上帝的灵性阶梯的最简单元素。这个阶梯的每个层次都包含着低于它的所有层次，因此上帝包含全部的灵性。意识是所有存在物的根本特征……灵魂存在的证据就是有机体所体现出来的系统连贯性和规律性。”费希纳认为：“我们的母亲”——地球，是个具有灵魂的有机整体。

费希纳本人解释说：“就像我们的身体属于地球上更伟大、更高级的个体，我们的灵性也属于地球上某个更伟大、更高级的灵性，后者包括了所有世间生物的灵性，就酷似地球体（earth-body）包含了他们的身体。与此同时，地球灵性（earth-spirit）并不仅仅是地球上所有灵性的聚合，而是它们更高级的结合，并且具有自身的意识。”地球灵性——费希纳以此准确地阐释了盖亚[①]的总体轮廓——其自身仅仅是神圣灵性（divine-spirit）的组成部分，而“神圣灵性则是无所不知的，是真正全意识的（all-conscious），也就是说，容纳了宇宙的全部意识，因此在更高和最高的联系中……包含了每个个体的意识。”

但这并不意味着抹杀个性，而仅仅意味着个性的完满，并被纳入更伟大的事物之中。“我们自身的个性和独立——这是天生的特征，但也是相对的特征——不会被这种结合所削弱，但会受到它的制约。”因此，这种越来越包罗万象的嵌套型层次结构会继续发展：“地球远远不会将我们的身体与宇宙隔离开来，而会将我们与宇宙联系和融合起来，因此，地球灵性也远远不会将我们的灵性与神圣灵性隔离开来，而是让世间的所有灵性与宇宙的灵性形成更高的独特联系。”

因此，费希纳的心理学方法是整合式方法：他想要采用经验的、科学的标准，但并不否认灵魂或灵性，而是尽力阐释它们。“认为整个物质宇宙具有内在的生命力和意识，就是相信费希纳所说的昼景；而认为它是无生命力的物质并缺乏任何目的或意义，就是相信费希纳所说的夜景（night

① 盖亚（Gaia），希腊神话中的大地女神的名字，后来通常都指地球。

view）。费希纳热心地宣扬昼景，并希望心理物理学的实验方法能够支持它。”

这样看来，夜景似乎占据着上风，对吗？但是，曾经有个时期——大约介于费希纳（1801—1887）至威廉·詹姆斯[①]（1842—1910）至詹姆斯·马克·鲍德温[②]（1861—1934）期间——新兴的心理学仍然与各个时代的古老智慧保持着深切的联系。这些古老智慧包括：长青哲学[③]、存有巨巢（Great Nest of Being）、唯心主义体系，以及几乎人人皆知的、关于意识的简单事实——意识是真实的，内在观照的自我和灵魂也是真实的，尽管我们对于细节或许会有不同程度的分歧。因此，这些真正伟大的心理学奠基人——如果我们得以了解其真实观点的话——会在整合式观点上给予我们很多教导，而这种整合式观点则会尽力囊括关于身体、心智、灵魂和灵性的真理，而不会将它们还原成物质的显现形式、数字化产物、经验过程，或者是（与所有这些东西绝对同等重要的）客观体系。现代心理学的这些先驱者既是完全科学性的，又是完全灵性的，在这种充分的接纳中，他们并没有感受到丝毫的矛盾和困惑。

这本书讲述的就是这种整合心理学。它竭力囊括了现代科学研究心理学、意识和治疗领域的精粹，同时，它也从开创心理学的这段整合时

---

① 威廉·詹姆斯（William James，1842—1910），美国本土首个哲学家和心理学家，也是教育学家，实用主义的倡导者，美国机能主义心理学派的创始人，也是美国最早的实验心理学家。著有《心理学原理》等书。

② 詹姆斯·马克·鲍德温（James Mark Baldwin，1861—1934），美国心理学家，以“心理哲学”的传统为思想基础，致力于解释思想对事物的一致性。有《儿童与种族的心理发展》等著作。

③ 长青哲学（perrennial philosophy），学者奥古斯丁·斯图科1540年首次提出的概念，是普遍的、经常被人们提及的、独立于时代与文化之外的哲学概念，包括了现实的普遍真理、人类的意识（人类学的共性）等。

期（其标志性人物包括费希纳、詹姆斯·鲍德温以及我们很快会谈到的许多其他人物）汲取了灵感。在那个美好的旧书店里，我震惊地意识到很少有人讲述费希纳的真实故事，因此，我在随后开始研究历史，并从那时起开始着手写作本书。结果写成了大部头的两卷本，其中大约讨论了东西方古往今来的200名理论家，这些理论家都在按照自己的方式，努力形成更整合的观点，本书的图表大约概括了其中的100个系统。出于各种原因，我决定在首次出版该书时对它进行高度精简，并加以剪辑，同时保留大部分图表（参见书中的图表），这就形成了读者面前的这本书。

因此，本书所做的，仅仅是最简单地勾勒出某种整合心理学的轮廓。它试图接纳并整合前现代、现代和后现代资源中那些不朽的智慧，并相信：所有这些智慧都能给我们带来极其重要的启发。但本书在这样做时，并没有采用简单的折中主义，而是系统性地接纳，其做法看似杂乱无章，实际上却自成体系。

但是，本书的主要目的是推动人们着手进行讨论，而不是结束讨论，是抛砖引玉，而不是盖棺定论。我之所以决定以概要的形式首次出版，是因为我想提供某种概述，而不要充斥着太多我个人的见解，从而鼓励其他人投入这场探索之旅。读者可能会赞同我，也可能会反对我，或纠正我可能犯下的错误，乃至于弥补书中的许多空白或消除其缺陷，从而借助于自身具备的美好智慧来继续推动这项事业。

考虑到那些将本书作为教材的教师，以及那些勤奋好学的学生，我在书中加了大量尾注。事实上，这是两本书的内容：相当简短的、明白易懂的正文，以及提供给钻研者的尾注。（我建议读者在首次阅读本书时跳过书中的注释，或者将正文读完一遍再单独阅读注释。）尾注具有两个特殊作用：利用我自身的某些详细观点来充实正文中的概述（对我教导的学生来说尤其如此）；为其他学者更深入地了解每个重要话题提供一系列具体建议，例如，教师们可能会翻阅注释中提到的某些书籍（以及他们自己最喜欢的书籍），为班上的学生制作复印本和讲义，并用更详尽的书籍来补充正文中的主要轮廓。感兴趣的非专业人士也可以根据这些尾注的提示，在任何领域进行更深入的阅读。这个推荐书目并非毫无遗漏，仅仅挑选了部分具有代表性的书籍。关于超个人心理学和心理治疗方面的推荐书目，我咨询过许多同事，列出了他们给出的答案。

我没有单独列出参考书目，光是这类图表的参考资料就多达上百页，而如今上网已经能够非常轻松地搜索任何大型出版社的各种书籍（因此，我也没有列出出版商的信息）。同样，我通常也只列出某些最重要作者的姓名，读者可以自己搜索，看看能否读到他们的相应著作。

我个人认为，当学术界在摸索如何摆脱宇宙难以消除的夜景之时，整合心理学（以及总体上的整合式研究）在未来几十年中将会越来越受欢迎。

接下来，读者将会见到我所阐释的昼景。亲爱的古斯塔夫，我将这本书敬献给你。

肯·威尔伯

博尔德市，科罗拉多州

1999 年春

第一部分

基础：基本原理

心理学研究人类意识及其在行为中的表现形式。意识的功能包括：感知、欲望、意愿和行动。意识的结构——其中某些方面可能是无意识的——包括身体、心智、灵魂和灵性。意识状态包括正常状态（例如清醒、做梦、睡眠）、变异状态（例如非常意识、冥想）。意识的模式包括美学的、道德的、科学的。意识的发展贯穿了前个人、个人、超个人的全部范畴，贯穿了潜意识、自我意识、超意识的全部范畴，也贯穿了本我、自我、灵性的全部范畴。意识的关联性和行为特征指的是意识能够和客观的外在世界，以及具有共同价值观和观念的社会文化世界彼此相互影响。

心理学的发展历程表明，其最大的难题在于：通常来说，在众多异常丰富的、多侧面的意识现象中，不同的心理学流派往往只了解了其中某个方面，却宣称只有这个方面值得研究（或者甚至宣称只有这个方面是真实存在的）。行为主义者[①]将意识简化成可观察的行为表现形式，精神分析学将意识简化成自我的结构并受到本我的影响，存在主义者则将

① 行为主义是美国现代心理学的主要流派之一，也是对西方心理学影响最大的流派之一。行为主义的主要观点是认为心理学不应该研究意识，只应该研究行为，把行为与意识完全对立起来。

意识简化成个人结构和意图模式。许多超个人心理学流派则仅仅关注意识的变异状态，缺乏意识结构发展的连贯理论。亚洲的心理学家通常擅长于描述从个人到超个人的意识发展状态，却罕能理解从前个人到个人的更早发展状态。认知科学巧妙地引入了科学经验主义来解决这个问题，但最终往往将意识还原成其客观特征、神经元系统以及类似于生物计算机的功能，从而毁掉了意识自身的生命世界。

但是，换个角度来看，如果上述所有观点都是事实的重要组成部分呢？如果他们对广阔的意识领域都拥有正确却片面的见解呢？无论如何，将他们的结论汇聚起来，会大大地拓展我们对意识本质的看法，而更重要的是，也会让我们更加知道意识可以发展成什么样子。尊重并接纳人类意识的每种合理特征，是整合心理学的目标。

显然，这种努力——至少在刚开始时——不得不在高度抽象的层面上进行。在协调这些数不胜数的方法时，我们要不断对每个系统继续加以系统化，因此，只能采用“方向性概括”① 的方式来协调它们。这些跨范式概括的首要目标，就是尽量将概念之网撒得更远更广，让我们从大体上理清头绪。这需要包罗万象并在它们之间建立网络，有时甚至是多重网络。每个网络所包含的东西，既要合理，又要尽可能地广泛。这就是统观逻辑（vision-logic），是既见树木又见森林的逻辑。

这不是说树木就可以被忽略掉。网络 - 逻辑是整体与局部的辩证法。我们会尽量审视更多的细节，然后汇集成试验性的全景图。我们会用更多的细节来核实它，重新校正这张全景图。这个过程会无限地进行下去，越来越多的细节会持续不断地改变整张全景图，而反过来，全景图的改变又会改变细节。概念思维的秘诀在于：整体会展现出局部并不具有的新涵义，因此，我们绘制的这张全景图会给图中的细节赋予新的涵义。由

---

① 见尾注 1。

于人类注定会寻求意义，他们也就注定会创造全景图。即便是“反全景图”的后现代主义者，也会用大幅全景图向我们解释他们为何不喜欢全景图，这种内在的悖论让他们遭受到各种各样的责难，但它仅仅再次表明：人类注定会去创造全景图。

因此，请谨慎地选择你的全景图。

就整合心理学——总体整合式研究的分支——而言，我们有丰富的理论、研究和实践宝藏，它们都是整合式森林中的重要树木。在随后的章节中，我们会审视其中的许多树木，并始终都会考虑如何将它们纳入整合式图景中去。

我的思想体系的各个要素在许多书中逐渐成形，它们被总结在图表1a和1b当中。这包括意识的结构、状态、功能、模式、发展和行为特征。我们会按照顺序，逐个讨论这些话题。我们也会汲取前现代、现代和后现代的资源，并将它们协调起来。而首先，我们将讨论整个系统的骨干：意识的基本层次。

第一章
基本层次和波

存有巨巢

真正的整合心理学需要接纳前现代、现代和后现代资源中的不朽智慧。

我们首先来谈谈前现代或传统资源，汲取其智慧的最简单途径就是关注我们所说的长青哲学，或世界伟大灵性传统的共同核心。休斯顿·史密斯[①]、亚瑟·洛夫乔伊[②]、阿南达·库马拉斯瓦米[③]以及研究这些传统的其他学者指出，长青哲学的核心就是认为：现实是由各种不同的存在层次——存在和认知层次——所构成的，涵盖了物质、身体、心智、灵魂

---

① 休斯顿·史密斯（Huston Smith，1919—），美国著名宗教学者，著有《人的宗教》等书。

② 亚瑟·洛夫乔伊（Arthur Lovejoy，1874—1962），美国思想史家，著有《存在巨链》等书。

③ 阿南达·库马拉斯瓦米（Ananda Coomaraswamy，1877—1947），斯里兰卡哲学家和玄学家，也是开创性的印度艺术史学家和哲学家，尤其擅长艺术史和象征主义，是将印度文化介绍给西方的早期诠释者，著有《印度教和佛教》、《印度艺术导论》。

和灵性。每个更高的维度都超越并包含了较低的维度，因此，这个概念意味着在从微尘到神性的道路上，整体之中又包含着整体，并无限循环下去。

换句话说，这个“存在巨链”其实是个“存有巨巢”，其中，每个更高维度都包含并接纳了更低的维度，如图 1 所示，这就酷似一系列的同心圆或球（对那些不熟悉“存有巨巢”概念的读者，E. F. 舒马赫[①]的《迷途指津》始终是最简短的入门介绍书籍。其他出色的入门书籍还包括休斯顿·史密斯的《被遗忘的真理》和邱阳·创巴仁波切[②]的《香巴拉：勇士之圣道》，邱阳·创巴仁波切证实，“存有巨巢”甚至在最早的萨满教

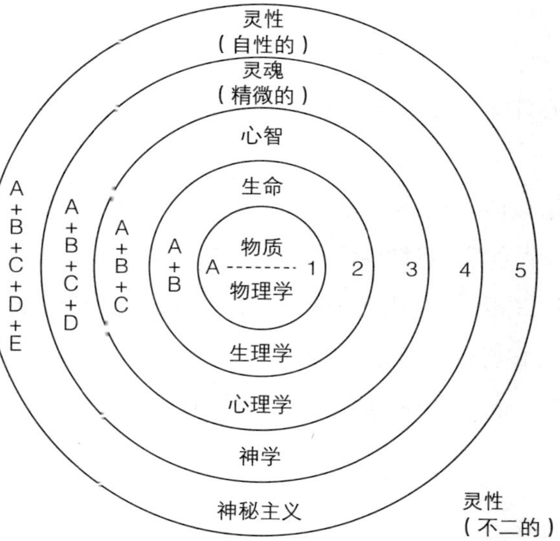

图 1　存有巨巢。灵性既是最高的层次（自性的），也是所有层次的不二根基。

① E. F. 舒马赫（E.F.Shumacher，1911—1977），英国著名的经济学家，资源防护论者，全名埃内斯特·弗里德里希·舒马赫，著有《小即是美》，被誉为“可持续发展的先知”。

② 邱阳·创巴仁波切（Chogyam Trungpa，1939—1987），西藏噶举派僧人，后还俗，以狂慧著称，属于在西方弘扬藏传佛教的先驱人物。著有《动中修行》等书。

文化中就已经存在）。[①]“存有巨巢”是长青哲学的脊柱，因此也是任何真正的整合心理学的重要内容。

在最近300年左右，就存在巨链的常见层次而言，长青哲学几乎毫无例外地达成了跨文化共识，当然，这些层次的划分数目有着很大的差异。有些传统认为只有三个主要的层次或领域（身体、心智和灵性，或者说粗重的、精微的、自性的）。另外有些传统认为有五个（物质、身体、心智、灵魂和灵性）。还有些传统甚至认为有七个（例如，七脉轮[②]理论）。大多数传统都对这些层次进行了非常复杂的细分，这让存在和认知层次通常形成了12、30乃至108个分支，它们都存在于这个异常丰富的宇宙之中。

但是，许多长青哲学——例如普罗提诺[③]和奥罗宾多[④]——发现了大约12个最有用的意识层次，这大体上就是我在图表中介绍的层次。[⑤]我的基本层次或基本结构罗列在所有图表的左侧。这仅仅是“存有巨巢”的基本层次，每个层次都超越并包含了其前续层次，不管我们采用简单的五层次系统（物质、身体、心智、灵魂、灵性），还是稍稍复杂的版本[例如我在图表中介绍的系统，后文中还会进行解释。这个系统包括：物质、感觉、知觉、外觉（exocept）、冲动、意象、符号、内觉（endocept）、概念、规则、形式的、统观逻辑、洞察力、原型的、无相的、不二的]，这个结论都是适用的。

---

① 见尾注1.1。

② 昆达里尼瑜伽（kundalini yoga）认为人体有七个脉轮，这些脉轮是能量中心，吸取宇宙的生命力，并透过能量通道传送到神经系统、内分泌腺和循环系统。

③ 普罗提诺（Plotinus，约205—270），罗马哲学家，新柏拉图主义的创立者和主要代表，其作品由弟子珀菲里在其去世后整理成《九章集》。

④ 奥罗宾多（Aurobindo，1872—1950），本名奥罗宾多·高斯，印度先知、诗人和民族主义者，北印度地区的政治人物、哲学家和教育家。

⑤ 见尾注1.2。

现在我们要介绍一个有用的术语：这些基本层次是意识的“子整体”（holon）。子整体既是个整体，同时又是其他整体的组成部分。例如，原子是分子的组成部分，而分子又是细胞的组成部分，细胞又是有机体的组成部分，等等。我们在本书中将会看到，宇宙从根本上来讲是由子整体构成的，每个整体都是其他整体的组成部分。字母组成了单词，单词组成了句子，句子组成了完整的语言。个体组成了家庭，家庭组成了社区，社区组成了民族，民族组成了世界……

既然每个子整体都被包含在更大的子整体中，子整体自身就存在于嵌套型层次结构——或者称为“子整体序”（holarchy）[①]——之中，例如：原子、分子、细胞、有机体、生态系统。正如图 1 所表明的那样，存有巨巢仅仅是这些整体性越来越强的层次的全景图[②]。简而言之，在“存有巨巢”中，基本层次是基本的子整体（阶段、波、领域、巢）。

我会交替使月所有这三个术语——基本层次、基本结构、基本波，它们在本质上都指相同的现象；但每个术语的内涵都略微不同，这传递了非常重要的信息。“层次”强调的是：在越来越具有整体包含性（如图 1 所示，每个层次都超越并包含了其前身）的嵌套型层次结构（或子整体序）中，它们是**性质上**截然不同的组织层次。“结构”强调的是：它们是存在与意识的长久的**整体模式**（每个都是子整体，这些子整体自身既是整体，同时又是其他整体的组成部分）。而“波”强调的是：这些层次并没有严格地分开和隔绝开来，而是像彩虹的颜色那样，能够通过无限的细微变化互相转化。基本结构就像彩虹的基本颜色。打个比喻来说，它们是生命长河中的波浪，众多水流都会流经这条长河。

这些不同的波并不是线性的，也不是僵化不变的。我们将充分发现，

---

① holarchy 是作家阿瑟·库斯勒在 1967 年发明的术语，意指子整体之间的联系。

② 见尾注 1.3。

个体在穿过各种意识波的时候，其发展是非常连贯的。个体在不同的境遇中可能会处于各种不同的意识波之中，自身意识的各个侧面也可能处于众多不同的发展波之中，甚至每个人的子人格[①]也可能处于不同的发展波之中。整体发展是非常复杂的事情！基本层次或基本波仅仅表示生命长河中某些更显眼的弯道，仅此而已。

图表2a和2b勾勒出了十几种不同的东西方体系所构想出来的基本层次或基本波。我们会在后文中讨论许多其他体系。但是，我们应该从起初就意识到：古往今来的贤哲们所阐释的这些层次或子层次，并不是形而上思考或琐碎抽象的哲学产物。事实上，它们几乎完全是直接经验现实的结晶，从感官体验发展到心智体验再发展到灵性体验。存有巨巢中的层次仅仅反映了能够被直接经验所揭示出来的全部存在与认知范畴，涵盖了潜意识、自我意识和超意识。而且，多年以来，这些波的发现是由许多人共同完成的，并为彼此所证实。不管它们起源于何地，它们都具有很大的共性，有时几乎完全相同，这个事实告诉我们：我们生活在具有模式可循的宇宙之中，几乎每种文化中的睿智之士都能够识别出这些非常生动的模式。

在存有巨巢中，每个更高维度——从物质到身体、心智、灵魂、灵性——都超越并包含了更低维度，因此，生命体超越并包含了矿物质，心智超越并包含了维持生命所必须的身体，光明的灵魂超越并包含了理性心智，耀眼的灵性完全超越并包含了万物。因此，灵性既是最高级的波（纯粹超越性的），也是所有波永恒的根基（纯粹内在性的），超越了万有，却又接纳万有。存有巨巢是爱——或者说爱欲、基督之爱、悲悯、仁慈，无论怎么称呼都行——的多维网络，它让宇宙的任何角落无不受

---

① 子人格（subpersonality），超个人心理学术语，指的是个体在面对某些社会心理学情境时所采用的人格模式。

到爱的照顾，无不接纳恩典的奥秘。

灵性是完全超越性的，也是完全内在性的，这个事实是如此重要，却又经常被人们所遗忘。如果我们想要将灵性概念化，我们至少要尽力关注这两者。它们显示在图 1 中，其中，最高的领域代表超越的灵性（用小写字母 s，表示它像其他层次那样也是个层次，不过是最高的层次）；这张图本身表明，无所不在的灵性同时也是所有层次的根基（用大写字母 S，表示除它之外并无别物）。父权制宗教往往会强调灵性的超世俗特征，而母系社会的新异教则往往强调灵性的完全“内在性”或“此世性”特征。每种观念都很重要，而真正的整合式观念将会为两者都留下足够的空间。（读者可以根据上下文来确定我指的是灵性的哪个方面，但本书始终暗含着两者。）

存在与认知的大层级：这是古代赐予我们的无价之宝，是长青哲学的核心，我们也许可以说，在长青哲学中，它在经验上被视为最不朽的真理。各种有利于它的证据在继续源源不断地增加，人类能够接触到这个非凡的意识系列。试图否定这个系列的批评者们在批评时，并没有提出相反的证据，而仅仅是拒绝承认那些业已汇聚起来的大量证据，然而证据是无法抹杀的。简而言之，这些证据表明，有个非常生动的意识彩虹，它贯穿了潜意识、自我意识和超意识。

与此同时，尽管长青哲学率先辨别出了这道奇异彩虹的许多颜色，但并不意味着现代性和后现代性就没有发言权。没有人像皮亚杰[①]那样阐

---

① 让·皮亚杰（Jean Piaget，1896—1980），瑞士人，近代最有名的儿童心理学家，提出了认知发展理论，著有《发生认识论导论》、《生物学与认知》等书。他将儿童的发展阶段分为四个时期，它们分别是：感觉－动作期（Sensorimotor，0 ~ 2 岁）；前运思期（Preoperational，2 ~ 7 岁）；具体运思期（Concrete Operational，7 ~ 11 岁）；形式运思期（Formal Operational，11 ~ 16 岁）。

释出了具体运思期和形式运思期的本质，但早期阶段的某些特征可能会被压抑，直到后来出了个弗洛伊德，才真正阐释清楚这些问题。现代性和后现代性并非不具备伟大的天才，而长青哲学也并非没有局限性和缺陷。更加全面的意识系列必然要包含并平衡所有这些洞见和发现。但是，在生命长河中，就波的整体性质而言，长青哲学家们往往是十分正确的。

我经常会将长青哲学（和存有巨巢）称为“前现代智慧”。这毫无贬斥之意，也不是说我们在现代性和后现代性中就找不到长青哲学的踪影（尽管，坦率地说，这非常罕见）。这仅仅意味着：长青哲学起源于我们所说的前现代时期。而且——这是个让人们常常感到困惑不解的话题——说前现代性接触到了整个存有巨巢，并不意味着前现代社会的每个人都完全觉悟到了巨巢中的每个层次。事实上，觉悟到更高的灵魂和灵性层次的萨满巫师、瑜伽士、圣人、智者始终是极其罕见的。普通人有相当长的时间都处于意识的前理性（见第十二章）——而非超理性——层次。然而，“智慧”就是每个时代所具有的精粹，敏锐的学者们经常发现：长青哲学家们——从普罗提诺到商羯罗①到贤首法藏②到益西措嘉③——都是卓越智慧的宝库。

接触他们不仅仅能让我们接纳某些重要的真理，而且能让我们延续古代的智慧并向先人致谢，也能超越并包含前人的智慧，从而跟随宇宙

---

① 商羯罗（Shankara，788—820），印度中世纪最大的经院哲学家，吠檀多不二论的著名理论家。著有《我之觉知》、《梵经注》等书。

② 贤首法藏（643—712），唐朝佛学高僧，又称贤首国师，华严宗三祖，其华严思想主要包括：三性同义、缘起因门六义、十玄缘起无碍、六相圆融。著有《华严探玄记》、《华严经旨归》等书。

③ 益西措嘉（Lady Tsogyal，757—817），藏传佛教女性上师，宁玛派莲花生大士最主要的弟子，宁玛派教法——空行宁提的传承者。

潮流共同前进。而最重要的是，这也能提醒我们：我们是站在伟人的肩膀上，我们也是站在巨人族[①]的肩膀上。我们要好好地记住这一点。

因此，在介绍存有巨巢的基本波之时，我想要做的，首先就是了解长青哲学，以便获得各种不同层次的总体轮廓；然后再利用现代性和后现代性来予以完善（和纠正），用许多观点来充分补充这种认识。例如，以印度的奥罗宾多为例（见图表 2b）。注意：他将中间层次称为低等心智、形象心智、逻辑心智和高等心智。他用语言描述了所有这些基本结构，这对我们非常有用。但西方的发展心理学与认知心理学也对这些中间层次进行了深入研究，并获得了大量临床和实验证据的支持。因此，我往往会利用这种研究的术语来表示这些中间层次，比如规则 / 角色思维、具体运思、形式运思。但是，对发展线的所有这些各不相同的描述，仅仅是在人生长河中从各个不同角度、利用不同相机所拍摄的不同快照，它们都能以自身的方式来帮助我们。（当然，模糊不清或劣质的照片并没有多大的价值，我们可以拒绝任何不符合恰当标准的研究成果。在图表中，我仅仅接受高明的摄影师所拍摄的照片。）

在所有的图表中，我在不同阶段和理论家之间所建立的联系是非常笼统的，仅仅旨在让我们了解其大体眉目（并着手建立更精确而谨慎的联系）。然而，在这些联系中，许多联系是由理论家本人所建立起来的，总体说来，我认为 其中的大部分联系在上下 1.5 个阶段之内都是准确的。这同样适用于更高的（超个人）阶段，尽管此时的情况会变得更加复杂。

---

① 这是作者玩的文字游戏，伟人和巨人族的英语单词都是 giant，不过前者是小写，后者是大写。在希腊神话中，巨人族经常与天上诸神作战并取胜，但后来，雅典娜和宙斯在赫拉格勒斯的帮助下将他们打败。此处的意思是说，尽管我们的先人很了不起，但我们还是能够超越他们。

首先，当我们接触到意识系列的较高领域之时，正统的西方心理学研究就开始毫无用武之地了，我们必须越来越多地向世界各地的伟大贤哲和冥修者们汲取智慧。其次，文化的表面特征因此往往会迥然不同，这让任何跨文化的深层研究工作变得非常艰难。再次，某种系统的修行者往往鲜能熟悉其他系统的具体情况，跨系统比较就更为罕见了。然而，大量出色的研究成果——我们将在下文谈到其中的部分研究——充分探索了这些重要的相互关系，我也在图表中介绍了很多这类成果。这些更高的、超个人、超理性阶段的普遍跨文化共性确切无疑地表明，我们在非常真实的河流中拍摄到了非常真实的水流。

存有巨巢是可能性，而不是给定之物

我们不必将基本结构或基本子整体描绘成永远固定不变的本质（无论是柏拉图的，康德的，还是黑格尔或胡塞尔[①]的）。它们在某种程度上可以被视为进化的习惯，更像是宇宙记忆而非预先给定的模子。但不管如何，我们仍然要记住下面这个要点：伟大的瑜伽士、圣人和智者们都已经体验到了许多超个人领域（后文将会介绍），这个事实确切无疑地表明：在我们自身的本性中，我们就已经具备了达到这些更高层次的潜能。现在的人类有机体及其大脑有能力达到这些更高状态。未来也许会出现其他的状态，也许会呈现出新的潜能，也可能迎来更高的觉悟。但是，始终真实的是：在当下，我们就至少可以进入这些业已存在的、奇妙的超个人领域。无论我们认为这些更高的潜能是由上帝永久赐予的，还是认为

---

① 胡塞尔（Edmund Husserl，1859—1938），德国哲学家、20世纪现象学学派创始人，著有《形式的和先验的逻辑》、《作为严格科学的哲学》等书。

它们是由那些开创性的圣人和智者创造出来并通过形态形成场[①]和进化习惯（evolutionary groove）传递给我们后人的，或者认为它们永远是宇宙固有的“柏拉图形式”（Platonic Form），或者认为它们是随机变异或单调盲目的自然选择的结果，这都丝毫不会改变下面这个简单的事实：此时此刻，这些更高的潜能可以被我们所有人获得。

我笼统阐释的基本结构或基本子整体——它们被列在每个图表的最左侧——代表着我们从前现代、现代和后现代资源中汲取的精华，它们彼此可以弥补彼此的缺陷。为了比较起见，图表 2a 和 2b 列举了其他系统所构思的某些基本层次。在“总体的存在巨链”栏的下方，我列举了最常见的 5 种要素：物质、身体（指“情绪 – 性欲”层次上活跃的、维持生命的身体）、心智（包括想象、概念和逻辑）、灵魂（个性的超个体源头）和灵性（既是所有其他层次的无形根基，也是所有其他层次的不二融合）。如我所说，这些层次就像彩虹的颜色，具有重叠之处。但即便如此，还是具有误导性，更精确的表达方式是一系列的同心圆，每个更高层次的圆都包含和接纳了较低层次的圆（如图 1 所示）。这个模型并不是一个逐级而上的梯子，而是“原子 / 分子 / 细胞 / 有机体”这种子整体序中的子整体。

与此同时——这一点无论如何强调都不过分——存有巨巢中的更高层次是可能性，而不是绝对的给定之物。更低的层次——物质、身体和心智——已经广泛地显现出来，因此它们在这个显现世界（manifest world）业已发展成熟。但是，总体而言，更高的结构——通灵的、精微

---

① 形态形成场（morphogenetic field），又称为“形象之场”，是英国皇家协会特别研究员鲁伯特·谢多雷克博士提出的“共鸣”理论。他认为，不仅声音会产生共鸣，事件也会产生共鸣。他将连续发生同类事件的场所称为“形态形成场”，将所发生的同类事件称为“形态共鸣”。

的、自性的——仍然没有自发地显现出来。对大多数人来说，它们仍然是人类身心的潜能，是尚未完全实现的现实。在我看来，“存有巨巢”所阐释的，最基本的就是一个巨大的形态形成场或发展空间（developmental space），从物质延伸到心智再到灵性，在其中，各种不同的潜能能够变成现实。尽管出于方便起见，我在谈到更高层次时，经常会让读者觉得它们仿佛完全是既定的，但是它们在很多方面仍然具有可塑性。随着越来越多的人们的共同成长，它们仍然可能会不断生成（正如前文所说，这就是基本结构为何更像宇宙习惯而非给定模子的原因）。当这些更高的潜能变成现实以后，它们就会被赋予更多的形式和内容，并因此日益成为日常生活中的现实。而在那之前，它们在部分程度上是美好而巨大的潜能，不过仍然具有不可否认的魅力，仍然以许多深刻的方式存在，仍然能够被更高的成长和发展所认识到，也仍然呈现于很多相似性之中，而不管它们出现于何地。①

结构和状态

最经典（也可能最古老）的复杂“存有巨巢”来源于吠檀多派②，它对状态、身体和结构进行了极其重要的区分。“状态”指意识的状态，比如清醒、做梦和深度睡眠；“结构”是个外壳（sheath）③或曰意识的层次，吠檀多派介绍了 5 种最重要的层次：物质层次、生物层次、心理层次、更高的心理层次、灵性层次；“身体”是各种状态和心智层次的能量支撑者，

---

① 见尾注 1.4。

② 吠檀多（Vedanta），古代印度哲学中的唯心主义理论，以《奥义书》为其基础。

③ 吠檀多派哲学的概念，认为个体的存在有五层外壳（five sheaths），剥去这些外壳以后，才能发现最高的本质。

吠檀多派介绍了3种身体：清醒状态下的粗重身体（支持物质的心智）、做梦状态下的精微身体（支持情绪、心理和更高心理层次）；深度睡眠中的自性心智（支持灵性心智）。[①]

注意，某种既定的意识状态——例如清醒和做梦——事实上可以接纳几种不同的意识结构或层次。在西方术语中，我们会说，清醒状态下的意识可能包括若干迥然不同的意识结构，例如：感觉运动、前运思、具体运思、形式运思。换句话来说，尽管意识状态很重要，意识结构则在个人的真实成长与发展状态方面透露了详细得多的信息，因此，全方位的方法应该将状态和结构都包含进来。

在我的系统中，结构有两种主要类型：基本结构（我们已经介绍过）和各种发展线之中的结构（我们将会在后文解释）。在心理学和社会学中，结构都只是事物的稳定模式。心理学结构可以按多种方式——深层/表面、层次/线、长久/暂时——来分类并细分，我用到了所有这些区分方式。[②] 但是，如我以前所说，我最常用的只有两种：意识基本层次中的结构（比如感觉、知觉、冲动、意象、规则、形式运思、统观逻辑、灵魂的、精微的，等等）；意识发展线中的结构（比如认知、爱、需求、道德等等的阶段）。简而言之，结构是在发展层次和发展线中同时存在的整体性模式。

主要状态也有两种常见类型：自然状态和变异状态。意识的自然状态包括被长青哲学所识别出来的状态，亦即清醒/粗重、做梦/精微和深度睡眠/自性。按照长青哲学的看法，清醒状态是日常自我的大本营。但是，正是因为做梦状态是个完全由心灵创造出来的世界，这让我们得以接触到灵魂的状态。而深度睡眠状态则是个完全无相的世界，这让我

---

① 见尾注1.5。

② 见尾注1.6。

们得以接触到无相（或自性）灵性。当然，对大多数人来说，做梦状态和深度睡眠状态中的现实似乎没有清醒状态中的现实那样真实，虽然从某个角度来看是足够真实的。但是，按照长青哲学的看法，这些更深层次的状态可以被全意识[①]了解到，然后，它们会产生非凡的奥秘（我们将会在后文谈到）。与此同时，我们只需要知道，长青哲学主张清醒、做梦、深度睡眠状态让我们分别有机会接触到粗重自我、精微灵魂和自性灵性。

我通常会将精微状态细分成较低的精微（或曰“通灵的”）领域和真正的精微领域，因为较低的精微领域紧邻着粗重领域，通常会高度包含整个粗重领域或与后者融合起来，例如自然神秘主义就是如此，而真正的精微领域通常会超越粗重领域，发展成神性神秘主义（deity mysticism）的纯粹超越状态。当然，自性状态是无分别三昧（unmanifest cessation）的世界，因此会产生无相神秘主义。将它们全部整合起来就是不二神秘主义。我们将会审视本书中介绍的所有这些更高的超个人领域，而更深入的阅读将会消除读者对其确切含义的大部分疑问。

这 3 ~ 4 种自然状态的意义在于，无论每个人处于自身发展的什么阶段或结构或层次，鉴于所有人都会清醒、做梦和深度睡眠，每个人都能体验到意识的全体范畴——从自我到灵魂，到灵性——或者至少在暂时性的状态中体验到。

意识变异状态是“非普通”或“非正常”的意识状态，包括药物诱发的状态、濒死体验、冥想状态。在高峰体验（即短暂的变异状态）中，人们能够在清醒时短暂地自然体验到任何通灵的、精微的、自性的或不二的意识状态，这通常会产生直接的灵性体验（比如自然神秘主义、神

---

① 全意识（full consciousness），指身体与灵性领域完全融合的奇妙状态。

性神秘主义和无相神秘主义，见下文）。高峰体验几乎可以发生在处于任何发展阶段的个体身上。所以，认为灵性的、超个人的阶段只会出现在个体发展的更高阶段的观念是不正确的。

然而，尽管粗重的、精微的、自性的、不二的主要状态实际上可以发生在任何成长阶段，但个体体验和阐释那些状态的方式，则在部分程度上取决于高峰体验者的成长阶段。

这意味着，正如我在《普世的神》（*A Social God*）中指出的，我们可以创建灵性体验的类型网格，以便广泛地运用到不同成长阶段的个体身上。

例如，我们暂且简单地将早期阶段分别称为原始的、魔法的、神话的、理性的。人们在其中的每个阶段都能暂时获得通灵的、精微的、自性的或不二的高峰体验。这让我们能够创建一个具有大约16种不同灵性体验类型的网格。下面来举几个例子：处于魔法发展阶段的个人（此时他难于换位思考）也许会有精微层次的高峰体验（比如说，强烈地感到与上帝合一），在这个例子中，这个人往往会觉得，这种与上帝合一的体验仅仅适用于他自己（因为他不能换位思考，因而无法意识到：所有人——事实上是有情众物——都能与上帝合一）。因此，他往往会经历严重的自我膨胀，甚至可能出现精神错乱。与此相反，处于神话阶段的个人（此时他将其个性从自我中心发展到了群体中心，但仍然非常顽固，死守教条，是个原教旨主义者）会将自己与上帝的合一视为并不单单是赐予他（自我中心主义会这样做）的救恩，而是单单赐予那些接受某些特定神话的人群的（“如果你想得到救赎，你必须信仰我的神，他是唯一的真神”）。因此，这个人可能会成为重生的原教旨主义者，开始让整个世界皈依他眼中的自我启示的神。精微层次的体验非常真实而真诚，但它必然会受到诠释，在这个例子中，诠释它的就是民族中心主义的、原教旨主义的、神话－团体的思维，而这会极大地限制并最终扭曲精微世界的概貌（此前的自我中心阶段限制、扭曲得更加厉害）。处于形式反思[①]层次的个体往往会以更理性的方式感受精微层次与神的融合感，也许会信仰理性的自然神论，或者除去了神话色彩的存在根基，诸如此类。

换句话说，体验到某种特定的高峰体验（或暂时性的意识状态）的个体，往往会按照其整体发展阶段来诠释这种体验。如前所述，这就让我们形成了16种非常常见的灵性体验类型的网格：通灵的、精微的、自性的、不二的这4种状态，乘以原始的、魔法的、神话的、理性的这4种结构。在《普世的神》中，我列举了所有这些类型的例子，并指明了其意义（我们在后文也会谈到它们）。[②]

但是，不管那些高峰体验有多么深刻，它们都只是短暂的、转瞬即逝的状态。为了实现更高层次的发展，这些暂时性状态必须变成永久性特征（permanent traits）。在某种程度上来说，更高层次的发展也就是将变异状态转变成永久的现实。换言之，在发展的高级阶段，只有在暂时性状态中才能获得的超个人潜能，日益被转变成了长久的意识结构（状态变成特征）。

这就是冥修变得越来越重要的原因。和自然状态（在自然睡眠中能进入通灵的、精微的、自性的状态，但在完全清醒时却罕能如此）和自发性高峰体验（转瞬即逝）不同的是，冥想状态能够自觉而长久地进入这些更高世界。因此，它们更稳定地展示了存有巨巢的更高层次，而通过冥修，这些更高层次最终会变成**长久的现实**。[③]换句话说，通灵的、

---

① 形式反思（formal reflexive），超个人心理学的术语，相当于皮亚杰的形式运思期。

② 见尾注1.7。

③ 见尾注1.8。

精微的、自性的、不二的状态都可以成为我们本性中的长久结构，因此，这些术语（通灵的、精微的、自性的、不二的）也用来指称存有巨巢中的最高基本结构。随着它们在个体的发展中持久地呈现出来，这些曾经只能在暂时性状态中获得的潜能，就会成为睿智心灵的长久结构。

其他体系中的基本层次

如前所述，图表 2a 和 2b 列出了某些其他体系所构想的存有巨巢及其基本结构或层次。这并不是说，它们都是些完全相同的结构、层次或波，而仅仅是说，它们的发展空间具有许多重要的相似之处，我们将看到，这个发展空间非常有趣，对整合心理学也非常重要。

在这些体系中，最古老的体系似乎都起源于印度及其周边地区，也许早至公元前 2000 年到公元前 1000 年（尽管这些传统自称古老得多）。脉轮系统、吠檀多的外壳和状态、佛教的识（vijnana）、克什米尔湿婆教[①]的振动层次（vibratory level）和奥罗宾多的超意识等级结构，都来源于这条历史上难以逾越的意识研究之河。此后不久，或许是因为移民的缘故（但同样可能源于这种潜能的普遍存在），美索不达米亚 / 中东的河流也开始浩浩荡荡地奔流而去，其中汇入了波斯、北非、巴勒斯坦和希腊的支流。其中最具影响力的支流演变成了新柏拉图传统，并由普罗提诺、喀巴拉[②]、

---

① 湿婆教（Shavism），印度教中的四个最主要教派之一，尊崇湿婆为最高的神明，其信徒被称为希瓦。

② 喀巴拉（Kabbalah），对《圣经》作神秘解释的古代犹太传统，起初通过口头流传，并且使用了包括密码在内的许多秘密方法；中世纪后期对人们的影响达到了顶峰，并且在哈西德派中继续占有重要的地位。

苏菲派[①]、基督教神秘主义等水流（图表中都有介绍）体现出来。

尽管在多元论的相对主义者中间，抨击长青哲学（或任何不同于他们自身对多元文化价值的普世性断言的“普世性”观点）变得非常流行，但是，如果我们比较客观地看待其根据，就会发现全世界的伟大智慧传统中都显现出了一系列非常显著而又极其广泛的共性。这为何会令人感到惊奇呢？所有人都有 206 块骨头、2 个肾脏、1 颗心脏，所有人也都发展出了运用意象、符号和概念的能力。同样，所有人都具有对神圣事物的直觉，这也在深层而非表面特征上显现出了许多共性。有些传统要更加全面，有些则更加精确。但是，将它们全部汇聚起来以后，我们就会得到不可限量的人类潜能的整体地图。

此时，那些反感层次和阶段概念的人们往往会怀疑：意识及其发展当真只是一系列线性的、整齐划一的阶段，就像攀登梯子那样相续发展吗？答案当然是否定的。我们将会看到，巨巢中的这些基本波仅仅是无数不同的发展线或流——例如，情绪、需求、自我认同、道德、灵性觉悟等等——必须经过的整体层次，具有自身的步伐、道路和动态。因此，总体发展绝对不是线性的、连续的、类似于爬梯子的过程。许多（水）流都会通过这些基本波，畅快地流动。我们很快将会审视其中的许多（水）流。但是，我们首先需要介绍完基本波和形成它们的时间。

形成基本波的时间

在图表 3a 的最左侧，我列出了形成形式运思之前的基本意识结构的平均年龄段。研究指出，这些年龄段与当今世界大多数人的状况比较相

---

① 苏菲派（Sufism），伊斯兰教神秘主义派别，是对伊斯兰教信仰赋予隐秘奥义、奉行苦行禁欲功修方式的诸多兄弟会组织的统称。

似，这纯粹是因为——我猜测——整体的共同发展或进化达到了形式运思阶段（不过，共同进化还没有超越形式运思阶段，这必须依靠个体自身的努力才能实现，因为在部分程度上，这种进化是更高的潜能，而不是给定之物）。①

传统上经常将整个人生旅程分为 7 个阶段，而每个阶段又对应于 7 个基本意识层次中的某个层次（比如七个脉轮：物质的；情绪 – 性欲的；低级、中级、高级心理的；灵魂；灵性），每个阶段据说要花 7 年时间。因此，人生的最初七年对应于物质世界（尤其是食物、生存和安全）。第二个七年对应于情绪 – 性欲 – 感受世界（最终达到性成熟或青春期）。第三个七年（通常就是青春期）就出现了逻辑思维，并会因此形成新的视野。这让我们进入了 21 岁左右，此时，许多人的整体发展往往会受到阻碍。②但是，如果继续发展，每个七年就有可能迎来新的、更高的意识发展层次，因此，我在图表 3a 中用括号列出了达到更高基本结构的正常年龄。当然，这是最笼统的概括，无疑会有大量的例外，不过它们相当有参考价值。

为什么是 7 个阶段，而不是——比如说——10 个呢？究竟应该如何划分和细分彩虹颜色的数量呢？这基本上是个偏好问题。然而，长青哲学家和心理学家们发现，不管我们划分得多么细致（比如将某些冥想类型划分成 30 个极其具体而详细的阶段），我们都可以讨论巨巢中的基本波的功能群。也就是说，认为物质层次及其子层次（夸克、原子、分子、晶体）都是物质的而非生物学的事物是合理的（例如，它们都不能进行有性繁殖）。同样，将心理层次及其子层次（意象、符号、概念、规则）视为完全是心理的而非——比如说——通灵的、精微的层次是合理的。换句话来说，即便我们发现，区分彩虹颜色的几十种微细差异有时候是

---

① 见尾注 1.9。

② 见尾注 1.10。

有用的，我们也有很好的理由，可以说大多数彩虹大致只有 6 ~ 7 种主要颜色。

这就是长青哲学采用“人生 7 个阶段”或 7 个主要脉轮或 7 个基本结构时所要表达的涵义。出于各种不同的理由，我发现，尽管我们很容易识别大约 20 多种基本结构（例如：感觉、知觉、外觉、冲动、意象、符号、内觉、概念、规则……），但我们可以将它们简化成大约 7 ~ 10 种功能群，这样就能顺利地表达可识别的阶段（我们在本书中将会看到）。我会用极其常见的名称来表示这些基本结构的功能群，它们也会列在所有图表的左侧：（1）感觉运动；（2）玄想 – 情绪（或情绪 – 性欲）；（3）具象思维（representational mind，类似于通常所说的前运思期）；（4）规则 / 角色思维（类似于具体运思期）；（5）形式 – 反思（类似于形式运思期）；（6）统观逻辑；（7）通灵的；（8）精微的；（9）自性的；（10）不二的。[①] 需要再次说明的是，这是简单的方向性概括，但它们能够为我们研究大量的材料和证据提供捷径。但是，在必要的时候，这些概括不应该妨碍我们采用更详细或更简单的地图。

认知发展和存有巨巢

巨巢其实是存在与认知的大层级：现实的层次和对这些层次的认知层次。长青哲学家们发现本体论和认识论都很重要，两者是密不可分的。现代性发现必须区分本体论和认识论，如果现代性和后现代性完成了其发展过程并将这些区分整合起来，那将是非常好的事情，然而，事实上，这些区分已彻底得支离破碎了。现代性仅仅相信自身孤立的主体性，仅仅接纳认识论，却让本体论掉进了主观主义的黑洞之中，再也无人提及。

---

① 见尾注 1.11。

存在巨链——仅就现代性承认了它而言——仅仅是认知层次的层级结构，也就是说，它是个认知系统，就像皮亚杰所做的研究。与其说它大错特错，毋宁说它极其片面，忽略了奠定认知基础的客观层次（或者可悲地仅仅承认现实的感觉运动层次，为了被判定为"真实"的，所有的认知都必须服从它的检验）。然而，如果我们仅仅关注认知（因为巨链在某种程度上说无疑是个很大的意识系列），那么，问题就变成了：在个体身上，巨链的发展就是认知的发展吗？

不完全如此。首先，你无疑能够在某种程度上将存有巨巢视为意识的大序列。字典对"认知"有个定义就是："与意识相关"。因此，至少就字典而言，你可以认为巨巢（在个体身上就是更高的、更具包容性的意识层次的发展）往往非常类似于认知发展，只要我们知道"认知"或"意识"会从潜意识发展到自我意识再到超意识，并知道它包含的内在觉知模式就像外在模式那样丰富多样。

现在我要说的是，问题在于，在西方心理学中，"认知"这个词的涵义非常狭窄，不包括上述大部分涵义，指的是对外在客体的了解。各种广义的"意识"或"觉知"（例如，情绪、梦想、创造性幻想、精微状态和高峰体验）因此被排斥在外。如果意识关注的东西并不是某种客观经验的客体（石头、树、轿车、有机体），那么，人们就认为那种意识不具有正确的认知能力，对所有真正重要的意识状态和模式来说也是如此。

对皮亚杰等人来说，认知甚至被更狭隘地定义为逻辑－数学活动，被认为是所有其他发展线的基础。此时，作为"认知"的意识就被还原成只能感知经验性客体僵死不变的外表的事物（我们将之称为"平地[①]"）。简而言之，如果意识看到的不是科学唯物主义的世界，那么它就不是"正确"的意识，不是"正确"的认知。

---

①"平地"是威尔伯在本书中阐释的重要概念，后文会再三提及。

就此而言，在个体身上，巨巢的发展绝不是“认知发展”。然而，如果我们更仔细地了解皮亚杰的系统，以及此后大多数心理学家用“认知发展”这个词所表达的含义，我们就会发现某些非常有趣（也非常重要）——即便很有限——的共性。

首先，西方对认知发展的心理学研究仍然涉及意识的研究，尽管有时极其狭隘而有限。因此，就此而言，皮亚杰对形式运思——它被认为是个数学结构（INRC 群[①]）——的研究，是分析意识流的合理做法，但它几乎无法穷尽我们在河流的那个特定弯道处能够给意识拍摄的快照。要定义那个阶段的意识，还有无数同样有效的视角，包括：角色采择[②]、认识论方式、世界观、道德动力。但是，在关注认知发展时，皮亚杰至少强调了意识发展的核心作用，即便其方式有时难免过于狭隘。

这种重要性通过下述事实凸显了出来：当人们研究特定的发展线——例如道德发展、自我发展、角色采择发展——之时，几乎都会发现，认知发展是所有这些其他发展线的必要非充分条件。换句话说，在发展道德、自我透视能力或对美好人生有某些想法之前，你必须首先能自觉地意识到这些不同的要素。因此，对这些发展来说，意识是必要非充分条件。

这恰恰是巨巢理论家们的主张。巨巢的层次（意识的基本结构）是各种发展线将要通过的层次，没有这些基本波，就没有托起各种小舟的水流。正是出于这个原因，这些基本结构［无论是吠檀多派的外壳、大乘佛教的意识层次、喀巴拉的流溢（sefirot）层次，还是苏菲派关于灵魂朝向真主的成长阶段］都是脊柱，是关键的骨架，支撑着大多数其他系统。

---

① 这个术语是皮亚杰对形式运思期的认知结构特征的归类。

② 角色采择（role taking），精神分析学家罗伯特·塞尔曼提出的理论，指理解他人感受与观点的能力。

因此，尽管绝不能将它们等同起来，但迄今为止，（西方心理学家所研究的）认知发展也许最接近存有巨链或意识系列（至少在形式运思之下是如此；而在形式运思之上，大多数西方研究者根本都没有识别出任何认知形式）。因此，在牢记许多限定条件和局限性的同时，我有时会用认知学术语（例如具体运思和形式运思）来描述某些基本结构。

然而，由于认知发展在西方心理学中具有非常明确而狭隘的涵义，我也将它作为独立的发展线，以便与基本结构区分开来（这样我们就能保留基本子整体丰富的本体论内涵，而不会将它们简化成认知类型）。图表 3a 和 3b 是各种现代研究者所揭示的基本结构与认知阶段之间的相互联系。

在这些图表中，最有趣的东西就是西方心理学根据大量经验和现象所发现的后形式（postformal）发展阶段——也就是超越线性理性（例如形式运思）的认知发展阶段——的数目。尽管“后形式”可以指超越形式运思的任何（与所有）阶段，但通常仅仅是心理的、个人的阶段，而不是超心理的、超个人的阶段。换句话说，在大多数西方研究者眼中，“后形式”指形式运思之后的首个重要阶段，我称之为“统观逻辑”。[1] 如图表 3a、3b 所示，大多数研究者都发现了后形式（统观逻辑）认知的 2 ~ 4 个阶段。这些后形式阶段通常超越了形式/机械论阶段，进入了相对主义、多元主义和语境主义（早期统观逻辑）系统的各个阶段，并从此进入元系统的、整合的、一元化的、辩证的、整体论观点（中后期统观逻辑）。这就给我们提供了动态的、发展的、辩证的、整合的最高心理领域的图景。

然而，这些研究者很少能够进入（通灵的、精微的、自性的或不二的——超理性和超个人的）超心理领域，尽管他们中的许多人越来越承认这些更高的层次。正如本书的若干图表所表明的，关于这些层次的大

① 见尾注 1.12。

体轮廓，我们往往必须再次求助于伟大的圣哲或冥修者。

在这个问题上，引起人们激烈争论的是：灵性/超个人阶段是否可以被视为认知发展的更高层次。如我所说，答案取决于“认知”这个词所表达的涵义。如果它指大多数西方心理学家所理解的“认知是心理对外在客体的理性认识”，那么，答案是否定的，更高阶段或灵性阶段不是心理认知，因为它们通常是超心理的、超概念的、非外在的。如果“认知”这个词指总体意识，包括超意识的阶段，那么，许多更高灵性体验其实是认知的。但是，灵性和超个人阶段也具有很多其他侧面，例如更高感情、道德和自我认知，因此，即便根据广义的认知概念，它们也不完全是认知的。不过，最广义的“认知”指的是“意识”，因此各种认知发展是整个存在与认知领域的重要组成部分。

认知线

图 3a 和 3b 列举了认知发展领域某些最著名、最有影响力的研究者。皮亚杰的研究无疑是关键性的。即便皮亚杰的贡献存在着缺陷，但仍然是个了不起的成就，无疑属于本世纪最重要的心理学研究成果。皮亚杰打开了无数研究的大门：在詹姆斯·马克·鲍德温的开创性工作之后，皮亚杰表明，每个发展层次都有不同的世界观、不同的认识、时空模式和道德动力（马斯洛、科尔伯格[①]、卢文格[②]、吉利根[③]等研究者的工作都是

---

① 劳伦斯·科尔伯格（Lawrence Kohlberg，1927—1978），美国著名的心理学家和教育家，也是现代道德认知发展理论的创立者。

② 卢文格（Jane Loevinger，1918—2008），美国著名的发展心理学家，曾长期研究自我发展，是发展类型说的代表人物。

③ 卡罗尔·吉利根（Carol Gilligan，1936—），美国女权主义者、伦理学家、心理学家。著有《不同的声音》。

以这些研究发现为基础的）；他表明，现实不完全是给定的，在很多重要方面是可以被建构的（这种结构主义让后现代结构主义成为了可能）；他的临床法（methode Clinique）严谨地研究了意识的发展，这几乎导致了几百种新发现；他的心理学研究对教育、哲学（在所有人中，哈贝马斯[①]尤其受益匪浅）等诸多领域都产生了直接影响，很少有理论家能够望其项背。

如今，大多数学者认为，皮亚杰体系的主要缺陷在于：皮亚杰往往主张认知发展（被视为逻辑－数学能力）是唯一重要的发展线，然而，如今大量证据表明，许多不同的发展线（例如自我、道德、情感、人际、艺术等等）能够以相对独立的方式发展变化。例如，在我介绍的模型中，除了认知线以外，还有二十多条发展线，不能忽略或轻视其中的任何一条线（我们会在后文介绍这些其他的发展线）。

但是，就认知线自身而言，皮亚杰的工作仍然是非常出色的；而且，经过近 30 年深入的跨文化研究，所有证据几乎毫无例外地表明：皮亚杰指出的形式运思之前的阶段是普遍性的、跨文化的。此处仅仅列举一个例子，即《跨文化生活：跨文化的人类发展》（*Lives Across Cultures: Cross-Cultural Human Development*），这本深受好评的教科书显然基于自由主义的观点（常常会怀疑"普遍"阶段）。作者（哈里·嘉迪纳、杰·穆特、科林·柯斯米斯基）仔细地审视了皮亚杰的感觉运动、前运思、具体运思和形式运思阶段的证据。他们发现，文化环境有时候会改变发展的速度，或凸显其阶段的某些特征——但不会改变阶段本身或其跨文化有效性。

---

① 尤尔根·哈贝马斯（Jurgen Habermas，1926—），德国当代最重要的哲学家，社会理论家，法兰克福学派第二代的中坚人物，著有《知识与人的利益》、《公开活动的结构变化》等书。

因此，对于感觉运动，他们的结论是：“事实上，迄今为止研究的所有婴儿中，感觉运动发展的定性特征几乎仍然是相同的，尽管这些婴儿的文化环境存在着巨大的差异。”对于前运思和具体运思，基于对尼尔利亚人、赞比亚人、伊朗人、阿尔及利亚人、尼泊尔人、亚洲人、塞内加尔人、亚马逊印第安人和澳大利亚土著人的许多研究成果，他们得出的结论是：“我们能够从这么多的跨文化资料中得出什么样的结论呢？首先，它非常令人信服地表明，奠定前运思期的结构或过程是普遍性的。其次，具体运思发展的定性特征（例如，阶段的顺序和推理方式）似乎是普遍性的，尽管认知发展的速度并不相同，取决于生态文化因素。”尽管作者们的原话并非如此，但他们最后都断定，这些阶段的深层特征是普遍性的，只是其表面特征高度依赖于文化、环境和生态因素（我们在后文会谈到，个体的发展涉及所有这四个象限）。“最终，尽管儿童经历皮亚杰的具体运思期的速度和完成程度取决于文化体验，但各种社会中的儿童仍然在按照他所预言的顺序成长。”

在任何文化（亚洲、非洲、美洲或其他）中，都只有比较少的儿童达到了形式运思的认知水平，造成这种情况的原因各不相同。我认为，这可能是由于形式运思的确是更高的阶段，因此到达该阶段的人就更少。也可能像作者们所认为的，形式运思是真实的能力，而非真实的阶段（例如，只有某些文化强调形式运思并因此拥有了它）。因此，皮亚杰的形式运思阶段存在的证据是有力的，但不是结论性的。然而，这通常被用来否定皮亚杰的所有阶段，而大量证据所表明的正确结论应该是：形式运思之前的所有阶段如今都已被充分证明是普遍性的、跨文化的。

我认为，形式运思及其以上的阶段也是普遍性的，包括：统观逻辑和普遍的超理性阶段，我会在后文中就此提供大量的证据。与此同时，当我们讨论儿童的灵性（在第二章）时，我们将会发现，那些早期阶段正是皮亚杰研究的阶段，并始终具有跨文化的证据。我相信，这会帮助我们更准确地认识那些早期阶段。

就认知线而言，迈克尔·康芒斯[①]、弗朗西斯·理查德（Francis Richards）、库特·费希尔[②]、胡安·帕斯科尔－莱昂（Juan Pascual-Lenone）、罗伯特·史坦伯格[③]、吉塞纳·拉博维奇－菲夫[④]、赫普·柯洛维兹（Herb Koplowitz）、迈克尔·巴塞基（Michael Basseches）、菲利普·鲍威尔（Philip Powell）、苏珊娜·本奈克（Suzanne Benack）、帕特里夏·阿林（Patricia Arlin）、简·欣诺特（Jan Sinnot）、谢里尔·阿蒙（Cheryl Armon）——此处列举了少数佼佼者（图表中都提到了）——都卓有成效地推动了其全面的研究工作。

尽管这些研究者之间存在着重大的分歧，但他们也有许多深刻的相似之处。大多数研究者发现，认知发展会经历 3 ~ 4 个主要阶段（还有大量的子阶段）：感觉运动的、具体的、形式的、后形式的。感觉运动阶段通常会出现在 0 ~ 2 岁，此时儿童会形成观察物质客体的能力。然后，认知开始缓慢地学习给这些客体赋予名字、符号和概念。这些早期符号和概念往往会存在各种各样的缺陷（具有相似属性的客体会被认为是相同的；即便将等量的水分别倒入较浅的杯子和较深的杯子，儿童也会认为后者更多；概念会与其表示的客体混淆起来，等等）。这些缺陷产生了各种各样的“魔法”位移（displacement）和“神话”信仰。正是出于这个

---

① 迈克尔·康芒斯（Michael Commons，1939—），哈佛大学医学院助理教授，发展心理学家，职业心理医生。

② 库特·费希尔（Kurt Fischer），哈佛大学心理学教授，新皮亚杰理论者，关注认知功能的异质性问题。

③ 罗伯特·史坦伯格（Robert Sternberg，1949—），在世的美国发展心理学权威，著有《思维方式》和《爱情心理学》等书。

④ 吉塞纳·拉博维奇－菲夫（Gisela Labouvie-Vief），美国社交－情感发展心理学家。

原因，你会在所有图表中看到，许许多多的研究者都将这些早期阶段称为魔法的、泛灵论的、神话的，等等。

这不是说所有的魔法和神话都仅仅是早期的认知缺陷，而是说其中有些无疑是这样——例如，吃掉猫的眼睛，我就能像猫那样明察秋毫；兔子的脚印能带来好运；如果不吃菠菜，上帝会惩罚我，等等。被视为完全真实的神话符号——耶稣当真是童贞女所生，地球当真被印度的巨蟒驮着，老子出生时当真有 900 岁——与充满隐喻和视觉主义（perspectivism）的神话符号是不同的，后者仅仅存在于形式和后形式的意识之中。除非特别指明，我在本书中所说的“神话的”这个词都指前运思的、形象的－字面的神话意象和符号，其中的部分特征其实充满了认知缺陷，因为这些神话声称许多可以被经验否定掉的东西是经验性事实，例如，火山爆发是因为它向我们发怒了，云彩飘来飘去是因为它在追随我们。从皮亚杰到约瑟夫·坎贝尔[①]为止的研究者们都注意到，这些前运思神话信仰的聚焦点始终是自我中心的，并被切实地/实实在在地信仰着。

出于同样的原因，这些早期阶段也被称为前习俗的、前运思的、自我中心的、自恋的。因为处于感觉运动和前运思阶段的孩子还不能轻松而完全地换位思考，他们会囿于自身的看法。这种“自恋”是这些早期阶段正常而健康的特征，只有当这种“自恋”在随后的发展中不能被充分地超越之时，才会产生问题。

这些研究者通常认同：随着认知能力的成长，意识开始更准确地认识并影响感觉运动世界，比如学习弹奏小提琴，或者学习按照课堂规模来安排课程（尽管意识中会保留着很多的“神话信仰”）。这些具体运思由模式（schema）和规则（rule）来完成，这也让这个阶段的自我能够在社

---

① 约瑟夫·坎贝尔（Joseph Campbell，1904—1987），研究比较神话学的美国作家，著有《上帝的面具》、《神话的力量》等书。

会中担负起各种角色，并因此从自我中心/前习俗世界进入社会中心/习俗世界。

随着意识继续发展和深化，这些具体的类别和活动开始变得越来越概括性、抽象化（这意味着能够应用到越来越多的情况当中），并因此变得更具普遍性。形式运思意识因此可以开始促进儿童对世界的后习俗定位，在很多方面避免陷入形象（和神话－团体）思维的民族中心/群体中心的世界中去。

然而，在反西方文化研究（怀有强烈的相对主义偏见）的抨击下，“理性（rationality）”在很大程度上成为了贬义词，但它其实是许多积极成就和能力（包括反理性批判者们所运用的能力）的基础。理性（或广义的 reason①）首先涉及采取角度的能力（因此尚·盖普瑟②称它为“角度理性”）。根据苏珊娜·库克－格鲁特（Susanne Cook-Greuter）的研究，前运思期仅仅具有第一人称视角（自我中心的）；具体运思期增加了第二人称视角（群体中心的）；形式运思期又增加了第三人称视角（这不仅具有了科学的精确性，而且能作出充满公正与关爱的、毫无偏见的、后习俗的、世界中心的判断）。因此，理性可以成为“文化规范的规范”，在普遍的公正原则（而非民族中心）的基础上批评、置疑文化规范。高度反思性的角度理性也容许我们进行持久的内省，是首个能够想象显现世界和可能世界的结构，是真正的梦想家和空想家。

除了同等重要的形式理性，这些研究者还都承认了更高的后形式认知阶段或更高理性的存在，这些阶段能够采取更多的角度（根据库克－格鲁特的说法，是第四、第五人称视角）。将多种视角整合起来而不过分

---

① reason 和 rationality 在中文中都译为“理性”，但 reason 是指直觉意义上的理性，rationality 是指逻各斯意义上的理性。

② 尚·盖普瑟（Jean Gebser，1905—1973），瑞士文化哲学家。

推崇其中任何一种视角，就是盖普瑟所说的“整合的无透视观（integral-aperspectival）”，这是世界中心和后形式意识的继续深化。人们对此达成的普遍共识是，这些后形式（或统观逻辑）发展至少涉及 2 ~ 3 个主要阶段。当发展超越形式运思的**抽象普遍形式主义**以后，意识起初会进入动态的相对主义和多元主义（早期统观逻辑）的认知范畴，然后进入一元化的、整体论的、动态辩证主义或全面整合主义的认知范畴（中后期统观逻辑），所有这些都在图表 3a、3b（和后文的其他图表）中表达得非常清楚。

这些统观逻辑的发展既是“整体论”的，同时也仍然是心理（mental）领域的发展。它们无疑是智力领域的最高阶段，但在它们之上，还有超心理和完全超理性领域的发展。我因此将奥罗宾多尊者和查尔斯·亚历山大（Charles Alexander）的体系作为全方位认知发展模型的例子。（在第九章，我们会探讨这个从粗重到精微到自性的全面认知线。）注意，奥罗宾多明确地用认知学术语来表达几乎所有的阶段：高等心智（higher mind）、明心（illumined mind）、超越之心（overmind）、至上之心（supermind），等等。换句话说，就最广义的认知而言，意识系列在某种程度上就是真正的认知系列。但意识并不仅仅限于此，正是出于这个原因，奥罗宾多也谈到了更高层次的更高感情、道德、需求和自我认同。但他的总体观点是非常类似的：对这些其他发展来说，认知发展是首要而必不可少的。

总结

本章是对存有巨巢基本层次的简单介绍。巨巢只是个巨大的形态形成场，为人类潜能的发展提供了发展空间。巨巢的基本层次就是这种发展的基本波：从物质到身体，到心智，到灵魂，到灵性。我们发现，这些基本层次（或结构或波）可以按照很多合理的方式来分类和细分。书后的图表列出了整体意识系列中的大约 16 种波，但在后文中，我们会看到，它们可以在很多方面进行缩减或延伸。

在自我从微尘上升到神性的壮观之旅中，大约有 20 多种不同的发展流会流经生命长河中的这些常见波。

第二章

发展线或流

大约有二十多种相对独立的发展线或流会流经巨巢的基本层次或波。这些不同的发展线包括：道德、情感、自我认同、性心理、认知、辨别好坏的能力、换位思考、社会－情绪能力、创造力、利他行为、可以视为“灵性”（爱、开放性、关怀、宗教信仰、冥想阶段）的若干发展线、喜悦、合作能力、时空模式、死亡发作（death seizure）[①]、需求、世界观、逻辑－数学能力、运动能力、性别认同、共鸣能力（此处仅仅列出我们拥有经验证据且较为显著的若干发展线）。[②]

这些线是“相对独立的”，这意味着，在大多数情况下，每条线都能按照不同的速度、动态和时间，彼此独立发展。有的人可能在这条线上高度发展，在那条线上很普通，在第三条线上则很落后——这都是可能的。因此，总体发展——所有这些不同线的汇总——绝不是线性的或连续的发展。（正是这一事实最终令皮亚杰体系变得无效。）

然而，大部分研究也发现，每条发展线本身都会按照连续的、层级

---

① 这是威尔伯自创的术语，可以参见后文，指个体失去特定意识层次以后的感受。

② 见尾注 2.1。

式的方式发展：每条线的更高阶段往往依赖于（或包含）更早的阶段，任何阶段都不能被跳过，每个阶段都会按照顺序依次出现，这种顺序不会受到环境的限制或社会刺激的改变。迄今为止，大量证据表明，我提到的所有发展线都是这么发展的。[①]

例如，声名卓著的教科书《人类发展的更高阶段》（由查尔斯·亚历山大和艾伦·兰格尔编著）介绍了13名顶级发展心理学家——包括皮亚杰、科尔伯格、卡罗尔·吉利根、库特·费希尔、霍华德·加德纳[②]、卡尔·普利布兰[③]、罗伯特·凯根[④]——的工作，在这13个人中，除了1～2个人之外，其他所有人都介绍了某种层级式模型，包括吉利根的女性发展模型。这些结论都建立在大量实验数据的基础上，而不仅仅是理论猜想。这并不是说，所有这些发展线都仅仅是层级式的，其中的许多特征并非如此（见下文）。但是，所有模型的关键特征都是层级式的。而且，这些研究者达成的普遍共识是：不管发展线有多么不同，不仅大多数线都会按照层级发展，而且他们在发展时都会经过相同的系列常见波，包括：身体/感觉运动/前习俗阶段，具体运思/习俗/规则阶段，和更抽象的、形式的后习俗阶段。

例如，在学习演奏乐器时，人们的身体首先会努力掌握这件乐器，学会通过感觉运动来操纵它。然后，他会学习演奏1～2首简单的歌曲，

---

① 见尾注2.2。

② 霍华德·加德纳（Howard Gardner，1943—），世界著名教育理论学家，“多元智能理论”之父。著有《艺术和人的发展》、《艺术、智能与大脑：对创造力的认识途径》等书。

③ 卡尔·普利布兰（Karl Pribram，1919—），美国心理学家，著有《思维方式之矛盾》等书。

④ 罗伯特·凯根（Robert Kegan，1929—），美国心理学家，关注婴儿与儿童的认知与情绪发展，著有《气质的阴暗面》、《惊奇、不确定和心理结构》。

逐渐掌握乐器的具体操作和规则。在他熟练地掌握了琴键和音阶以后，技巧就变得更抽象，他就会越来越将抽象的技巧运用到不同的新歌曲上。几乎所有的发展线——从认知到自我到情感到道德到肌肉运动知觉——都会按照这 3 种广义的阶段发展。如果我们考虑到可能还存在着更高的（或超个人的）发展阶段，并将它们统统简称为“后 – 后习俗的”，那么，大多数发展线都会经过四个广义阶段、层次或波：感觉运动、习俗、后习俗和后 – 后习俗。

这 4 种广义波是怎样的呢？它只是个简化版的存有巨巢，从身体（感觉运动）发展到心智（习俗和后习俗）到灵性（后 – 后习俗）。当然，这四个广义阶段只是对已有研究成果的简单概括；在大多数例子中，例如，认知、自我、道德的发展其实经过了 5 ～ 7 个乃至更多的阶段，而在每个例子中，这些阶段几乎都非常普遍地对应于巨巢中的层次。

换句话说，大多数发展线之所以会通过相当普遍的、不变的、层级式的序列，其原因就在于：它们契合于相当普遍的、不变的存在大层级，契合于图表中非常明确地体现出来的整体形态形成场。**巨巢基本上就是那个整体形态形成场或发展空间**。它仅仅表示个人可能接触到的某些基本的现实波；随着不同的天分、能力和技能在个体身上展现出来，它们在通过发展空间时往往会符合巨巢的总体特征。这并不是说这些层次被刻在混凝土上或固定在石头上，它们只是生命长河中更强大的水流；当木块被扔进那条河中，它们往往会跟着已经在流动的水流向前流去。人类发展中的个人潜能就是这样：它们往往会跟随生命长河中的水流，跟随大层级中的波浪。这至少是大多数经验证据证实过的东西。

但我们现在回到下面这个同等重要的话题：各种不同的流即便在流经相似的场之时，也是相对独立的。人们可能在这条线上高度发展，在那条线上很普遍，在第三条线上则很落后。如前所述，这意味着，整体发展绝不是线性的序列。

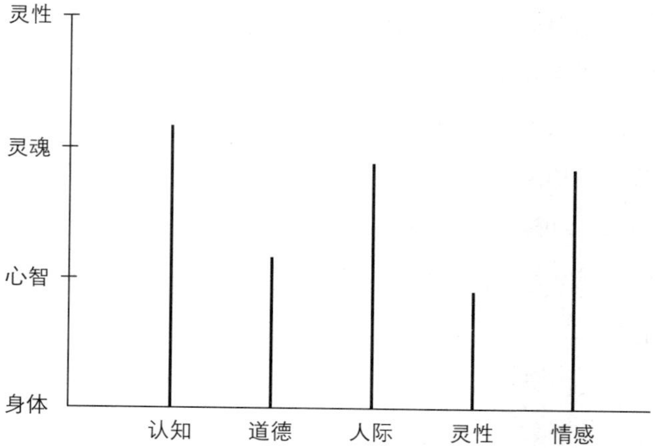

图 2　整合式心理图

这些都能够在图 2 中体现出来（我将该图称为“整合式心理图”）。巨巢的层次标明在纵轴上，各种线会贯穿这些层次（在大约 20 多条线中，我列出了 5 个例子：认知、道德、人际、灵性和情感。我曾经将“灵性”既标为最高的层次，又标为独立的发展线，以此来反映两种最常见的“灵性”定义（见第十章）。既然存在其实是个子整体序（见图 1），我们可以用图 3 更准确地表示整合式心理图。

这并不是说，发展的所有（或大多数）重要特征都是层级式的。在我的体系中，每个基本结构或波的组成成分，既有层级结构（或越来越多的整体包容度），又有平级结构（或者说相互平等的要素之间的非层级性互动）。层次之间的联系是层级性的，每种更高层次都超越并包含了较低层次，但反之则不然（分子包含原子，但反之则不然；细胞包含分子，但反之则不然；句子包含单词，但反之则不然），这种“反之则不然”形成了越来越具有整体包容度的非对称层级结构（这仅仅意味着更高维度包含较低维度，但反之则不然，因此，更高维度更具有整体性、更全面）。但是，在每个层次内部，大多数要素都以彼此平等的互动模式存在。许多发展线——至少有半数——在展现和运用能力时都涉及各种类型的非层级性过程。这些非层级性过程当然没有在图表中体现出来，因为图表关注的是跃迁式发展，但我们不能因此忘记它们的深刻意义。

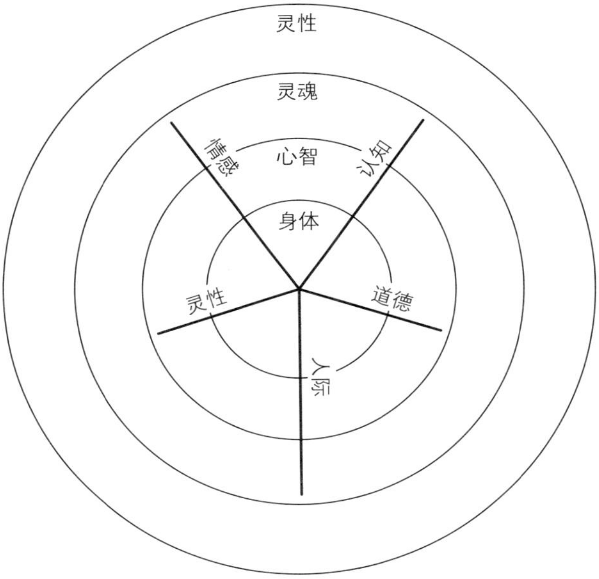

图 3　作为子整体序的整合式心理图

因此，当我用到“子整体序”这个术语时，它包括层级结构（性质上有高低之分的层次）和平级结构（彼此关联的维度）的平衡。试图片面地运用这种关系的理论家始终无法解释个人的发展。

我们还会回头继续探讨发展流的本质，并举出若干例子。但我们首先来看看引导这些流的自我。

第三章

自我

自我引导着层次和线。尽管我稍后会细分这个简单结构，但这三个要素——基本波、发展流和引导这两者的自我——对整合式模型是至关重要的。我们已经审视了基本层次或波，并且很快会回头重新探讨发展线和流，并更仔细地审视它们。但此时，我们需要首先了解自我，以及它在意识的总体发展中所起的作用。[①]

自我是波与流的导航员

如果你此刻感受到了你的自我——只要注意是什么让你说"我"——你也许至少就会意识到这个"自我"的两个部分：在进行观察的自我（内在的主体或观察者），以及被观察的自我（你对自身的某些客观了解和认识——我是个父亲或母亲，医生或神职人员；我体重有多少磅；我有金黄色的头发，等等）。前者被体验为"主体我"（I），后者被体验为"客体我"（me），甚至是"我的（mine）"。我将前者称为"近端自我"（proximate self，因为它离"我"更近），将后者称为"远端自我"（distal self，因为

---

① 见尾注 3.1。

它是客观的，“远处的”）。将两者合起来，再加上自我的其他源头，就称为“总体自我”（overall self）。

这些区分很重要，因为就像很多研究者——从拉玛那·马哈希尊者[①]到罗伯特·凯根——所注意到的，在心理发展中，前一阶段的I成为了后一阶段的me。也就是说，你在这个阶段的自我认同在下个阶段会被超越，或去认同化（disidentification），因此，你能够怀着超然的态度，从远处更客观地看待它。换句话说，前一阶段的主体成为了后一阶段的客体。

例如，年幼的婴儿几乎完全将自己和他的身体等同起来——这个身体就是婴儿的自我或主体（近端的主体我），因此，婴儿无法真正地抽身而退，客观地看待自己的身体。它仅仅是个“身体自我”（bodyself），并用这个身体自我去观看世界。但是，当婴儿的语言和概念思维开始出现时，他就开始将自身与这种心智等同起来，于是心智就成为了婴儿的自我或主体（近端的主体我），然后，婴儿首次能够客观地看待自己的身体（将它当成远端的客体或客体我），身体现在成了新主体——心智自我——的客体。因此，前一阶段的主体就成了后一阶段的客体。

（长青哲学家补充说，在意识序列的顶端，个人的主体我——即独立的自我或内在的主体——成为了终极自我的客体，而这个终极自我不是别的，而是耀眼的灵性和真正的自性。根据神秘主义者的看法，人主合一后，个人就成了终极的主体或清净心——作为绝对观照者和觉醒者的纯粹空性，其本身是无法被观察到的，却悖论般地存在于我们看到的万事万物之中，是超越万有（因此绝对无法被观察到）并包含万有（因此

---

① 拉玛那·马哈希尊者（Sri Ramana Maharshi，1879—1950），国际著名灵性大师，被誉为印度数百年来悟境最高、影响最深远的至善上师。著有《我是谁》、《真我的质询》等书。

是我们当下看到的任何事物）的灵性。我们会在第八章讨论到。

因此，这个“总体自我”就是你当下具有的所有这些“自我”的汇聚物：近端自我、远端自我，和意识最深处的那个终极观照者（超验自我、先在的自我）。所有这些自我都在当下进入到你的自我感受中去，对于我们了解意识的发展或进化都非常重要。

正是因为这个总体自我包括若干不同的支流（和我们后文将要谈到的各种子人格），它并不呈现出顺序的或与阶段相似的发展历程。然而，现代研究始终表明，自我至少有一个侧面的确会经历顺序的（或与阶段相似的）发展历程，就是近端自我。例如，简·罗文格在某些深受敬重并被大量重复（包括非西方国家）的研究中发现，大量证据表明“自我发展”会经历几乎十来个清晰可见的成长阶段［到达我所说的人马（centaur）阶段①，见图表 1a］。罗文格所说的“自我发展”非常类似于我所说的近端自我的发展。②在我看来，近端自我的发展是意识发展的核心，**因为正是这个近端自我引导着存有巨巢的基本波。**

基本结构或基本波自身没有自我感。从普罗提诺到世亲菩萨③到莲花生④到圣女大德兰⑤的长青哲学家们都指明了这一点。基本结构仅仅是自我在发展最高潜能时接触到的存在与认知波。每当自我（近端自我）遇

---

① 一种高度的身心整合。

② 见尾注 3.2。

③ 世亲（Vasubandhu），北印度人，大约生活于公元 4 世纪，无著之弟，大乘佛教瑜伽行派理论家。他撰述的《俱舍论》、《唯识三十论》是唯识宗的奠基之作。

④ 莲花生（Padmasambhava），印度僧人，8 世纪将佛教密宗传入西藏，藏传佛教宁玛派的开山祖师。

⑤ 亚维拉的德兰（Teresa of Avila，1515—1582），杰出的西班牙神秘主义者、罗马天主教圣徒、加尔默罗会修女、反宗教改革家、通过默祷过沉思生活的神学家，著有《七宝楼台》等书。

到巨巢的新层次时，首先会将自身等同于这个层次并强化这种联系，然后去认同化（超越它，脱离它），然后在后续的更高层次中包含并融合它。换句话来说，自我改变了其自身发展的支点。詹姆斯·马克·鲍德温、克莱尔·格雷夫斯[①]、简·罗文格、约翰·布罗顿（John Broughton）、爱利克·埃里克森[②]、苏珊娜·库克－格鲁特、丹·贝克（Don Beck）、罗伯特·凯根（此处仅仅列举少数佼佼者）都研究了自我发展的这些重大里程碑，其研究成果都介绍在本书的图表之中。[这些研究者所研究的，不是生命长河中相同的流，而是共同向前发展并因而具有某些相似之处（即近端自我感的相似本质）的流。]

然而，说自我等同于大彩虹中的某个特定波，并不意味着自我就死死地卡在那个层次上。恰恰相反，自我有时能够“四处乱窜”。在某个限度内，自我能够暂时性地逛遍意识的全部疆域——它能够倒退，或在存在与认知层次中下降；它也可以螺旋上升，重新巩固并回到初始状态。而且，由于每个发展阶段的自我都能顺畅地进入意识的重要自然状态（通灵的、精微的、自性的、不二的），它可能短暂地获得任何（或所有）这些超个人领域的高峰体验，因而能暂时性地跳跃到更高的现实中去。

然而，经验证据始终表明，在任何特定时刻，自我的重心往往会徘徊在意识的某个基本层次附近。这意味着，如果你让很多人做自我发展测试，大约50%的答案都会位于某个发展层次，大约25%的答案会位于该层次的上方或下方附近。在我看来，发生这种情况的原因在于：每当自我与某个特定意识层次等同起来之时，如果失去这个层次，它就仿佛是

---

① 克莱尔·格雷夫斯（Clare Graves，1914—1986），美国心理学家，螺旋动力学的创始人。

② 爱利克·埃里克森（Eric Erikson，1902—1994），美国发展心理学家、心理分析学家，著有《儿童与社会》、《洞察力与责任感》等书。

在经历死亡，几乎就是某种死亡发作，因为自我的整个生活与那个层次等同起来了，因而放弃那个层次只会让自我感到痛苦万分。事实上，我相信，自我发展的每个重大里程碑的标志，就是艰难的生死斗争，涉及每个层次的死亡（或去认同化，或超越），这通常可能是极其痛苦的（见图表 1a，我们会在第八章审视这些自我发展的里程碑或支点）。自我最终之所以接受特定层次的死亡，仅仅是因为：下个更高层次的生活更加诱人，最终更加令人满意。因此自我会放弃当前的层次，“扼杀掉”自我对当前层次的排他性认同，而开始认同（或接纳并进入）后续更高层次的生活，直到自我放弃对后者的认同为止。（根据长青哲学的看法，当所有的死亡都完成以后，结果就仅仅只剩下上帝，或觉悟到苏菲派所说的自我和灵性的最高本体。）

因此，近端自我是生命长河中的波（和流）的导航员。它是认同感的核心来源，随着自我从自我中心导向社会中心，再导向世界中心，最后导向以神为中心的层次（或者说从前习俗到习俗，到后习俗，到后-后习俗的总体发展层次），这种认同感也得到扩展和深化，从物质发展到本我，到自我，再到上帝。

（顺便提一句，当我们说认同感从自我中心扩展到社会中心，再到世界中心之时，并不是说处于世界中心或后习俗层次的个人就完全没有自我了；恰恰相反，处于世界中心层次的个人具有非常成熟的自我。这时的个人能够采取多元视角，不再局限于他的自我之中，因此，他能够根据公平、正义和关爱等原则作出道德判断，而不介意种族、肤色、性别和宗教信仰。在恰当的时候，他仍然会在行动中考虑自身的利益，但是，其考虑范围却被无限扩大了，他的自我利益也越来越能容纳其他人的利益，因为他的认同感已经扩大了。见第九章的“道德”一节。）

作为贯穿整个巨巢的核心导航员，自我促成了认同感（如何称呼自己）、意志（在当前层次的约束和限定条件下所作的自由选择）、防御（其结构也是层级式的）、新陈代谢（将状态转化成特征）等重要事件，而尤其重要的是，整合（自我会平衡和整合所有其他事物）也是在这个自我里面发生的[①]。（至于佛教对自我的异议，请参见尾注[②]。）

结论

我们每个人所说的“我”（近端自我）既是个常值函数，也是个发展流。也就是说，自我有若干构成其核心行为的函数变量，促成了认同感、意志、新陈代谢、导航、防御和整合（此处仅仅列出一部分最重要的功能）。这个自我（及其功能）也会在巨巢的基本波中经历自身的发展历程（我们会在第八章审视其阶段：从物质自我到身体自我，到心理自我，到灵魂自我，再到无我之我）。尤其重要的是，整合就是在这个自我中发生的，会平衡和整合个体的所有层次、线和状态。

简而言之，在从潜意识到自我意识到超意识的非凡之旅（我们很快会详细地探讨这场旅程）中，身为导航员的自我要忙碌不停地同时应付所有要素。

---

① 见尾注 3.3。

② 见尾注 3.4。

第四章

自我相关流[①]

利用自我认同每种波并藉此获得成长的能力，自我能穿越巨巢的基本波。自我能够紧密地认同意识的某个层次，在该层次发挥其功用，然后对它去认同化（并整合它），以便上升到更高的层次和更广阔的领域并认同这一层次和领域（如此不断继续下去，直到无法继续成长为止）。

每当自我的重心围绕着新的意识层次运行时，它无疑会对人生具有不同的新视野，这恰恰是因为：巨巢的每个基本层次都有不同的结构，因而处于每个层次的自我都能看到不同的世界：它会面对新的恐惧、新的道德层次、新的自我感。我将所有这些发展线称作自我相关线或流，因为它们都与自我及其成长之旅密切相关。

有些是总体发展线（认知、情感、审美、运动知觉、数学……），而作为其分支，还有些与自我、自我需求、自我认同和自我发展尤其密切相关的发展线，就是自我相关线。

事实上，在其种程度上，自我相关阶段恰恰来源于自我对某个特定意识层次的认同。举个简单的例子：当自我认同习俗思维之时（自我的主要意识层次是后期具体运思），它的自我意识（按罗文格的看法）是遵循

① self-related streams。

习俗的，它的道德意识（按科尔伯格的看法）开始变得保守，它的主要需求（按马斯洛的看法）是归属感（可以参见图表）。当自我的重心处于后期的“规则 / 角色思维”时，所有那些特定的角色、道德和需求就会开始启动，排他性地认同该意识层次的自我就会大力支持它们。[①] 此时，自我对世界的认识，就来源于意识系列的这个特定层次。

其中的许多阶段——例如道德、自我认同和自我需求——都列在图表 4a–c 和 5a–c 中。图表 4a–c 包括与自我认同联系最密切的自我相关阶段（例如罗文格的自我发展和埃里克森的社会心理发展阶段），图表 5a–c 包括道德与视角等自我相关阶段，或自我在每个基本意识层次所具有的不同类型的人生观（和世界观）。我们会依次探讨它们。

自我相关阶段（图表 4a–c）

研究自我发展的早期先驱者（以及深深影响了我的看法的人物们）包括：詹姆斯 · 马克 · 鲍德温、约翰 · 戴维（John Dewey）、G. H. 米德（G.H.Mead）、C. 库利（Cooley）、安娜 · 弗洛伊德（Anna Freud）、海因茨 · 哈特曼（Heinz Hartmann）、雷纳 · 史皮兹（Rene Spitz）、艾瑞西 · 诺曼（Erich Neumann）、爱德华 · F · 艾丁格尔（Edward F. Edinger）、克莱尔 · 格雷夫斯、爱利克 · 埃里克森。[②] 更晚近的理论家包括：简 · 罗文格、约翰 · 布罗顿、奥托 · 科恩伯格（Otto Kernberg）、雅克 · 拉康（Jacques Lacan）、海因茨 · 科乌特（Heinz Kohut）、玛格莱特 · 马勒（Margaret Mahler）、詹姆斯 · 马斯特森（James Masterson）、罗伯特 · 凯根，以及（我们将要谈到的）苏珊娜 · 库克 – 格鲁特，他们也对我颇有启发。

① 见尾注 4.1。

② 见尾注 4.2。

继承精神分析传统的埃克里森大大地拓展了精神分析的概念，这种拓展事实上有助于削弱精神分析领域的还原论倾向。他提出了从出生到青春期再到老年的“心理社会发展阶段”，这种看法不仅立刻得到了公众的共鸣，也得到了许多其他研究者的支持，因为他无疑触及了某些重要的问题。埃克里森的体系非常类似人生的 7 个阶段，在该体系中，有 7 ~ 8 个主要的人生年龄段（或阶段，见图表 4a）。他回应了鲍德温和皮亚杰的研究中已经初露端倪的真理（这明显地体现在德国唯心主义者的见解之中，而德国唯心主义者的见解又极大地影响了鲍德温和皮亚杰）：每个发展阶段都会看到不同的世界，具有不同的需求，以及不同的任务、困境、问题和病症。他没有将人生的全部问题归结为婴儿诞生之初所出现的问题，而是认为 6 ~ 7 个其他年龄段同等重要，有时甚至更加重要。埃克里森的最高阶段不完全是超个人的（而往往是个人层次上的水平发展），① 然而，如果将所有重要的人生事件都归结为人生的最初阶段，就是再投机取巧不过的做法了。

克莱尔·格雷夫斯最早（还有鲍德温、戴维和马斯洛）采用了发展结构，并声明它可以广泛地运用到许多领域（包括商业、政治和教育等等）之中。他提出了深刻而出色的人类发展体系，后来的研究并没有推翻这个体系，而是完善、确认了它。“简而言之，我认为：成熟个体的心理学是逐步发展的、自然发生的、来回摇摆的灵性过程，其标志是：随着个体的存在性困境不断发生变化，低级的旧行为系统逐渐从属于高级的新系统。人们通过每个相续的存在阶段、波或层次，通向了其他的存在状态。当个体主要受到某种存在状态的支配之时”——也就是说，当自我的重心徘徊在某个特定的意识层次附近之时——“他就具有与该状态对应的特定心理结构。他的感受，动机，伦理和价值观，生化反应，神经元激活程度，学习体系，信仰体系，心理健康观，对心理疾病的本质及其疗

① 见尾注 4.3。

法的认识，对管理、教育、经济、政治理论与实践的看法与偏好，都对应于那种状态。”

格雷夫斯概括了大约 7 个“人类存在的层次或波”，它们依次是：自我中心的、魔法的、泛灵论的、社会中心 / 习俗的、个人主义的、整合的（如图表 4c 所示）。就像西方研究者通常所做的那样，他没有认出更高的（超个人）层次，但他对前个人或个人领域所作的贡献是巨大的。

我们理当记住，几乎所有这些阶段概念——从亚伯拉罕·马斯洛到简·罗文格到罗伯特·凯根再到克莱尔·格雷夫斯——都建立在大量研究和资料的基础之上。它们不仅仅是纯粹的概念和理论，每个观点其实都奠基于大量仔细核实过的证据之上。我谈到的许多阶段理论家（例如皮亚杰、罗文格、马斯洛和格雷夫斯）都在第一、第二和第三世界中检验了其模型（比如皮亚杰的模型）。格雷夫斯的模型也同样如此：到目前为止，研究者在全世界五千多人身上检验了这个模型，都没有发现不符合其体系的重大例外情况。

当然，这不是说，这个体系的方方面面都已经尽善尽美，或大体上比较全面了。如前所述，它们都是对生命长河的局部快照，从那个角度去看这条长河时，它们都是有用的。但并不能否认其他同样有用的图片，也不是说更深入的研究就无法完善这些图片。真正的涵义是：任何没有包含这些图片的心理学模型都是不够全面的。

丹·贝克继续大大推进、完善并拓展了格雷夫斯的工作。他和同事克里斯托弗·考文（Christopher Cowan）成立了国家价值观中心（National Values Center），两人合著的《螺旋动力学》（*Spiral Dynamics*）一书出色地将总体发展原则运用到了广泛的社会文化领域中去。贝克和考文远远不是不切实际的分析家，他俩参与了最终消灭南非种族隔离制度的讨论（然后继续运用相同的发展原则为南非橄榄球联队制定“赢得人心”的战略，并帮助后者获得 1995 年的世界杯冠军）。螺旋动力学的原则被卓有成效地用来重组企业、复兴城镇活力、全面审视教育体系、缓解内城压力。贝克和考文取得这种辉煌成功的原因在于：在这个迷失于多元相对主义的世界中，他们明确地阐释了动态发展主义，并将之转化为现实。

南非的情况是个最好的例子，阐释了发展层次（每个层次都有自身的世界观、价值观和需求）的观点为什么确实能够减少乃至缓解社会压力，而不是使之加剧（就像批评者经常指控的那样）。如图表 4b 所示，螺旋动力学认为人类的发展会经历 8 种常见的价值“文化基因”① 或深层结构：本能的（爬虫类的）、泛灵论的 / 部落的（哺乳类的 – 魔法的）、权力争霸的（魔法的 – 神话的）、绝对论 – 宗教的（神话的）、个人主义的 – 进取的（理性的 – 自我的）、相对主义的（早期统观逻辑）、系统的 – 整合的（中期统观逻辑）和全体的 – 整体论的（后期统观逻辑）。它们不是僵化不变的层次，而是连续的、流动的波，会有大量的重叠和交织之处，从而形成了意识演变的网筛（meshwork）和动态螺旋。

在消除社会张力之时，自由派的常见做法就是平等地对待每种价值观，然后尽力促使资源平衡或重新分配（钱、权利、商品、土地）而不触及价值观。保守派的常见做法是接纳某些特定的价值观，并试图将它们强加于所有人身上。进步的做法是意识到：存在着许多不同的价值观和世界观，其中有些价值观比其余的更复杂；只有发展到更高的层次，才能消除某个发展阶段的许多问题；只有承认并推动这种发展，社会正义才能最终实现。而且，在意识到每个人都潜在地具备所有这些文化基因以后，就能重新描绘社会张力的轮廓：不是基于肤色、经济阶层或政治势力，而是基于个人、群体、宗教、部族、企业、政府、教育系统或国家所信仰

---

① 文化基因（meme）是由英国生物学家道肯斯首先提出的概念，后来被格雷夫斯发展成了社会动力学理论。它指的是与生物基因相对的非生物基因，主要指先天遗传或后天习得的、主动或被动的、自觉或不自觉地置入人体内的最小信息单元和最小信息链路，主要表现为信念、习惯、价值观等。

的世界观的类型。正如贝克所说："关注的焦点不是人群的类型，而是人群的内在类型。"这样就不必再考虑肤色，转而关注造成社会张力的真正主因（发展价值观和世界观），为了帮助消除非洲的种族隔离制度，他们恰恰就是这样做的。

（在本章结尾部分，我们还会再次谈到贝克，并举出一些有趣的例子。因此，如果这些章节在谈到自我发展时显得枯燥而抽象的话，后文的大量例子和应用也许能让它们变得生动起来。）

简·罗文格的出色研究特别关注自我发展（见图表 4a），其研究大大增加了这个领域的精确性，并激发了大量更深入的研究。她发现，自我（近端自我）发展会经历大约十来个清晰可辨的阶段，这些阶段的名称就很能说明问题：自我中心的、共生的、冲动的、自我保护的、遵奉习俗的、良知的－遵奉习俗的、良知的、个人主义的、自律的、整合的。如今，若干不同的文化都在重复她的研究，其成果继续获得广泛的认可。苏珊娜·库克－格鲁特完善并扩展了罗文格的研究，并形成了自己新颖而重要的自我发展模型（见图表 4c）。

罗伯特·凯根（图表 4c）是个深受众人（包括我）爱戴的发展学家。他深刻、准确、敏锐而谨慎地谈到了各个领域的众多成长问题。在我看来，凯根的方法尤其重要，因为他极其明确地阐释了嵌入（认同）和反嵌（超越）的本质，从而表明了主要的自我发展波。其著作《发展的自我》（*The Evolving Self*）和《超越我们的大脑》（*In Over Our Heads*）说明了发展方法为什么如此重要（这也是凯根深受众人爱戴的原因）。

胡安·帕斯科尔－莱昂为成长研究开辟了这一研究非常需要的水平方向（释经学的、现象学的、辩证的），并将皮亚杰、雅斯贝尔斯[①]、胡塞

---

① 卡尔·西奥多·雅斯贝尔斯（Karl Theodor Jaspers，1883—1969），德国存在主义哲学家、神学家和精神病学家，著有《理性与生存》、《现代的精神状况》等书。

尔、舍勒[①]、梅洛·庞蒂[②]和海德格尔[③]（他们同样影响了我的看法）的工作——加上他本人高度开创性的体系——融汇成了动态辩证法的强大系统（见图表3b和4a）。

我认为，约翰·布罗顿的研究具有重大的意义，在描述自我发展阶段及其认识论时尤其如此。在詹姆斯·马克·鲍德温的启发下（见下文），布罗顿不仅做出了大量重要的研究成果，而且做了非常需要的系列理论工作，消除了皮亚杰传统的狭隘性。

在循着自我阶段进入超个人领域的研究者中，我还列举了鲁道夫·斯坦纳[④]（图表4b）、米歇尔·沃西布恩（Michael Washburn）、詹尼·韦德（Jenny Wade）。图表2a中介绍了史坦·葛罗夫[⑤]的层次。[⑥]斯坦纳是个卓越的先驱者（那个"天才时代"涌现了费希纳、荣格、詹姆斯等人），在他所属的时代，他也是在心理学和哲学领域最博学的睿智之士。作为人智学的创始人，他著述了两百多本著作，几乎穷尽了人类能够想到的所有话题。[⑦]米歇尔·沃西布恩对更高发展提出了非常明确的浪漫主义看法，包括重新获得以前丧失的潜能；而在世的最优秀发展学家詹尼·韦德则出

---

① 马克斯·舍勒（Max Scheler，1874—1928），德国哲学家、社会学家，哲学人类学的主要代表人物。著有《同情的本质与形式》等书。

② 梅洛·庞蒂（Merleau-Ponty，1908—1961），法国著名哲学家，存在主义的代表人物、知觉现象学的创始人。著有《行为的结构》、《知觉现象学》等书。

③ 海德格尔（Heidegger，1889—1976），德国哲学家，教育家，20世纪存在主义哲学的创始人和主要代表人物，著有《存在与时间》等书。

④ 鲁道夫·斯坦纳（Rudolf Steiner，1861—1925），奥地利社会哲学家、教育学家、人智学及华德福教育的创始人，著有《歌德的世界观》、《通神学》等书。

⑤ 史坦·葛罗夫（Stan Grof，1931—），精神病学家，超个人心理学的奠基人，著有《非常态心理学》。

⑥ 见尾注4.4。

⑦ 见尾注4.5。

色地概括了 8 个主要意识波的发展，涵盖了全部意识范畴。

尽管这些理论之间存在着许多重大分歧，但我们必须注意到它们之间的许多深刻共性。这些理论家给这些自我阶段的命名往往就很能说明问题。我们现在仅仅采用图表 4a–c 中列举的理论家所提供的术语：最初的意识基本上是自我中心的，和物质世界没有分化开来。然后，它从物质环境中将身体自我分别出来，呈现为本能的、冲动的自我，但它此时仍然认为世界是充满魔法的、泛灵论的，而且仍然会竭力从自我中心出发来影响环境。随着概念思维开始产生，自我会和身体区别开来，这样，自我就在感官能力的基础上具有了越来越多的心智能力，从而开始走出自恋的、第一人称的、安全 / 权力的轨道，进入主体间的、公共的、社会的更广阔世界。

当个体开始懂得规则并能够换位思考时，社会中心就取代了自我中心，自我在起初会遵奉习俗和传统，具有神话的 – 绝对论的信仰，而其方式则往往是专断的。意识的继续成长会让自我不再牢牢地固守着社会中心和民族中心的模式，而是会通向形式的、普世的、世界中心的、后习俗的意识，这极大地拓展了意识空间，开始形成了真正全面的模式。

后形式的发展会深化这种后习俗立场，大多数研究者都认同，这种后形式的发展会从相对主义的个人主义（多元化的信仰往往会导致孤立的、极端的个人主义）发展到全球整体论（超越多元文化，进入宇宙整合阶段），自我从而会变得越来越整合和自律。（我称之为人马阶段。“人马”是埃克里森发明的术语，用来表达成熟的身心整合，此时，“人类的心灵”和“动物的身体”成为和谐的整体。我们说，这是个人领域的最高阶段，此后就越来越进入超个人领域了。）

如果意识超越了人马阶段，在螺旋状上升的进化之旅中继续前进，它就能稳定地进入超个人的、后 – 后习俗的领域（通灵的、精微的、自性的、不二的）。研究这些更高领域的少数现代西方先驱者包括：约翰 · 费希特、弗里德里希·谢林、乔治·黑格尔、亚瑟·叔本华、亨利·柏格森、弗里德里希·尼采、卡尔·荣格、马丁·海德格尔、卡尔·雅斯贝尔斯、埃德蒙德·胡塞尔、古斯塔夫·费希纳、老亨利·詹姆士、拉尔夫·瓦尔多·爱默生、鲁道夫·斯坦纳、弗拉基米尔·索罗维耶夫（Vladimir Solovyov）、乔西亚·罗伊斯（Josiah Royce）、安妮·贝赞特（Annie Besant）、弗雷德里克·迈尔斯（Frederic Myers）、尼古拉·别尔嘉耶夫（Nikolai Berdyaev）、阿道斯·赫胥黎（Aldous Huxley）、埃里希·弗洛姆（Erich Fromm）、罗贝托·阿萨鸠里（Roberto Assagioli）、詹姆斯·马克·鲍德温、威廉·詹姆斯和亚伯拉罕·马斯洛。

道德和视角（图表 5a–c）

每当自我的重心认同某个更高的巨巢基本波之时，它就不仅具有了新的认同感，而且具有了新的、更高的世界观，具有了更广泛的、更具包容性的系列道德和视角，图表 5a–c 中列举了很多。

这里要谈到的核心人物是劳伦斯·科尔伯格，他的工作建立在鲍德温、戴维和皮亚杰的基础之上，表明道德发展会经历 6 ~ 7 个阶段（涵盖了前习俗、习俗、后习俗和后 – 后习俗）。个体起初是自我中心的，没有道德意识的（“我无论要什么”都是对的），然后会发展到社会中心（“团体、部落和国家想要的东西”都是对的），然后发展到后习俗（关注对所有民族都公平的东西，而不管其种族、肤色和宗教信仰如何）。科尔伯格的最高阶段——他称为第七阶段——是“宇宙灵性的”（后 – 后习俗的）。

迪尔德丽·克拉默尔（Deirdre Kramer，见图表 5a）出色地概括了世界观的发展。基奇纳（Kitchener）和金（King）则在反思判断方面作出了重要而深具影响力的贡献（从表象到相对主义再到综合，见图表 5a）。威廉·珀利（William Perry）对社会观念的研究成果——从**僵化的二元论**发展到**相对主义的/多元主义的**再到**综合的**——受到了其他研究者的广泛赞誉，尤其深受大学生的好评，因为他的研究成果非常详尽地勾勒出了大学生往往充满焦虑的发展历程。罗伯特·塞尔曼对角色采择的研究工作阐释了自我发展及其主体间能力的关键特征（见图表5c）。卡罗尔·吉利根（图表5c）概括了女性道德发展的等级结构（从“自私”到“关爱”到“普遍关爱”，这是改头换面的自我中心–社会中心–世界中心），对大众文化造成了很大的影响，但这种影响恰恰让它受到了广泛的误解（人们误以为这意味着只有男性才会经历层级式阶段，而女性则不会经历层级式发展阶段，这是近20年中最重大的文化谬论）。托伯特（Torbert）的行动–探究（action–inquiry）层次证明在商业中尤其有用（图表5a）。布兰查德–菲尔德的研究很好地概括了视角的发展，表明它经历的过程依次是：自我中心的、多元的、整合的（图表5a）。约翰·罗尔斯（John Rawls）的道德立场线是层级式的（图表5c），谢里尔·阿蒙的美德阶段和豪（Howe）对道德品格结构的重大研究成果也是如此。

换句话来说，所有这些理论的共同点在于它们对道德和视角的普遍看法，它们认为道德和视角的发展过程都依次是：前习俗的、习俗的、后习俗的（再到后–后习俗的），这就在更大范围内证实了巨巢及其常见波。不过，应该强调的是，这些不同的自我相关发展流仍然保持着相对独立的特点。例如，研究持续表明，认知发展是人际交往发展的必要非充分条件，后者是道德发展的必要非充分条件，而道德发展又是辨别是非能力的必要非充分条件。这就再次凸显出：即便大多数个体发展线会按照顺序的层级方式逐渐发展，但总体发展自身并非如此。

异议

多元相对主义的倡导者始终在批评说，任何阶段概念——例如科尔伯格的或罗文格的——在本质上都是欧洲中心的、忽视其他文化的、充满性别偏见的。这是很重要的问题。然而，最近10年中，其中的半数批评都受到了仔细的审视，大多被证明是站不住脚的。例如，科尔伯格的道德阶段被认为充满了对女性的偏见。“如今，几乎没有证据支持这种对科尔伯格理论的批评意见，”广受好评的教科书《社交和人格发展》（*Social and Personality Development*）中如此写道，“也没有很多证据表明女性会经历不同的道德发展途径，并比男性更加重视关爱的德行。事实上，我们有相反的证据：在思考真实生活中面临的道德困境之时，男性和女性都需要考虑到慈悲与人际交往的责任感，这些问题大约和法律、公平、个人权利等一样常见甚至更加常见”（原著中的要点）。简而言之，“研究始终无法证实科尔伯格的理论对女性充满了偏见。”①

那么，科尔伯格的研究是否是欧洲中心的呢，是否充满西方的偏见并将其他文化边缘化了呢？“对墨西哥、巴哈马、印度尼西亚、土耳其、洪都拉斯、印度、尼日利亚、肯尼亚等国家的研究也获得了相似的结果。因此科尔伯格关于道德理性的层次和阶段似乎是‘普遍的’结构……科尔伯格的道德阶段似乎的确描述了固定不变的顺序。”此外，还有一项研究工作是这样总结的：“对跨文化研究的全面审视表明，科尔伯格的理论和方法是合理的，没有文化偏见的，确实反映了道德问题的准则，以及与其他文化环境密切相关的价值观。而且，这些资料也支持他的阶段模型所隐含的发展标准，这强有力地支持了他的发展理论和他的非相对主义立场……”②

科尔伯格等人的理论表明了它们的非相对主义立场，我认为，这恰恰是因为这些阶段穿过了非相对主义大子整体序中的波，从前习俗发展

---

① 见尾注4.6。

② 见尾注4.7。

到习俗，到后习俗，再到后 – 后习俗。这些波流过了形态形成场，以及从无生命物质到超意识灵性的发展空间，与此同时，在每个阶段，它们又完全根植于灵性——整个显现世界的真如实相——之中。

螺旋动力学：存在之波的例子

我们现在回到螺旋动力学，来简单地概述自我发展流及其发展波。记住：这仅仅是生命长河中的系列照片，实际上有很多不同的流会相对独立地经过基本波；个体在不同的发展线上能够同时处于很多不同的层次（如整合式心理图 2 和图 3 所示）。螺旋动力学不包括意识状态，也不包括更高的、超个人的意识波。[①] 但是，就其成就而言，它为自我以及自我穿过克莱尔·格雷夫斯所说的“存在之波”的旅途，提供了非常有用且出色的模型。

贝克和考文（他们仍然非常认同格雷夫斯的系统）将这些自我存在的层次称为文化基因。文化基因立刻成为了心理学结构、价值体系和适应模式，它可以采用多种不同的方式将自身展现出来，包括：世界观、衣服款式和管理形式。从某种意义上说，不同的文化基因就是自我沿着存在的螺旋状结构发展时所能接触到的“不同世界”，而其推动因素既包括自身的内在动态，也包括不断变化的人生境遇。每个文化基因都是个子整体，超越并包含了其前身，属于嵌套式的发展。我将“格雷夫斯的图表”（图 4）收进了这本书，克莱尔·格雷夫斯本人用这个图表来表达这种嵌套结构（我们将之称为子整体序）。

贝克和考文用各种不同的名称和颜色来称呼这些不同的自我世界层次，这些层次大约有 8 ~ 9 个。但是，在自我的发展过程中，它们不完

---

① 见尾注 4.8。

全是转瞬即逝的阶段，而是永久的能力和应对策略，在它们产生以后，遇到恰当的人生境遇，它们就能被激发出来（例如，生存本能可以在紧急状况下被激发出来，亲和能力可以在亲密的人际关系中被激发出来，等等）。而且，正如贝克所说："螺旋是杂乱的，不对称的，混合着各种各样的东西，而不是单纯的类型。它们是马赛克，是密不可分的混合物。"

最初的 6 个层次是"生存层次"，其标志是"第一层思维（first-tier thinking）"。然后出现了意识的革命性变化，就是"存在层次"和"第二层思维"。下面简单描述所有 8 种层次和每种层次所拥有的人口百分比，以及每种层次所拥有的社会权力百分比。

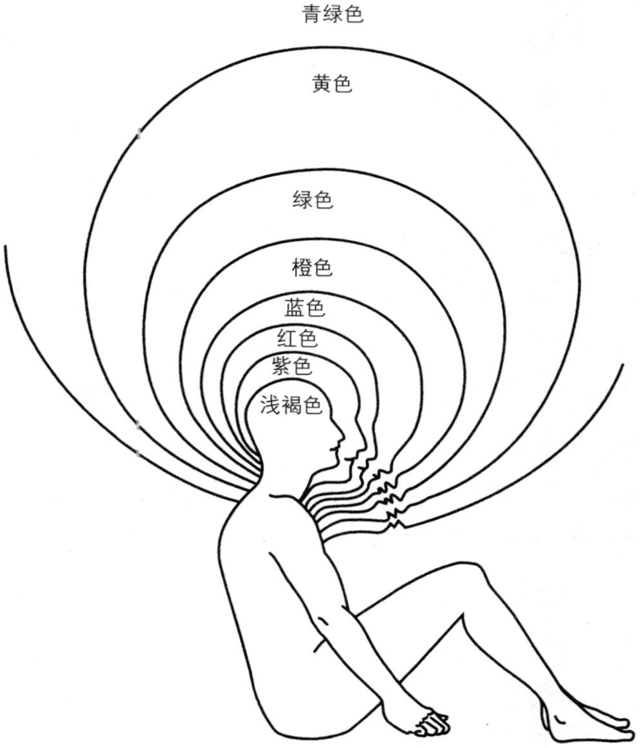

图 4 格雷夫斯的图表：越来越发达的子整体

1. **浅褐色：原始的 – 本能的**。基本生存的层次。食物、水、取暖、性和安全是首先考虑的事物。仅仅依靠习惯和本能来满足生存。本能自我几乎蒙昧无知，也反复多变。形成了将生命延续下去的生存带（survival band）。

体现在：最早的人类社会、新生的婴儿、耄耋之人、中后期老年痴呆症患者、心理病态的街头颓废派、饥饿的大众、战场精神错乱症。在成人中占 0.1%，拥有的权力为 0。

2. **紫色：神话的 – 泛灵论的**。思想是泛灵论的。神灵们具有魔法，有好有坏，遍布整个地球，并赐予祝福、诅咒和魔法，主宰着万事万物。形成了种族部落（ethnic tribe）。这些神灵存在于祖先当中，并成为部落的纽带。血缘关系和家族谱系建立起了政治联系。听起来是“整体论的”，但其实是原子论的：“河流的每个拐弯处都有名字，但整条河却没有名字。”

体现在：对巫术咒语的信仰、歃血为盟、吉祥咒语、世仇、家族崇拜仪式、魔法的种族信仰和迷信。盛行于第三世界、黑帮、运动队和“部落”联盟中。约占人口的 10%，拥有 1% 的权力。

3. **红色：权力争霸**。首次出现了与部落分离开来的自我。崇尚强力的、冲动的、自我中心的、英雄主义的。神话的神灵、龙、怪兽和强权人物。封建领主保护其臣民，而臣民付出的代价是顺从和苦役。封建帝国的基础是权力和荣誉。世界是个充满威胁和猎食者的丛林。征服者靠阴谋获胜并统治世界，纵情享乐而毫无悔恨或内疚。

体现为：“可怕的两岁”① 儿童、反叛的青年人、贪得无厌的心态、封

① 可怕的两岁（terrible two），心理学中有种说法，认为两岁的儿童会经历一个反叛期，对父母的所有要求都说“不”，经常任性哭闹，难以调教。

建王国、史诗英雄、詹姆斯·邦德[①]似的恶棍、追逐名利的冒险者、放荡的摇滚明星、匈奴王阿提拉[②]、《蝇王》[③]。约占人口总数的20%，掌握5%的权力。

4. **蓝色：循规蹈矩**。人生具有意义、方向和目的，其结果取决于某个全能的他者或神圣团体（Order）。这种正直的神圣团体基于绝对主义和永恒不变的是非原则来执行其管理章程。违背这些章程或法则，就会产生严重的乃至永久性的后果。遵从这些章程会让忠诚者受到奖赏。古代国家的根基。僵化的社会等级机构。家长制的。万事都有一种而且仅有一种正确的思考方式。法律与秩序。通过罪疚感来克制冲动。形象－字面的原教旨主义者的信仰。顺从这个神圣团体的法则。这个神圣团体或阶层通常是"宗教的"（在神话－团体的意义上而言。格雷夫斯和贝克称之为"圣人的/绝对论的"层次），但也能够成为世俗的或无神论的。

体现为：美国清教徒、中国的儒教徒、狄更斯小说中的英格兰、新加坡人的纪律、骑士的行为准则和荣誉、慈善行为、伊斯兰原教旨主义者、男女童子军、"道德多数派"[④]、爱国主义。约占人口总数的40%，掌

---

① 詹姆斯·邦德（James Bond）是英国作家伊恩·弗莱明小说中的人物，在小说中，他是英国情报机构军情六处的特工，代号007，被授权可以干掉任何妨碍其行动的人。

② 阿提拉（Attila，406—453），匈奴皇帝，曾多次率领大军入侵东罗马和西罗马帝国，被史学家称为"上帝之鞭"。

③《蝇王》（*Lord of the Flies*）是英国作家、诺贝尔文学奖获得者威廉·戈尔丁的代表作，故事发生于想象中的第三次世界大战中，一群6～12岁的儿童在撤退途中因飞机失事被困在荒岛上，起先尚能和睦相处，后来由于恶的本性膨胀起来，便互相残杀，导致了悲剧性的结果。

④ 道德多数派（Mcral Majority），美国的政治组织，成立于1979年，20世纪80年代末解散。由保守的基督教政治活动委员会组成，主张保持基督教的概念和法律非常重要。

握 30% 的权力。

5. **橙色：科学成就**。在这个层次时，自我避免了蓝色的从众心态，以个人主义的方式来寻求真理和意义，是假设–推理的、实验的、客观的、机械论的、操作论的，亦即，通常意义上的“科学的”。世界是个具有自然法则的、理性的、运转顺利的机器，可以被了解、掌握和操纵，以便实现个体自身的目的。高度追求成就，尤其（在美国）是物质利益方面的成就。科学法则支配着政治、经济和人类事件。世事如棋局，赢家脱颖而出，在输家面前意气风发。市场联盟。出于战略利益支配地球的资源。是公司国家[①]的基础。

体现为：启蒙运动、安·兰德[②]的《阿特拉斯耸耸肩》、华尔街、里维埃拉[③]、全球新兴的中产阶级、化妆品行业、战利品狩猎[④]、殖民主义、冷战、时装行业、唯物主义、自由的自我利益。约占总人口的 30%，掌握 50% 的权力。

6. **绿色：敏感的自我**。公有制社会的、人类团结、生态敏感性、网络化。人类必然会摆脱贪婪、教条和分裂内讧。同情和爱会取代冰冷的理性。珍爱地球、盖亚和生命。反对等级制度。建立多元视角的纽带和联系。善于接纳的自我。与万物联系起来的自我。群体配合。强调对话和交往。合作社区的基础（例如基于共同的感受，自由选择从属关系）。通过调解和共识达成决策（缺点：永无休止的过程，无法达成决策）。恢复灵性的

① 公司国家（Corporate State），指由各个行业而非地域的代表团体统治的国家。

② 安·兰德（Ayn Rand，1905—1982），俄裔美国哲学家、小说家。著有《源头》、《阿特拉斯耸耸肩》等书。

③ 里维埃拉（Riviera），法国南部和意大利北部的地中海沿岸地区，从戛纳延伸到拉斯佩齐亚，以其优美的景色、宜人的气候以及假日游憩胜地而著称。

④ 战利品狩猎（trophy hunting），指猎人愿意支付一笔费用以获得狩猎经历和猎获物。

活力，带来和谐，强化人类的潜能。坚定的平等主义，反等级制度，多元主义的价值观，真实的社会结构，多样性，多元文化，相对主义的价值体系；这种世界观通常被称为**多元的相对主义**。主观的、非线性的思维方式。对地球及地球上的所有生物显示出更大程度的同情、敏感和关爱。

体现为：深层生态学，后现代主义，低地国家的唯心主义，罗杰斯辅导①，加拿大的医疗体制，人本主义心理学，解放神学②，世界基督教联合会③，绿色和平组织，动物权利，生态女权主义④，后殖民主义，福柯/德里达，政治正确⑤，多元化运动，人权问题，生态心理学⑥。占总人口的10%，掌握15%的权力。

---

① 罗杰斯辅导（Rogerian counseling），美国心理学家卡尔·罗杰斯的疗法，指心理咨询师并不采取指导性的态度，而是进入对方的现象世界，逐渐地让对方获得自由，并消除其成长的障碍。

② 解放神学（liberation theology），盛行于拉丁美洲的激进天主教神学理论，以马克思主义的社会经济分析来作为解释《圣经》的原则，强调耶稣是“解放者”，要求神学不仅要反思世界，而且要改造世界。

③ 世界基督教联合会（World Council of Churches），由44个国家的新教各派教会在1948年成立的组织，总部设于日内瓦，宣称“教会是超国家、超民族、超阶级的普世性实体”，号召新教、天主教和东正教终止对立，采取联合行动。

④ 生态女权主义（ecofeminism），一种哲学和政治的理论与运动，将因男权统治而引起的生态、环境问题与女权主义问题相比拟，并加以结合。

⑤ 政治正确（politically correct），指为了避免真实存在的或所谓不公正的歧视而采取的变换称呼的行为，比如将“弱智”改称为“智力障碍”，将“疯子”改称为“精神病患者”。

⑥ 生态心理学（ecopsychology），20世纪中后期在美国兴起的心理学改造运动，以巴克和吉布森等人为代表，以生态哲学作为新的基础，以交互作用原则为中心原则，以生态效度的实验研究法和自然主义研究法等为主要方法，通过揭示人和环境的交互关系来研究、解释和预测现实生活中的行为和心理现象。

随着绿色文化基因的成熟，人类意识为重大飞跃做好了准备，即将跃入“第二层思维”。克莱尔·格雷夫斯称之为“重要的飞跃”，将“跨过人生意义的深不见底的鸿沟”。事实上，伴随着第二层意识，个人能够运用层级结构和平级结构，同时在横向和纵向上思考，首次清楚地了解了内在发展的全部范畴，因而能够明白：每种层次、每种文化基因、每种波对整个螺旋化过程的健康发展都是至关重要的。

如前所述，由于每种波都是“超越并包含的”，每种波都是所有后续波的基本组成，因而每种波都应该受到重视和接纳。而且在必要的时候，每种波自身都能够起作用或重新起作用。在紧急局势下，我们可以激发红色权力的力量；在面对混乱时，我们也许需要激发蓝色秩序的力量；在寻找新工作时，我们可能需要橙色成就的力量；在婚姻和友谊中，我们需要亲密的绿色纽带。

但是，所有这些文化基因自身都无法充分意识到其他文化基因的存在。每种“第一层”文化基因都认为，自身的世界观是正确的或最完美的。一旦遇到置疑，它就会作出消极的回应。无论何时遇到威胁，它都会利用自己的工具来大肆鞑伐。蓝色秩序非常难以容忍红色冲动和橙色个人主义。橙色成就则认为蓝色秩序是为傻瓜准备的，而绿色纽带又很脆弱，玄而又玄。绿色平等主义很难容忍美德和价值排序、全景图或任何显得很专断的事物，因此会强烈地反对蓝色、橙色和任何后－绿色的事物。

伴随着第二层思维，所有这些现象开始发生变化。因为第二层意识能够充分意识到发展的内在阶段——即便无法严格地将它们表达出来——它抽身而出，了解了全景图，意识到所有不同的文化基因都具有必不可少的作用。运用我们所说的统观逻辑，第二层意识会思考存在的总体螺旋形结构，而不仅仅是任何特定的层次。

绿色文化基因利用早期或新生的统观逻辑来了解不同文化中的众

多不同系统和环境，第二层却走得更远，开始将这些多元系统整合成全面而整体的螺旋形结构和子整体序（贝克和考文认为第二层思维在管理“子整体”）。这些子整体序包括发展的内在层次和外在层次，兼具纵向和横向的维度，从而产生了多层次的、多维度的、高度子整体序的观点。

第二层思维有两种主要波（分别对应于我们所说的中期和后期统观逻辑）：

7. **黄色：整合的**。生命是自然等级结构（子整体序）、系统和形式的万花筒。灵活性、自发性和实用性是最优先考虑的因素。差异和多元性可以被整合成相互依存的、自然的流。在必要的时候，平等主义和某种自然的差异程度可以相互补充。知识和能力应该取代阶级、权力、地位或组织。现实（文化基因）的不同层次和动态螺旋上下运动的必然模式产生了普遍的世界秩序。经由越来越复杂的层次，良好的管理有助于实体的产生（嵌套层次）。

8. **青绿色：整体论的**。普遍的整体论系统，具有整合性能量的子整体 / 波。感情和知识融合起来（人马）。多个层次融汇到了意识系统之中。活跃而自觉的宇宙秩序，而不是基于外在规则（蓝色）或群体纽带（绿色）。“大联合”在理论和实际中都是可能的。有时候会出现新的灵性，这种灵性是万有之网。青绿色思维会接触到整个螺旋结构，洞察到多个相互影响的层次，察觉到和谐之音、神秘力量和渗透到任何组织之中的、无所不在的流－状态（flow-state）。

第二层思维：约占人口总数的 1%，拥有 5% 的权力。

由于第二层思维者仅仅占人口总数的 1%（达到青绿色层次的仅占 0.1%），所以第二层意识相对稀缺，成了人类共同进化的“先锋军”。如例子所示，贝克和考文在研究过程中越来越频繁地谈到了泰亚尔·德·夏尔丹[①]的精神圈（nonsphere）和超个人心理学的发展，以及即将出现的更高文化基因。

与此同时，需要注意到：第二层思维在形成时，不得不面对第一层思维的巨大阻力。事实上，我们在第十三章会看到，某种后现代的绿色文化基因及其多元主义和相对主义，已经在活跃地反对更整合而全面的思维方式的出现。（这也使得绝大多数大学几乎都耻于研究第二层思维，因此，本书和图表中所谈到的研究者是名副其实的英雄，他们通常在充满强烈敌意的环境中从事着研究工作。）然而，正如格雷夫斯、贝克和考文所指出的，如果没有第二层思维，人类就注定仍然是全球“自体免疫性疾病”[②]的受害者，不同的文化基因就会彼此相互攻击，试图确立自己的霸权。

与此同时，正是在绿色文化基因（有时是橙色）的大力支持下，第二层思维才得以形成。[③]正是绿色解放出来的多元主义视角构建了全面而整体的网络。因而，本书会介绍那些在继续前进时发现应该完善（而非摒弃）绿色的绿色人士。

水平类型学

最后来简单地谈谈“水平”类型学，比如荣格学派的类型、九型人

---

① 泰亚尔·德·夏尔丹（Teilhard de Chardin，1881—1955），法国哲学家、神学家、古生物学家，耶稣会教士。在中国工作多年，中文名叫德日进，是中国旧石器时代考古学的开拓者和奠基人之一。著有《人的现象》、《人的未来》等书。

② 自体免疫性疾病（auto-immune disease），指人体内的免疫系统攻击自身的正常细胞，导致正常的免疫能力下降，而异常的免疫能力却很突出。

③ 见尾注 4.9。

格[①]、迈尔斯－布里格斯性格分类法。它们不是竖直方向的发展层次、阶段或波，而是在**每个不同层次上**可能出现的不同方向类型。有些人发现这些分类学在了解自身和他人时非常有用，但我们应该明白，这些"水平"分类法的性质和"垂直"层次在根本上来说是迥然不同的，因为后者是个体在正常发展过程中经历的普遍阶段，而前者则是人格类型，它们在任何阶段都可能存在或不存在。

例如，我们知道，认知发展会经历感觉运动，前运思和具体运思，最终转向形式运思阶段。迄今为止的证据表明，这些阶段没有出现重大的例外（见图表 1）。因此，我们可以满怀信心地在任何整合式心理图中包含这些阶段和其他类似阶段。但是，在面对水平分类法时，我们就没有这样的信心了。它们仅仅概括了任何阶段可能出现（或不出现的）的潜在倾向性，因此，是否包含它们，更多地基于个人偏好及其实用性，而不是基于普遍的证据：每个人都未必适合某个特定的分类法，然而确实会经历基本的意识波。

这并不是说，水平分类法是毫无价值的，恰恰相反，它们非常有利于实现各种各样的用途。例如，九型人格是非常复杂的系统，将人分成 9 种基本人格类型。[②]不过，在运用这种分类学时要意识到：这 9 种不同的类型可能存在于意识发展的每个基本波中。

因此，如果运用垂直层次上的螺旋动力学和水平方向上的九型人格，你可能会发现紫色、红色、蓝色、橙色、绿色等层次上的第三型九型人格（成就型）。这样，8 个层次乘以 9 种类型就构成了具有 72 种不同人格类型的分类法，你也许能藉此认识到，真正多维度的心理学是什么样

---

① 九型人格（Enneagram），人格分类法，将人的性格分为九类，分别是：完美主义型、助人型、成就型、艺术型、智慧型、忠诚型、快乐主义型、领袖型、和平型。

② 见尾注 4.10。

子的！

但这仅仅是个例子而已，我们在生命长河中还可以找到众多波、流和类型的其他例子。它们都不是最终的答案，但都能向我们揭示出某些重要的东西。

第一部分的结论

波、流和自我。在第一章中，我们简短地介绍了基本的发展层次或波（从物质到身体，到心智，到灵魂，到灵性），个体的发展线或流（认知、道德、认同、世界观、价值等等），以及引导着两者的自我。我们明白了“超越并包含”的意义，因而也明白了在生命长河中尊重和接纳每种波和流的意义。

但是，当我们更仔细地审视意识的总体层次之时，我们就不能不注意到：除开少数特例以外，绝大多数现代研究者都没有包含（甚至承认）更高的、超个人的、灵性的层次。书中的图表跨越了全部领域，浏览这些图表，你就会明显地发现：无数现代研究成果在到达人马阶段和统观逻辑附近时就会止步不前，忽略乃至于否认超意识发展的超个人的、超验的波。

在前现代时期，尽管灵性在相当程度上（乃至于主要）是魔法的、神话的、前理性的，但是，那些最睿智的瑜伽士、圣人和智者们却进入了超理性的、超个人的、超验的世界——他们采用各自的方式接纳了整个存有巨巢，包括：潜意识、自我意识和超意识。这些非常罕见的灵魂不仅证实了第二层思维的能力（他们众多的发展模式就体现了这一点），而且也在超意识、超心智状态中完全超越了思维之心。大体来说，他们在做这种努力时，整个文化都在支持他们。正是因为这一点，我们才说前现代智慧体现在存有巨巢之中。即便普通人没有觉悟到巨巢中的更高层次，但人们显然知道，对任何寻求觉悟、解脱和启示之道的人来说，这些更高的潜力是可以实现的。前现代承认这些更高的、超个人的、灵性的领域，然而，现代性却在大多数时候彻底否认了它们。

现在是怎样的情形呢？在人类共同历史上曾经普遍存在过的东西，怎么能够在下个时刻被彻底抹除掉呢？但事态的发展令人无比震惊，完全比得上恐龙的灭绝。在科学的强大权力面前——其狂热与其可信度恰成反比——人类历史和前历史中最普遍的观念（亦即某种灵性维度的存在）被草率地宣判为大规模的集体幻觉。科学严肃地宣称，灵性维度不过是婴儿需求的如愿以偿（弗洛伊德），是压迫大众的晦涩意识形态（马克思），或者是人类潜力的投射（费尔巴哈），此外别无其他。因而，灵性似乎是个折磨了人类近 100 万年的极大困惑，直到最近以来，也就仅仅几个世纪以前，当现代性对感官科学宣誓忠诚，然后毫不迟疑地断定整个世界仅仅是由物质构成的时候，这种困惑才消除了。

现代科学断言的黯淡前景令人不寒而栗。对于从物质到身体，到心智，到灵魂，到灵性的非凡之旅，科学唯物主义在这趟旅程的起步之初就进行了阻止，宣称所有随后的发展不过是活跃微粒的排列而已。但它并没有解释这些微粒为何能够在最终创作诗歌。或者，它将其原因解释为可笑的机缘巧合和盲目选择，仿佛这两种可笑的因素会创造出莎士比亚。感觉运动的世界被认为是唯一真实的世界，而心理健康也很快被定义为对那个“世界”的适应过程。认为世界并不仅仅是物质的任何想法都无疑是幻觉。

要想充分描绘这种文化灾难，我们能用到的字眼就是“恐怖之极”。然而，如果这些更高的灵性和超个人维度事实上是人类身心的内在潜能，那么，即便这种广泛的文化压制也无力抹掉人类奇妙的灵魂，或让其丧失各种能力，遮蔽住超越、法喜、解脱和光辉仁慈的上帝的奥秘。

如果有真正的整合心理学（或任何类型的整合研究），它就需要直视前现代性与现代性之间的这道巨大鸿沟。尽管现代和后现代世界中存在着重新回归灵性的缓慢努力，但现代西方“官方的”、最普遍的世界观却是科学唯物主义。显然，如果现代性和现代科学否认大多数意识层次的存在，我们就无法得到它们的整合式图景。如果“整合”这个字眼并非毫无意义的话，那么，它意味着将人类已经具有的所有东西整合起来；但如果现代性坚持将此前存在的全部事物视如敝屣，这种整合事业在起步时就会偏离正轨。与此同时，如果像浪漫主义者所渴望的那样，试图重新回到昨日、重现昔日的光景并实现“真实之复苏[①]”，这也同样毫无益处，因为现代性自身具有重要的真理和深刻洞见，需要被我们协调起来。如果想要认识完整的真理，我们就需要知道，昨天并不是完美无比的。

如果要实现整合式方法的光辉前景，我们就需要尽力关注前现代性和现代性两者的优点和缺点。如果我们能找到调和之道，尊重古代和现代的真理，真正整合式的方法就不是个消逝的梦想。

---

① 当代美国哲学家查伦·斯普瑞特耐克所著的书的书名：《真实之复苏：极现代世界中的身体、自然和身份》（*The Resurgence of the Real*：*Body*，*Nature and Place in a Hypermodern World*）。

第二部分

从前现代通向现代之路

真正的整合心理学无疑会包括人们的宗教或灵性维度。然而，总体而言，伟大的灵性系统——基督教、犹太教、伊斯兰教、佛教、印度教、道教、本土宗教——都属于前现代的遗产。这不是说，这些宗教在现代世界中并不存在或毫无影响力，而仅仅是说它们的根源和基础主要奠定于前现代时期，而它们的世界观则深受前现代思潮的影响。被称为“现代性”的真实历史时期（尤其是西方的启蒙运动）则明确地将自身定义为“反宗教的”。启蒙运动时期的科学经验主义往往会着手破除“迷信”，认为这些迷信主要来源于组织化宗教的信条。

如果整合心理学真心希望接纳“宗教的”前现代性和“科学的”现代性两者当中的不朽真理，就需要在总体上作出协调，来调和它们对灵性的对立态度。

因此，在第二部分中，我们会非常简短地介绍从前现代到现代世界观的重大转折，试图指出它们各自都具有大量的优缺点，通过对两者取其精华、去其糟粕，我们就能最好地推动整合式方法。我相信，要产生真正整合式的方法，舍此以外别无他途。事实上，我所知道的每种建构整合模式的努力，要么就不了解古代传统的优点，要么就不了解现代性的重大贡献。我会竭尽所能地同时勾勒出两者。

然后，在第三部分中，我们会尽力将这些碎片整合起来（既尊重前现代性又尊重现代性），从而指明建构性的、通向整合心理学的后现代方法。

第五章

现代性是什么？

前所未闻的事物

现代性究竟带来了哪些前现代文化总体上缺乏的东西呢？是什么让现代性变得与此前的文化和时代如此迥然不同呢？无论如何，让现代性迥然不同的，很可能是任何全面而整合的心理学的本质特征。

现代性是什么？这个问题有许多种答案。大多数答案无疑是否定性的。人们说现代性标志着上帝或诸神之死、人生被商品化、本质区别被平面化、资本主义的残酷无情、数量取代质量、价值观和意义感的丧失、生活世界的碎片化、存在性焦虑、造成环境污染的工业化、泛滥而庸俗的唯物主义——所有这些特征通常被概括成马克斯·韦伯[①]的名言“世界的祛魅化。”

这些主张无疑都不无道理，我们需要充分考虑它们的价值。但是，

---

① 马克斯·韦伯（Max Weber，1864—1920），德国的政治经济学家和社会学家，现代社会学和公共行政学最重要的创始人。著有《新教伦理与资本主义精神》、《中国的宗教：儒教与道教》等书。

现代性显然也有某些非常积极的特征，因为它给我们带来了自由民主；平等、自由和正义的理念，而不必考虑人种、阶级、信仰或性别；现代医学、物理学、生物学和化学；奴隶制的废除；女权主义的兴起；人类的普遍权利。这无疑都是更美好的事物，而不仅仅是“世界的祛魅化”。

我们需要考虑到所有这些因素，所有的正面（例如，自由民主）和负面（例如，意义感的普遍丧失）特征，从而对现代性给出明确的定义或描述。从马克斯·韦伯到尤尔根·哈贝马斯以来的众多学者都指出，现代性的确切定义就是“文化价值领域的分化”，尤其指艺术、道德和科学的分化。此前，这些领域往往被融合起来，现代性将它们区分开来，让它们各自按照自己的步伐前进，并具有各自的权威，利用各自的工具，追随各自的发现，不受其他领域的侵扰和阻碍。

这种分化让每个领域都能作出深刻的发现，如果善加运用，这些发现会带来很好的结果，比如：民主、奴隶制的废除、女权主义的兴起、医学的快速发展；如果运用不当，这些发现就非常容易沦为现代性的“阴暗面”，比如：科学帝国主义、世界的祛魅化、世界统治的整体化架构。

这种现代性定义——将艺术、道德和科学的价值领域分化开来——的卓越之处在于：让我们看到了现代社会所带来的积极成就与消极后果的根源。我们从中既能意识到现代性的尊严，也能洞察到它带来的灾难。

前现代文化当然具有艺术、道德和科学。但其要点在于：这些领域往往是相对“未分化的”。举个例子，在中世纪，伽利略无法自由地利用望远镜观测天体并发表其观测结果，因为艺术、道德和科学都被教会糅合起来，因此，教会的道德规定了科学能做什么、不能做什么。《圣经》说（或暗示说），太阳绕着地球转，这就是定论。

但是，随着价值领域的分化，伽利略可以利用望远镜来观察天体，而不用担心被指控为异端和叛教。科学能够自由地追求自身的真理，丝毫不受其他领域的粗暴统治。艺术和道德同样如此。艺术家即便想要描绘非宗教主题乃至于具有亵渎意味的主题，也不用害怕受到惩罚。道德理论同样能够自由地探索美好的人生，而不用担心是否符合《圣经》的理念。

鉴于所有这些原因和其他更多因素，这些现代性的分化也被称为现代性尊严（dignity），因为这些分化在某种程度上涉及自由民主的兴起、奴隶制的废除、女权主义的成长、医学的惊人发展（这里仅仅举出众多尊严中的几个例子）。

现代性的“灾难”就是：这些价值领域并不是和平而安静地分离开来的，而是被完全炸得四分五裂。现代性分化原本是好的，但它走得太远，事实上就变成了分裂、碎片化、隔离。尊严变成了灾难，成长变成了癌症。随着价值领域开始分裂，强大而气势汹汹的科学开始入侵并主宰其他领域，在面对“现实”时将艺术和道德排挤出了严肃的考虑之列。科学变成了科学至上主义——科学唯物主义和科学帝国主义——这很快就成了现代性主流的“官方”世界观。

这种科学唯物主义很快就宣称，其他价值领域是无足轻重的、“不科学的”、虚幻不实的，甚至更糟。也恰恰是出于这个原因，科学唯物主义宣称存有巨巢是不存在的。

在科学唯物主义看来，物质、身体、心智、灵魂、灵性组成的巨巢能够完全被简化成纯粹的物质系统，而物质（或物质 / 能量）——不管它们是物质大脑中的，还是物理程序系统中的——能够详尽无遗地解释所有的现实。心智、灵魂和灵性都消失了，事实上，除了可怜的阶梯底部之外，整个存在巨链都消失了，此时，正如怀特海[①]发出的著名哀叹：“这

---

① 阿尔弗雷德·诺斯·怀特海（Alfred North Whitehead，1861—1947），美国数学家、哲学家，因数理逻辑、科学哲学和形而上学方面的成就而闻名于世。著有《数学原理》、《宗教的形成》、《教育的目的》等书。

样的现实是毫无生机的、无声的、无味的、无色的；仅仅是物质的快速运动，永久而毫无意义。”（他又补充说：“因此，现代哲学被毁掉了。”）

这样，在人类的历史上，现代西方就成了首个否定存有巨巢之基本实体的重要文明。正是在这种大规模否定的背景下，我们希望尽力重新回归意识，回归内在而深刻的事物，回归灵性，从而徐步迈向更整合的方法。

四象限

我相信，理解这种科学还原论和扭转它的方法都非常简单。

当我在对比图表中的许多系统之时，我注意到：它们都可以划归成4种常见的类别，几乎没有例外。最终，我明显地察觉到，如图5所示，这4种类别代表着个体与集体的内在与外在。简图的上半部分代表个体，下半部分代表集体或共同体；左半部分代表内在（主观的，意识），右半部分代表外在（客观的，物质）。

因此，左上象限代表个体的内在，亦即意识的主观方面，或曰个体的觉悟（awareness），我用最终达到统观逻辑的认知线来表示它。（图5表示宇宙大爆炸以来意识发展的普遍模式，没有涵盖超个人发展，这个话题我们会在后文更详细地讨论。）整个左上象限包括了个体身上呈现的全部意识范畴，从身体感知到心理想法，到灵魂，到灵性。整合心理学是这个象限的图像。这个象限的语言是“我－语言”（I–language）：对内在意识流的第一人称描述。这也是美学（或作为观察者的“我”所体验到的美）的发源地。

右上象限代表着内在意识状态的客观（或外在）对应物。我们此时无须担心内在心灵和客观大脑之间的确切联系，而只需要注意到，这两者之间至少是紧密关联的。因而，如图5所示，简单细胞（原核生物和

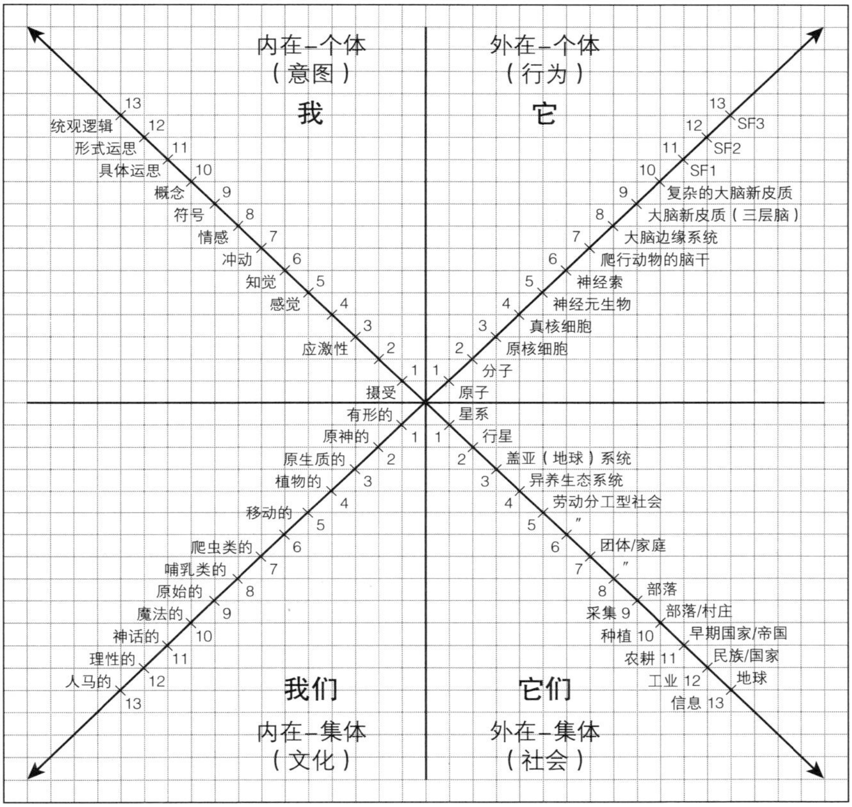

图 5　四象限

真核生物）已经显示出了“应激性”，或者说对刺激的积极反应；拥有神经元的有机体具有感觉和知觉；爬行动物的脑干能够产生冲动和本能行为；大脑边缘系统具有情感和某种原始但强烈的感受；大脑新皮质则能够形成符号和概念，等等。（我们将看到，SF1、SF2、SF3 代表与更高认知水平相对应的、更高的大脑结构 – 功能。）这个象限的研究者在关注形成意识的大脑机制、神经递质和有机计算（神经生理学、认知科学、生物精神病学，等等）。这个象限的语言是它 – 语言（it-language）：对单个有机体的科学事实的第三人称描述或客观描述。

但是，个体绝不是孤立存在的，每种生物都是世界中的生物。个体始终属于某个集体，这就有了集体的“内在”和“外在”，各自体现在左下象限和右下象限。左下象限代表集体的内在，或任何群体共同拥有的价值观、意义、世界观和道德准则。在图 5 中，我用“世界观”来代表所有这些东西，例如：魔法的、神话的、理性的（我们将在后文讨论）。这个象限的语言是“我们 – 语言”：第二人称或我 – 你语言，涉及相互理解、公正和良善——简而言之，就是你我如何共处。这就是文化象限。

但文化并不是漂在天上的空洞之物。就像个体的意识会扎根于客观而有形的形式（例如大脑）之中，同样，所有的文化要素也要扎根于外在的、有形的、制度化的形式之中。这些社会系统包括有形的机构、地缘政治组织、生产力（从采集社会到种植社会，到农耕社会，到工业社会，到信息社会）。因为它们是客观的现象，这个象限的语言就像客观个体的象限那样，是“它 – 语言”。

既然右上象限和右下象限都是客观的“他者”，可以被视为一个总体领域，这就意味着四象限可以被归纳为我、我们、它组成的“三巨头”；或者说美学的“我”、道德的“我们”、科学的“它”；美、善、真；第一人称、第二人称、第三人称叙事；自我、文化和自然；艺术、道德和科学。[①]

换句话来说，四象限（简称为“三巨头”）其实是艺术、道德和科学这三个价值领域的现代分化的基础。前现代性往往将三巨头融合起来，或者没有明确区分开来，现代性则明确地作出了区分，让它们各自自由地追寻自己的道路。这种分化是现代性的骄傲之处，它让每个领域都能追寻自己的真理，做出惊人而意义深远的发现，即便最严厉的批评者也不能不承认，这些发现将现代性和前现代性区分开来了。

但是，另外有些东西又将现代性肢解了。三巨头的分化过程走得太

---

① 见尾注 5.1。

远，导致了三巨头的解体：尊严化成了灾难，这让专制的科学主宰着其他领域，声称它们根本不具有自身内在的真理（科学至上主义、科学唯物主义、单向度的人[①]、世界的祛魅化）。心智、灵魂和灵性都消失了，在我们的视线所及之处，永无休止的单调世界取代了它们："这样的现实是毫无生机的、无声的、无味的、无色的；仅仅是物质的快速运动，永久而毫无意义。"

这样，几乎意识的全部范畴——当然还有它的更高阶段（灵魂和灵性）——就被简化成了物质与身体的排列与组合。更直率地说，所有的"我"和"我们"都被简化成了"它"，成了科学审视的对象，但无论科学审视得多么长久、多么努力，它都无法找到与人类潜能的巨巢相似的东西，而只能看到永无休止的、四处忙乱无序的"它"的运动模式。

结论：整合任务

因此，前现代性似乎至少有个重要的优点是现代性所不具备的：它认识到了整个存有巨巢，而这个巨巢在本质上是更高的人类潜能的总图。但是，前现代性也至少有个重大的缺点：它没有在巨巢的任何层次上将价值领域完全分化开来。因此，诸多因素使意识范畴的客观科学研究受到了阻碍；对巨巢所做的特定的、通常局部性的文化表达方式被认为是普遍有效的；那些想要通行天下的道德律令受到了充满局限性的文化表达方式的束缚；乔达诺·布鲁诺也许感悟到了巨巢的很多更高层次，但是，由于价值领域在总体上没有完全分化开来，个人自由没有受到法律和习俗的保护，宗教裁判所得意地将他判处了火刑。

与此同时，现代性则大规模地将艺术、道德和科学的三巨头分化开

① 来源于德国哲学家马尔库塞一本书的书名 *One Dimensional Man*。

来，因而，它们能各自开始做出惊人的发现。但是，由于三巨头的解体，科学殖民主义开始变得气势汹汹，所有的“我”和“我们”都被还原成了客观的“它”模式，因而意识的所有内在阶段——从身体到心智，到灵魂，到灵性——都被笼统地斥为充满迷信的胡言乱语。巨巢崩坍成了科学唯物主义，成为我们所说的“平地”，当今的现代世界从总体上来说仍然如此。

因而，我们的使命就是汲取前现代与现代的优点，同时摒弃两者的缺点。

第六章

前现代与现代的整合

我们的目标旨在整合前现代的不朽真理，以及现代对心理学与意识的研究方法。我们已经看到，前现代世界观的本质就是存有巨巢，现代性的本质就是艺术、道德、科学等价值领域的分化。因而，为了将前现代与现代整合起来，我们需要将巨巢与现代性分化整合起来。这意味着：需要根据四象限将传统巨巢的每个层次谨慎地分化开来。这样既能尊重古代灵性的核心主张（即巨巢），又能尊重现代性的核心主张（即价值领域的分化），将为我们迈向更整合的心理学奠定基础。

我们可以采用非常简单的方式在图6中体现出来，在该图中，我按照四象限区分了巨巢的每个层次。现代科学已经对右侧象限的演变和发展作出了出色的描述——从原子到分子，到细胞，到有机体，从采集社会到农耕社会，到工业社会，到信息社会。在本书中，我们也谈到了内在象限发展或演变的大量例子：波、流、世界观、道德，等等。

但是，和现代性不同的是，我们希望包含四象限中的所有层次，从身体到心智，到灵魂，到灵性。（而不是简单地否定更高的层次。）和前现代性不同的是，我们希望包含每个层次上的所有象限。（而不是将它们毫无区别地混同起来。）

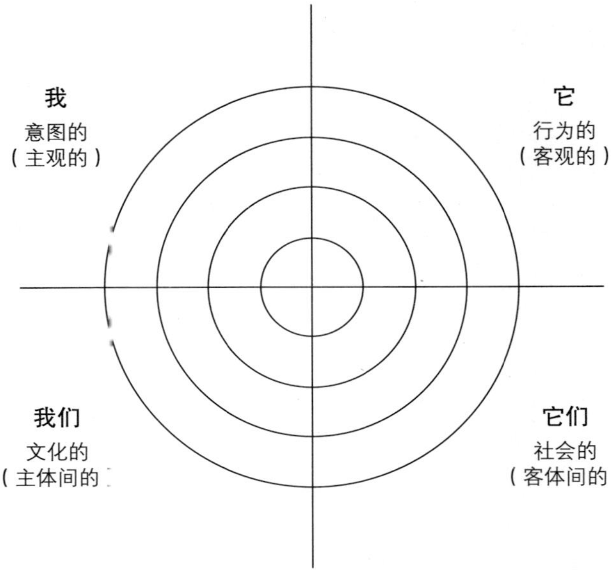

图 6　存有巨巢和四象限

因而，作为整合式研究的分支，整合心理学的任务就是将所有象限中所有层次的研究成果协调并整合起来。整合心理学显然聚焦于左上象限，但是整合式方法的全部要点在于：为了全面了解这个象限，我们需要在所有其他象限的背景下来洞察它。这种“全层次、全象限”的整合既受到前现代性（它是全层次的，但不是全象限的）的拒绝，也受到现代性（它是全象限的，但不是全层次的）的拒绝。现在，我们有必要对这两种重大缺陷作出更深入的审视。

前现代性的精粹：全层次

传统的存在巨链几乎只关注左上象限，或个体展现的意识范畴（从身体到心智，到灵魂，到灵性）。尽管巨链也谈到了实体的本体论领域（或层次），但这些领域并没有明确地区分为四个象限，至少没有普遍地这样做。因而，传统鲜能（或完全不能）了解意识是如何与大脑状态、神经生理学和神经递质（不能简化成大脑状态，但也没有完全超越它们）发生联系的。传统也鲜能（或完全不能）了解个人的世界观、他对意识范畴的体验，为何会深受他所处的文化背景的扭曲和影响。传统也鲜能（或完全不能）了解物质生产方式（狩猎、种植、农耕、工业、信息）如何深深地影响了个体的意识结构，并大大改变了性别角色、自杀率、饮食习惯等诸多事情。

简而言之，传统的巨链主要关注左上象限，几乎完全忽略了其他象限的不同细节，包括：客体的大脑状态、主体间的文化环境、客体间的社会力量。它因而是个庞大的静态系统，在分化的多元文化背景看来，在经过更深的整合而形成的全面发展系统看来，它并不是不言自明的——现代性和后现代性认识到了这一点（我们会在第十二章展开更深入的讨论）。[①] 普罗提诺本人也许会始终在巨链上发展并成长，但是却无法充分了解各个象限之间的具体联系（恰恰因为这些象限没有从总体上明确区分开来）。尤其是右上象限（物质有机体），由于它是物质的，于是被长青哲学家们排列在巨链的最低梯级上（物质），因为他们认识不到物质形式之于意识状态，是外在之于内在，而不只是低级之于高级。在传统中，物质之上的每个层次常常被视为完全“超越了”物质，存在于某种天堂或非世俗的状况之中，这让巨链在很大程度上具有了“来世”感。传统的这种存在巨链没有意识到：意识的发展在内在方面涉及境界的上升，在外在方面涉及物质复杂性的增加（因此，人类大脑的神经网络的数目，比宇宙中的星星还要多；作为世间存在的最复杂物质，人类大脑对应于宇宙中最高层次的意识。）没有意识到下面这种紧密联系：灵性存在是自然的内在，而不是高居于自然之上。就这样，传统的巨链拒斥和贬低了**此世**。

---

① 见尾注 6.1。

然而，当现代科学发现了“超验意识”和“物质大脑”之间的某些紧密联系以后，传统的巨链就受到了重重的打击，再也无法重振旗鼓。如果“来世意识”实际上与“此世的有机体”相关，所谓“形而上学”现实莫非就是此世的某些侧面？或者，我们甚至根本就不需要任何这种灵性的实相？世间所有已经存在的、能够被感官觉知到的事物，难道不会被科学所改变？事实上，对任何灵性实相的信仰难道不是人们投射自身潜能并继续疏远自我的方式？宗教难道不仅仅是大众的精神鸦片而已？

简而言之，传统巨链的优点就在于：它是极好的全层次的，从物质延伸到身体，到心智，到灵魂，再到灵性。但是，因为它不是全象限的，在应对现代性时就显得张皇失措，并在事实上成为了现代性的首个重要批评对象。

现代性的精粹：全象限

我认为，两起深刻的事件标志着现代性的兴起，其中吉凶参半。好事就是：现代性首次大规模地将四象限（或简称为艺术、道德和科学的“三巨头”）完全区分开来，带来了现代性的许多成就。

我们先来了解这些成就。“我”和“我们”的分化意味着个体的“我”不再完全从属于集体的“我们”（教会、国家、君主政体、从众心态）：全球各处都在宣扬人的普遍权利，最终导致了各种解放运动，包括：废除奴隶制、女权主义等等。“我”和“它”的分化意味着客观现实不再压制个人的选择和爱好，这与其他诸多因素共同让艺术从表象中解脱出来。“我们”与“它”的分化意味着科学对客观真理的探索不再屈服于教会或国家的命令，在物理学、医学、生理学和技术方面带来了惊人的发现，以致于在仅仅数个世纪之内，人类的平均寿命令人吃惊地延长了几十年。

的确，价值领域的分化让每个领域都能做出从前梦想不到的巨大成就。

因而，我们可以说，现代性的精粹就在于它是全象限的。但它并不是全层次的，因为几乎在刚开始时，启蒙运动的主要哲学家所信奉的观点，尽管形式多种多样——现象主义、经验主义、自然主义、现实主义、唯物主义——但都可以说是经验主义的 - 科学的。这种经验主义的观点是无可非议的。观察图 5，我们就会发现：左侧的全部实体都在右侧有对应物。例如，内在的感受在客观的大脑边缘系统中就确实存在着某种对应物。形式运思的确是和大脑新皮质相伴而生的，如此等等。因此，我们先不研究内在的领域——它们毕竟非常难以捉摸、难以证实——而是关注右侧象限经验的、感觉运动的世界，包括：物质客体、具体的社会机构、大脑状态。它们都有简单明确的位置，能够被感官或其外延所认识到，都可以进行量化和测量，因此非常适合用科学方法或某种受控制的、客观的、经验的方法去研究。

这恰恰是启蒙运动和现代性主流着手做的事情。但是，这种做法的内在缺陷也许是显而易见的：我们很容易就会说，所有的内在状态都有外在的、客观的、有形的对应物，因此所有的内在状态仅仅是物质客体而已。现代性将所有超验的“形而上学”现实与此世的“经验”现实联系起来的热情是情有可原的（这种做法是合理的，如图 5 所示，左侧的所有事物的确都有其右侧的对应物），但它无意中将所有的内在性都解析成了外在性（这是最重大的灾难）。所有的主观真理（从内省到艺术，到意识，到美）和所有的主体间真理（从道德到正义，到许多价值观）都被解析成了外在的、经验的、感觉运动的事物，也就是说，被解析得几乎毫无价值。科学唯物主义的可怕梦魇降临到了我们身上（怀特海），这也是“单向度的人”[①] 的梦魇（马尔库塞）、失格的宇宙（disqualified universe，芒

---

① 见第五章“四象限”一节的注释。

福德[①])、科学对艺术和道德的殖民（哈马贝斯）、世界的祛魅化（韦伯），我也将这种梦魇称为世界的“平地”（flatland）。

平地

平地就是指那种认为**只有右侧世界才是真实事物**的信仰，也就是说，只有物质/能量的世界，只有能够被人类感官及其外延（望远镜、显微镜、胶卷等等）予以经验探索的世界，才是真实的事物。整个内在世界被还原成（或诠释成）了客观的/外在的事物。

这种平地信仰主要有两种形式：微妙还原论（subtle reductionism）和粗糙还原论（gross reductionism）。**微妙还原论**将整个左侧的内在象限还原成了右下象限，也就是说，将所有的“我”和“我们”还原成了紧密关联的“它们”（系统理论就是一个典型的例子）。**粗糙还原论**则走得更远，将所有的物质系统都还原成了物理原子。

与许多深受大众喜爱的浪漫主义作家的观点相反，启蒙运动的思想家们普遍是微妙还原论者，而非粗糙还原论者。从亚瑟·洛夫乔伊到查尔斯·泰勒（Charles Taylor）[②]以来的学者们指出，启蒙运动的思想家们信仰自然的“宇宙大系统”，这无疑是对现实的系统观点，但这种系统观点仅仅承认右侧的现实。[③]“启蒙运动的罪过”不在于粗糙还原论（尽管其理论中含有很多粗糙还原论的成分，自阿布德拉的德谟

---

① 刘易斯·芒福德（Lewis Mumford，1895—1990），美国哲学家、历史学家、文学批评家，著有《技术与人类发展》、《权力五角形》等书。

② 查尔斯·泰勒（Charles Taylor，1931—），加拿大哲学家、思想家，著有《世俗年代》、《本真性的伦理》等书。

③ 见尾注6.2。

克利特[1]以来就是如此），而在于颇具说服力的微妙还原论，后者剥离出了内在维度，将它们放在科学唯物主义和外在整体论的烈日下炙烤不休：“我”和“我们”被还原成了“它”系统。正如福柯所总结的梦魇：人们都被视为“信息的客体，而绝非交流的主体”。这种微妙还原论被运用到了现实的内在维度（比如灵魂和灵性），然后内在维度很快就消失不见了。

许多流行作家声称启蒙运动的主要罪行是粗糙还原论和原子论，后来又主张说，矫正西方平地弊病的疗法是系统理论。他们没有意识到：系统理论自身恰恰也是我们想要祛除的疾病。系统理论仅仅向我们提供了整体论的“它”系统，而非原子论的“它”系统，然而，两者都需要和“我”与“我们”的内在维度——意识和文化、美学和道德领域——整合起来，并懂得尊重它们的价值。动态系统理论虽然有很多种形式，但它们都仅仅关注右下象限，而我们需要关注所有四个象限，并平等对待它们。

因此，下面这样的话仍然司空见惯：“最近，生态学家 C.S. 霍林讨论了两种科学趋势之间的矛盾，以及它在政治家和公众中产生的困惑。其中一种趋势是实验性的、还原论的、狭义学科的，就像科学理想那样为我们所熟知。而罕为人知的另一种趋势则是跨学科的、整合的、历史的、分析的、比较学的，也是适度实验性的。前者的例子是分子生物学和基因工程，后者的例子则是进化生物学以及研究人口、生态系统、地表和全球系统的系统方法。前者是局部的科学，后者则是整合局部的科学。”

两者其实都是平地科学。

我并不是说系统理论无足轻重，而是说它是对的，但很片面，所以不是真正整体论的，而仅仅是外在的 / 客观主义的整体论，亟需补充灵

---

① 德谟克利特（Democritus，前 460 年—前 370 年或前 356 年），希腊哲学家，出生于希腊北部色雷斯的阿布德拉（Abdera），是原子论的创始者，著有《宇宙大系统》等书。

魂的维度，从而变得全面而完整，也就是说，需要补充自主地、自决地、自由地展示出来的整个内在维度。因此，在我们探寻全面整体论（既包括“我”和“我们”的内在整体论，也包括“它”和“它们”的外在整体论）的道路上，我们需要重视所有四个象限，而不采用粗糙或微妙还原论的方式，仅仅侧重于其中的某个象限。

简而言之，现代性勇敢地区分了文化价值领域（或四个象限），因此，现代性的精粹就在于它确实是全象限的，我们当然需要尊重这种永久性成就。但是，现代性并没有继续向前，将它们整合起来，而是让这种必不可少的重要**分化**（differentiation）沦为了不必要的病态**分裂**（dissociation）：艺术、道德和科学被碎片化，气势汹汹的科学入侵并主宰着其他领域，因此，在“主流的现实中”，除了科学真理以外，没有任何东西是最终正确的，而科学真理讲述的全都是活跃的粒子。内在和主观领域——包括存有巨巢及其全部层次（从身体到心智，到灵魂，到灵性）——都被粗率地解析成了它们的感觉运动对应物，也就是说，都被谋杀掉了。在被独白式视角的筛孔过滤之后，在被狂热的片面观点抹杀之后，所有内在的、主观的状态——从感受到直觉，到意识状态，到超意识觉悟——充其量都只是偶然现象，甚至被视为幻觉。然后，现代世界以得意洋洋的胜利者姿态，确立了由微尘和粒子、阴影和表面、科学事实和毫无价值的虚假外表所建构起来的生活。

结论

如果我们斗胆作出概括，那么就会承认，我们现在需要做的，就是汲取传统长青哲学（亦即存有巨巢）的不朽真理，将它与现代性的积极成就（亦即价值领域的分化）融合起来，这意味着如图 6 所示（图 7 予以简化），巨链的每个层次都至少被分化成 4 个维度：主观的或意图的，客观的或行为的，主体间的或文化的，客体间的或社会的——每个维度都具有独立的有效性主张，并具有同等卓越的真理形式，涵盖了科学、美学和道德。这么做将能汲取古代智慧的精粹，将其与现代性的精粹整合起来，与此同时还能避免古代和现代世界观的负面因素（前者缺乏分化、多元主义和语境主义，后者则灾难性地沦为了平地世界。）①

这种联姻能让我们继续前进，实现建构性后现代主义的光辉前景：在全部意识范畴（身体、心智、灵魂、灵性）的每个层次上，都将艺术、道德和科学整合起来。我认为，这种整合将能汲取前现代性的精粹（全层次的）、现代性的精粹（全象限的）和后现代性的精粹（就是前两者的整合，后文将会谈到），从而实现真正的"全层次、全象限"。

现在，我们可以转向这样的整合模型了。

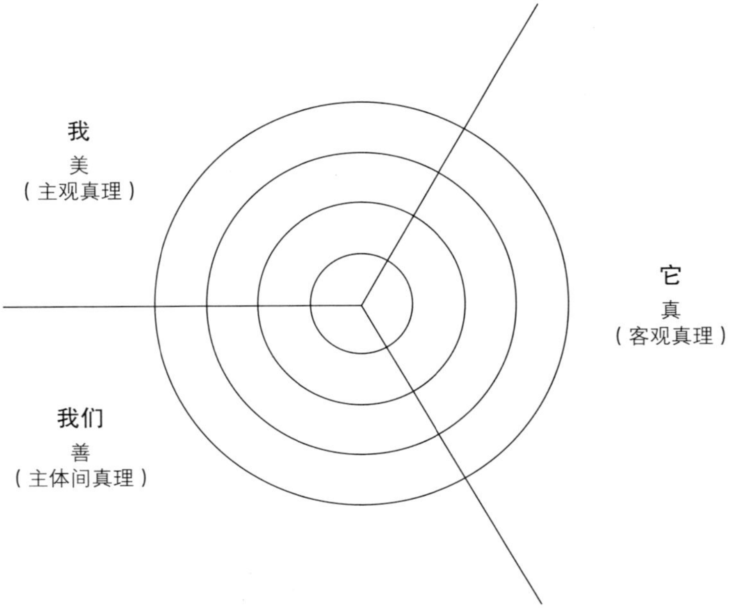

图 7　真、善、美的层次

---

① 见尾注 6.3。

第七章

某些重要的现代先驱者

整合式方法介绍

宇宙的整合式方法将自由地探索所有象限中的众多层次和线，而不会毫无根据地试图将它们予以简化。

观察图 5，我们就会发现：右侧象限的所有实体或子整体都具有简单的定位（simple location），你可以通过感官（及其外延）察觉到所有这些东西。你可以看到岩石、村庄、有机体、生态系统、地球等等。**但左侧象限的子整体都不具有简单的定位**，你不能在外在世界中看到任何感受、概念、意识状态、内在觉悟、文化价值等等。所有这些东西都不存在于物质或感觉运动空间之中，它们存在于情绪空间、概念空间、灵性空间、相互理解的空间、共同价值观和意义的空间之中，如此等等。尽管它们在客观的物质世界中都有对应物，但是，在完全不毁坏其固有特征的前提下，我们无法将它们还原成这些对应物。

就个体的主观意识而言（比如波、流和状态），它们的物质对应物（从脑电波到神经递质）都存在于感觉运动空间之中，因而可以根据**数量**或**大小**将它们排列成等级结构（有机体比细胞大，细胞比分子大，分子比原子大)。这些右侧的等级结构并不是价值等级——细胞并不比分子更好，原子并不比夸克更好——而仅仅是大小和物质包含关系的等级。但是，主体的、内在的或左侧象限的对应物都存在于按照**特征**等级发展的内在空间之中（同情比谋杀更好；爱比恨更好；就道德深度和对他人的关爱而言，后习俗比习俗更好，习俗比前习俗更好）。

因此，整合式方法能够让我们画出内在状态与其外在对应物的地图，而无须将前者还原成后者。毕竟，同情比仇恨在道德上要更可取，但是血清素并不比多巴胺更好，因此，如果我们将意识还原成了神经递质，我们就完全丧失了价值观和意义感。换句话说，我们就陷入了平地状态之中，所有左侧象限的意义和价值都被解析成了毫无价值的事实和表面——“毫无生机的、无声的、无味的、无色的；仅仅是物质的快速运动，永久而毫无意义”。

因此，整合式方法不会将“我”和“我们”还原成紧密关联的“它”系统；整合式方法也不会犯下微妙还原论的错误；不会将内在的整体论还原成外在的整体论（而是包含了两者）；不会将艺术、美、道德和意识还原成由进程、数据、神经递质和生命网构成的平地系统，或由全部客体组成的任何其他系统。而是会尽力采用非还原论的方式，涵盖主体与主体间的波、流、状态等内在领域，涵盖身体、心智、灵魂和灵性，即便后者具有各种客观对应物，这些对应物也都能够（而且应该）用第三人称的、科学的、它－语言的方式去进行研究。

在图 8 中可以看到部分重要的对应关系。个体内在的意识波——从身体（感受）到心智（想法），到灵魂（光明），到灵性（无所不在）——都被罗列在左上象限。它们无法被还原成物质维度（因为它们和物质不同，不具有简单的定位）。不过，感受、心理想法和灵性觉悟都具有能够被各种科学手段——包括脑电图机、血液生化检验、正电子扫描、皮电反应——所测量的物质对应物。右侧象限中的点状线就代表这些物质对应物。[①]

因此，某些原始的行为冲动在爬行动物的脑干中具有对应物；各种情绪状态和感受在大脑边缘系统的活跃状态中具有对应物；概念思维在前额的大脑新皮质中尤其活跃；在各种冥想状态下，脑电波模式会发生明显的变化（例如高波幅的 θ 波和 δ 波、大脑半球的同步）。[②]就意识发展的所有阶段和状态来说，身体感受、心理想法和灵性觉悟（左侧）至少都具有某些物质对应物（右侧）。

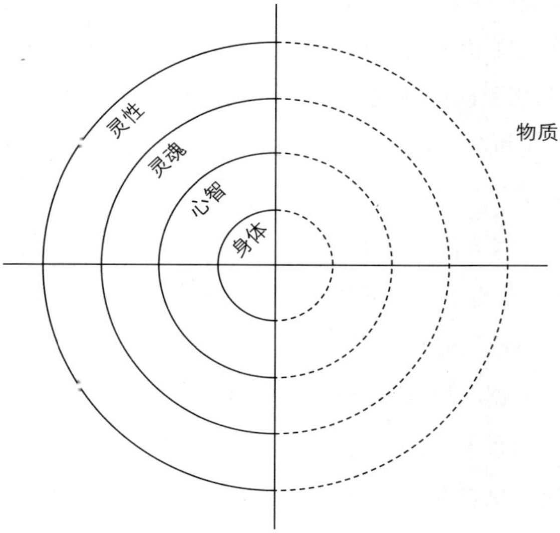

图 8　内在状态（意识）与外在状态（物质）的对应关系

我们为什么不立刻毫无异议地说：意识因此仅仅是复杂的大脑结构、连接系统、数字化流程、生物计算机或其他类似东西的副产品呢？那是因为，所有右侧对应物都不具有任何价值等级，而这恰恰是左侧领域自

① 见尾注 7.1。

② 见尾注 7.2。

身的本质。

例如，脑电图机能追踪到不同的脑电波模式，但机器上的信息无法指明这种模式比那种模式更好，而仅仅只能表明它们是不同的。因此，民族中心者的偏见和世界中心者的公正都会在脑电图机上留下脑电波模式，但是机器并不会告诉你（也无法告诉你）哪种脑电波更好，更有价值，或更美。这些价值等级不会显示（也无法显示）在只追踪右侧象限对应物的机器上，因为在右侧世界中，你只能发现事物大小的等级和简单的定位，而不能发现价值、深度和意义的等级。

因此，当我们将意识状态还原成大脑状态时，我们就丧失了所有的价值观，并最终生活在失格的宇宙中。如果我们将喜悦还原成血清素，将道德还原成多巴胺，将意识还原成神经通路，觉悟还原成连接系统，我们就从宇宙自身的面容上完全抹掉了价值观、意义、深度和神性，陷入到了平地状态和微妙还原论之中。

（第十四章的图 13 对“平地”作了简要的介绍。“我”和“我们”的所有内在领域都被还原成了与其对应的“它们”，从而使心灵漂浮在空中，不知道它是如何与外在世界及其器官根源联系起来的，我们会在第十四章探讨这个著名的“身心问题”。）

左侧领域的现实——从意识发展的阶段到道德发展的程度——都不是通过仔细审视任何外在客体而发现的，而是通过研究内在领域自身而发现的，于是，对这些领域的研究让下面这个事实变得非常明显：某些发展层次和阶段要更完美、更高级、更深刻、更广阔、更自由——从自我中心发展到社会中心，再到世界中心——而且，尽管所有这些内在波在器质性的大脑功能中都具有其外在对应物（这些对应物能够也应该得到研究），然而，在完全不毁坏其本质要素的前提下，我们无法将它们还原成这些对应物。

因此，我们应该尊重现代性的分化（和尊严），而不陷入现代性的分裂（和灾难）之中。如图 8 所示，幸亏有现代性的分化，我们才能够用第一人称（左上象限）、第二人称（左下象限）、第三人称（右侧象限）方法来研究任何意识结构或状态，重视每个层次——从身体到心智，到灵魂，到灵性——上的“三巨头”。例如，我们可以用第一人称或现象学叙事（冥想当事人的叙事）来研究冥想状态，同时研究冥想对脑电波活动、血液化学、免疫功能和神经生理学的影响。我们可以审视各种文化背景、语言实践和道德体系是如何影响冥想状态的，哪些类型的社会制度和实践又最有利于冥想状态。简而言之，我们可以采用“全象限、全层次”的方法。

典范

在这一部分，我想介绍整合式方法的部分现代先驱者，这种整合式方法在很多重要方面都在试图变成“全象限、全层次”的。所有这些先驱者的共同之处在于：他们都充分认识到了现代性的重要分化，因此也越来越意识到科学能够以何种方式来完善（而非取代）宗教、灵性和心理学。我们将会看到，所有这些人都用到了现代社会在“三巨头”中的发现成果来阐释存有巨巢。（换句话说，他们都对图 7 作了重要的阐释。）

整合式方法的现代早期先驱者为数众多，包括：歌德、谢林、黑格尔、费希纳和詹姆斯。早期先驱者们越来越多地了解到进化的科学资料，因而对巨巢有了更多的认识，而这一认识通常是前现代先驱者所无法了解的：它表明发展不仅发生在个体身上，也发生在物种身上；不仅是个体的，而且是系统的。在本世纪，尽管先驱者们也很众多——从斯坦纳到怀特海到盖普瑟——我想特别提到的是：詹姆斯·马克·鲍德温、尤尔根·哈马贝斯、奥罗宾多尊者和亚伯拉罕·马斯洛。

詹姆斯·马克·鲍德温

在这四个人中，詹姆斯·马克·鲍德温（1861—1934）最为关键，历史也许会将他誉为美国最伟大的心理学家。鲍德温是詹姆斯和皮尔斯[①]的同时代人，开创了整合心理学和哲学，其见识和深刻性直到今天才被人们认识到。他是现代史上最早的著名发展心理学家，也首次明确定义了发展的阶段。他竭力将内省性的现象学与科学进化认识论整合起来；认为3种重要的体验模式乃是美学的、道德的、科学的（三巨头），并阐释了其中每个领域的详细发展阶段（换句话说，他属于最早在所有象限中追踪发展轨迹的学者）；他也最早勾勒出了宗教发展的阶段；他的认知发展结构被皮亚杰和科尔伯格所接受；他关于对话互动的研究被戴维和弥德继续探索下去；他的进化认识论得到了卡尔·波普尔[②]和唐纳德·坎贝尔[③]的认可。简而言之，无论怎样强调他的影响力几乎都不过分。他的名字之所以没有家喻户晓，仅仅是因为在他死后不久，实证主义和行为主义流派就主张平地化的教条式信仰，从而消除了任何类型的整合式研究。

鲍德温的学术发展经历了三个主要阶段：（苏格兰学派的）心智哲学、进化心理学、发展认识论。在整个过程中，他下定决心要包含并同等重视科学、道德和美学，绝不简化或偏爱其中任何一个领域。他的学说包含了他所说的“直觉的形而上学、内省的本体论”（亦即，左侧领域真实存在的现实），同时还严格遵循科学实验的方法。他最初发现，斯宾诺莎

---

① 查尔斯·桑德斯·皮尔斯（Charles Sanders Peirce，1839—1914），美国著名哲学家、逻辑学家，美国实用主义的创始人，著有《逻辑研究》等书。

② 卡尔·波普尔（Karl Popper，1902—1994），奥地利人，20世纪最著名的哲学家、学术理论家之一，著有《开放社会及其敌人》、《科学研究的逻辑》等书。

③ 唐纳德·坎贝尔（Donald Campbell，1916—1996），美国社会心理学家，进化哲学和社会科学方法论的重要思想家，著有《实验与准实验研究设计》等书。

的哲学能够最好地容纳这种整合，因为斯宾诺莎同等重视内在的/精神的，和外在的/身体的，但是斯宾诺莎体系的静态本质使这一体系无法理解进化。鲍德温得出了这样的结论："如果没有意识发展的学说，就不可能对个体心理发展形成连贯的看法。"而且，在建构这种发展观时，不能后退到纯粹的经验主义，后者会严重地误解心理结构。鲍德温说："人们对灵魂的古老看法是认为它是个固定的实体，具有固定的属性……发生观（发展观）颠覆了这种认识。我们不再认为灵魂是个固定的实体，而是个不断发展的、成长的过程。机能主义心理学取代了官能心理学。"鲍德温深入研究了德国唯心主义者，发现更多证据显示出了发展性方法的重要性。

鲍德温从重新评估必要的研究方法入手，进入了第二个阶段（进化心理学）："怎样才能卓有成效地研究心理现象结构的发展？必须抛弃精密科学引入到心理学中的定量方法，因为其理念往往会将复杂的东西还原成简单的东西，将整体还原成局部，将未来的潜力还原成以前的存在物，从而否认或消除了构成或揭示真正的发生（或发展）的要素。"鲍德温在科学研究中补充了哲学认识论的方法，或者说开始分析能够予以经验研究的结构类型，这最终让他走到了第三个阶段：发展认识论［体现在其举世公认的经典之作《思维与事物：发生逻辑——对思维发展及意义的研究》（*Thought and Things*：*A Study of the Development and Meaning of Thought*，*or Genetic Logic*）中］。

鲍德温逐渐认识到意识是不断发展的，会经历大约6个性质截然不同的层次或阶段（见图表11），这些层次呈等级式，每个更高层次都区分于并整合了更低的层次，包括：前逻辑的（类似于感觉运动）、准逻辑的（前运思或早期的具体运思）、逻辑的（形式运思）、外逻辑的（统观逻辑）和超逻辑的，我们也可以称之为跨逻辑的，因为它体现出了超越主客体二元对立的、开悟似的不二意识。鲍德温称这种更高的阶段是"冥想的形式……在其中，直观经验会持续不断地努力重建自身。这种最高形式的冥想是真实而深刻的审美体验，在其中，我们发现各种动机汇合起来，先前分裂的二元论被弥合了。这种体验的本质特征就是理解力的合一，在其中，意识最完满地、最直接地最终理解了现实的本质和含义。这种体验就是觉悟到现实是个整体，我们当下就能参悟它（我们称之为通灵层次的宇宙意识，或者与整个经验世界的合一："自然神秘主义"）。正如鲍德温通常指出的，在这种合一意识中，发展过程中产生的各种二元论观点（例如内在 / 外在、心灵 / 身体、主体 / 客体、真 / 假、好 / 坏）都在某种完满的体验中被超越并融合起来了。他强调，这是超逻辑的，而不是前逻辑的。通过这 6 个基本的意识层次，鲍德温研究了道德、美学、宗教、科学和自我发展的线与层次。

从其整体的完整性来说，很少有其他类似理论堪与这种整合心理学与哲学媲美。奥罗宾多等其他人更准确地了解了灵性发展的许多阶段（鲍德温所说的"超逻辑"事实上至少由 4 个不同的意识层次构成），有些人则展示出了更强大的哲学思维（例如哈马贝斯），此外也有人对实验心理学作出了更大的贡献，但很少有人能像鲍德温那样严谨、深刻而广泛地将所有这些东西融合起来。

如前所述，鲍德温的影响力是巨大的。他对自我和世界在全部三个重大领域——道德、美学、科学——的辩证发展的分阶段描述对社会科学产生了重大的影响。科尔伯格的评价很具有代表性："当我更深入地研究鲍德温的著作时，我意识到，皮亚杰在 20 世纪 20 年代开始形成的全部基本观点都来源于鲍德温：同化、适应、图式、非二元主义、自我中心、儿童心理的未分化特征。我也意识到，皮亚杰的全部事业——创造了发展认识论和伦理学，并运用认识论向发展心理学提出问题，运用发展过程中的观察研究来回答认识论领域的问题——也始终是鲍德温的全部事业。但是，和皮亚杰不同的是，鲍德温的天才在于他的整合视野：他拒绝将整个发展还原成认知发展，正是出于这个原因，约翰·布罗顿和其他人指出，就整体系统而言，鲍德温的理论要可信和持久得多。”

在道德发展中，到20世纪初为止，人们通常都认同了心理学家和社会学家的看法：道德化过程会经历3个广义的阶段。正如麦独孤[①]在1908年所指出的：“社会心理学的根本问题就是个人被社会的道德化过程。在这个道德化过程的最初阶段，出于本能冲动的行动因为奖惩措施的影响而发生改变；在第二个阶段，约束个体行为的，主要是个体对社会毁誉的预期；在第三个阶段，调整个体行为的，是个体自身信奉并加以实践的理念，而无须顾忌当前环境的赞扬或指责。”这当然是3个广义的阶段，它们如今通常被称为前习俗的、习俗的、后习俗的。科尔伯格指出：“杜威－麦独孤的层次（仅仅勾勒出了轮廓）是从个体与社会的相互关系来予以描述的，没有清楚地反映出儿童在认知和认识论方面的定性发展。我们的研究资料表明，鲍德温的三层次划分法（非二元的、二元的、伦理的）表明了基本连续的“阶段”：前习俗的、习俗的、后习俗的（道德自律的）。”换句话来说，科尔伯格也是利用了鲍德温的发展层次，才提出道德发展的六阶段结构——迄今为止的研究认为基本上恒定不变的、普遍性的结构。[②]

鲍德温也最早描述了宗教发展的阶段，而且其观点至今仍然属于最深刻的思想之一。鲍德温首先主张，宗教或灵性兴趣是个独立的领域，不能被还原成经济的、科学的、道德的爱好。（我认为很有力。）宗教动机就像理论的、道德的、审美的爱好那样，是不可还原的，如果我们正确地认识了它，我们就会承认：它是人们普遍的动机。”这种开拓性的研

---

① 威廉·麦独孤（William Mcdougall，1871—1938），美国心理学家，策动心理学的创建人，社会心理学先驱，著有《社会心理学导论》、《身体与心灵》等书。

② 见尾注7.3。

究思路后来被詹姆斯·福勒[①]尤其明显地吸收了过去。

最有趣的也许是，鲍德温发现意识的发展会导致并最终上升到某种深度合一的意识体验，在鲍德温看来，这是最高的审美体验，同时将最高道德和最高科学协调了起来。[②]这显然是（起源于康德、谢林、席勒的）审美理想主义的看法，但鲍德温将它改造以后，融入了他自身的pancalism[③]体系之中，他用pancalism这个术语来表示：这种宇宙意识是“包罗万象的，万物无不存在于其中”。

当我们凝视着优美的艺术作品时，我们就隐隐地具备了这种合一体验。艺术作品存在于客观的外在世界中，属于能够被科学研究的客体。但艺术作品的美和价值是内在的、主观的，是由观看者赋予的（尽管是基于其客观而真实的特征）。因此，当我们凝视着自己珍爱的艺术作品时，我们就将主观世界和客观世界——价值与事实、道德与科学、左侧与右侧的世界——联系了起来，协调并同时包含了两者。

而且——这是关键性的点睛之笔——在鲍德温看来，“这种合一体验的本质，乃是超越冥想的特定审美客体而上升到整体的现实本身。这种合一体验包括对上帝的认识，但是这里指的是那种能够最终认识自我和世界的有机或灵性整体。”这种审美也会经历多个阶段的发展，最终上升为对宇宙意识的完美体验。

简而言之，鲍德温足以跻身于最早的伟大的现代研究者之列。他实际上接受了“存在与认知巨巢”——前逻辑身体到逻辑心智，到超逻辑灵性——的观念，并将每个层次区分成了美学的、道德的、科学的体验

---

① 詹姆斯·福勒（James Fowler，1970—），美国埃默里大学神学和人类发展教授，担任信仰与道德发展研究中心、伦理学中心主任，以著作《信仰的阶段》而闻名。

② 见尾注7.4。

③ 这是鲍德温自创的术语，用来指认为整个宇宙在本质上是美好的中世纪信仰。

模式，并且指出了每条线的每个重要发展层次。在短时间内，他的成就是我们望尘莫及的。

尤尔根·哈贝马斯

尤尔根·哈贝马斯（出生于1929年）在其成就卓越的生涯中，将其整合式观念广泛地运用到了各种各样的领域：哲学、心理学、人类学、进化论、语言学、政治学（见图表10）。哈贝马斯的整体模型有三个层次。首先是交往理论（“普遍语用学”），这成为了描述主体的（美学的）、主体间的（道德的）和客体的（科学的）意识发展的起点（即“三巨头”，对个体的这种成长描述属于第二层次）。第三层次基于前两个层次，将社会文化的发展描述为历史唯物主义的重构，是系统理论、生活世界、科学、美学和道德领域的综合体。

哈贝马斯是在世最渊博的发展哲学家。然而，遗憾的是，他漏掉并完全忽略了超越统观逻辑的任何“我”、“我们”和“它”阶段。我认为，哈贝马斯的理论是全象限的，但不完全是全层次的。而且，遗憾的是，由于依赖语言学上的知识生成体系，哈贝马斯将人性和非人性自然割裂了开来，因而他对自然的研究方法基本上是工具性的。简而言之，我们或许可以说，他的整合式观点在前理性和超理性领域都是有缺陷的——在自然和灵性两方面都是有缺陷的（有些人说这是他的主要缺陷）。不过，就其取得的成就而言，他绝对不会被历史所湮没，至少能够跻身于本世纪寥寥无几的最重要思想家之列，如果无视他作出的巨大贡献，任何整合式观点都无望取得成功。

奥罗宾多尊者

奥罗宾多（1872—1950）是印度最伟大的现代哲学家、智者，他的巨大成就很难被阐释得详尽无遗。他的“整合式瑜伽”致力于将人类的上升（进化的）和下降（退化的）趋势协调并整合起来，也就是说，将天堂和此世、超越和内在、灵性和物质协调起来。他非常广泛地涉及了印度丰富的灵性遗产和传承，并将其中众多的成就汇合起来，集大成于一身。他也属于最早了解进化历程（由现代性分化揭示出来）的真正伟大的智者，这让他的体系能够从个体发生学的动态发展主义（所有伟大的长青哲学家都了解它）延伸到系统发生学。我们可以说，奥罗宾多的整合式瑜伽将前现代的巨巢真理与现代性分化所发掘的真理融合了起来，是印度在这方面最早的集大成者。

奥罗宾多的总体意识模型大体上由 3 个系统构成：（1）表面的 / 外层的 / 前额的意识（通常是粗重状态），由身体的、生命力的、心理的意识层次构成；（2）在每个层次上位于前额“后面”的深层的 / 通灵的 / 灵魂的系统（内在身体的、内在生命力的、内在心理的、最内在心灵或灵魂的，通常是精微状态）；（3）垂直上升 / 下降的系统，既涵盖了超越心智的状态（高等心智、明心、直觉心、超越之心、至上之心，包括自性的 / 不二的状态），又涵盖了低于心智的状态（潜意识或无意识的状态），它们都内在于极乐自性（sat-chit-ananda）或清净的不二灵性之中。

奥罗宾多的最大缺陷是所有理论家共有的，亦即：没有接触到他身后的重大发现成果。奥罗宾多最关心的是意识的转化（左上象限）和物质形体的对应变化（右上象限）。尽管他对社会和政治体系有着许多深刻的洞见，他似乎并不了解文化、动机和行为之间的相互关系，其分析在任何时候也都没有触及到主体间（左下象限）和客体间（右下象限）层次。也就是说，他没有充分吸收现代性分化的成就。但奥罗宾多谈到的层次和模型，对任何真正的整合式模型都是不可或缺的。

亚伯拉罕・马斯洛

亚伯拉罕・马斯洛（1908—1970）大名鼎鼎，因此我只想附带说几句。

跟所有真正伟大的整合思想家——从奥罗宾多到盖普瑟，到怀特海，到鲍德温，到哈马贝斯——一样，他是个发展学家。他率先搜集了经验和现象的证据，指出：巨巢上的每个层次都有不同的需求，这些需求是分等级的，而且各有侧重，而我们每个人都具有满足所有这些需求的潜能（见图表7）。马斯洛的观点对第三势力（人本主义－存在主义心理学）和第四势力（超个人心理学）的形成功不可没，极大地影响了教育、商业和价值研究。

20世纪80年代，马斯洛的研究曾经在短期内变得声名狼藉，当时主导学术界和反主流文化界的极端后现代主义分子让各种各样的子整体序都屈从于明显的平地独断论。但是，当世界从那种还原论中觉醒过来时，所有真正接纳更整合的、更具子整体序观点的人们仍然认同马斯洛的先驱性研究工作。

我们只列举这几个整合思想家的例子，来介绍那些能够引导我们更深地探索整合式观点的少数开创性天才。无论他们有多么伟大，每个新生代都有机会大大地向前推进整合式观点，这只是因为新的信息、资源和发现在源源不断地产生。黑格尔的卓越天才完全无法了解到亚洲的传统，谢林也不知道大量的人类学信息，奥罗宾多不曾接触到现代认知科学的严格研究方法，哈贝马斯那代人完全不了解超个人心理学的变革。同样，无论我们作出怎样的贡献，我们都可以预料得到，其他人很快就会站在我们的肩膀上继续向前。

第三部分

成果：整合式模式

我认为，真正的整合心理学涉及前现代的精粹（巨巢）、现代的精粹（价值领域的分化）和后现代的精粹（在巨巢的所有层次上将它们整合起来），是“全层次、全象限”的。我们现在可以开始将它们融合起来。

第八章

灵性的考古学

概述

前面的章节列举了少数理论家和研究领域，整体而言，当前的任何整合式观点都需要涵盖它们。

我们也在前文中介绍了意识发展的主要要素：巨巢中的基本层次、结构或波（物质、身体、心智、灵魂、灵性）；相对独立地经过这些重要波的发展线或流（道德的、审美的、宗教的、认知的、情感的，等等）；状态或意识的暂时性状态（例如高峰体验、做梦状态和变异状态）；自我——形成认同感、意志、防御心理，并引导、平衡和整合所有不同的层次、线或状态；自我相关线——与自我最密切相关的发展线（例如自我的核心认同感、自我的道德和需求）。简而言之，就是：波、流、状态、自我和自我相关流。

变异状态非常重要，无疑也深受关注，但是，为了促进个体的发展，它们必须变成结构 / 特征。自我相关流是至关重要的，但它们是总体流的分支。因此，用最简洁的话来说，发展可以被归结为波、流和自我。

基本波

我在图表 1a 和 1b 中概括了整合式模型的部分主要内容。[①] 我们已经讨论过其中的某些方面，我打算在此处充分讨论这个问题。但是我只会根据图表中的某些内容，尤其是根据“全层次、全象限”的方法，来粗略地谈谈这个模型。

每个图表的左侧是“存在与认知巨巢”的基本结构、层次或波。[②] 需要记住的是：整体而言，东西古今每个重要体系的基本层次几乎都只描述了某个巨大的形态形成场或发展空间，而这个场或空间是不断变动的——呈层级式上升，超越并包含，无限地嵌套，形成嵌套式发展。

而且，列举在图表上的这些不同概念显示出了非凡的共性——不是细节上的共性，而是它们所描述的发展空间的共性。我们知道，休斯顿·史密斯等学者已经就长青哲学提出了这种看法。但通常不太为人所知的是，（研究从感觉运动到形式，到后形式阶段的）现代研究者也得出了非常类似的结论。弗朗西斯·理查德和迈克尔·康芒斯在探讨过费希尔、史坦伯格、科尔伯格、阿蒙、帕斯科尔－莱昂、鲍威尔、拉博维奇－菲夫、阿林、欣诺特、巴塞基、柯洛维兹、亚历山大（图表中都对他们作了介绍）的发展研究成果和资料后，指出：“（所有这些理论家们的）阶段序列都能够对应于某个共同的发展空间。这种一致性表明这些理论有可能被协调起来……”

我所做的工作，就是汲取这些研究成果和许多其他现代理论家们的发现，并试图将它们与长青哲学的精粹整合起来，从而获得完整发展空间的标准模型，涵盖物质、身体、心智、灵魂和灵性。（尾注中会讨论这

---

① 见尾注 8.1。

② 见尾注 8.2。

种发展的子整体序性质。）[1] 我们已经知道，这是基本的存在与认知波，各种各样的发展流都会经过它们，而自我在从潜意识发展到自我意识，再到超意识的非凡之旅中，会平衡并整合所有这些波（在理想情况下）。

然而，这趟曲折的旅途显然不是风平浪静的。

自我及其病变

图表 1a 的第二列列出了“总体的自我意识”，它们通常是我描述近端自我发展阶段的笼统说法（身体自我、人格面具[2]、自我、人马自我、灵魂自我）。注意：我在其中的每个发展阶段都画出了连续的箭头。例如，在关于“更高发展阶段是否会保留或丧失自我”的文献中，始终存在着若干混淆之处。大多数超个人研究者都称更高阶段是“超越自我的”，这似乎意味着丧失了自我。但是，这种混淆几乎完全是语义上的。如果用“自我”来表示对人格自我的**排他性**认同，那么，这种**排他性**在更高的发展阶段基本上都丧失或消融掉了，那个“自我”基本上被破坏掉了（更高的阶段可以被正确地称为“超越自我的”）。但是，如果用“自我”来表示与寻常世界相关的功能性自我，那么，自我在更高的发展阶段绝对是被保留下来了（通常也会被强化）。同样，如果你认为——就像精神分析学那样——自我的重要价值就在于它能够超然地观照，那么，这个自我在更高的发展阶段无疑也保留下来了（并几乎始终会得到强化），因而，当杰克·安格尔（Jack Engler）说“冥修会增加自我的力量”之时，他无疑是正确的。如果用“自我”指——就像自我心理学那样——整合的心

---

① 见尾注 8.3。

② 人格面具（persona），荣格精神分析理论中的概念，表示我们在社交生活中所显示出来的部分人格。

智能力，那么自我在更高的发展阶段也保留下来，并得到了强化。

简而言之，对特定自我（身体自我、人格面具、自我、人马自我、灵魂自我）的排他性认同会在自我成长的更高阶段被消除或放弃掉，但是，每个阶段重要的功能性能力都会保留下来，并被吸收到子整体序中去，并通常会在随后的阶段得到强化。第二列中的实线所表示的，就是这种排他性认同期（每个时期最终会随着更高的发展而宣告结束）。但是该阶段的功能性能力保留下来了，并成为后续阶段重要的次子整体（subholon），我在图表中用连续的箭头表示。（换句话说，实线表示每个自我是近端自我——主体我——的时期，当它主导的这个重要阶段结束，意识继续向前发展时，那个自我就变成了远端自我——客体我。）

我会在图表 1a 中简单地列出下述内容，然后在随后的三个章节中更详细地探讨它们。第三列（“具体特征”）更详细地表明了每个阶段和子阶段的近端自我的本质。[①] 第四列（“防御”）列出了每个基本波上可能形成的部分主要防御机制。“潜在的病变”非常笼统地列出了自我引导着每个基本波时可能产生的病变类型和层次。“支点”指自我发展的重大里程碑——换句话来说，就是近端自我的重心在某个特定意识层次上发生的变化。[②]“疗法”则概括了治疗不同意识层次的各种病变最有效的心理学和灵性方法。

我们知道，每当自我的重心通过巨巢的某个基本层次时，它就会穿过自身发展的某个“支点”（或里程碑）；它最先会认同某个新的层次，然后去认同化，超越那个层次，然后将那个层次包含、整合到下个更高的层次中去。在本章的讨论中，我通常将巨巢概括为 9 个基本层次（或功能群：感觉运动的、玄想–情绪的、具象思维的、规则/角色思维的、形式–

① 见尾注 8.4。

② 见尾注 8.5。

反思的、统观逻辑的、通灵的、精微的、自性的/不二的，列在每个图表的左侧），因此自我在整个巨巢的全面发展和进化中会经历9个对应的支点（后文中用F表示）。（根据史坦·葛罗夫等人的经验研究，我也包含了出生支点F-0，这就使自我在从受孕到觉悟的旅程中会形成10个左右本质上迥然不同的主要里程碑。）

每当自我（近端自我）上升到巨巢中更高的新领域时，其方式有可能是相对健康的（也就是说，顺利地区分并整合该层次的要素），也可能是相对不健康的（也就是说，无法区分并因而处于合成/固着/停滞状态，或者无法整合并从而导致压抑、异化和碎片化）。巨巢的每个层次都有着不同性质的结构，因而每个支点（和疾病）都同样具有不同性质的结构。现在，我们可以更仔细地审视自我在生命长河的浩荡旅途中所面对的不同病变。

低级病变（从F-0到F-3）

最近几十年以来，深层心理学取得了重大突破，从而意识到：不仅存在着不同类型的心理疾病（例如，强迫症、恐惧症、焦虑症、抑郁症），而且有不同层次的心理疾病（例如，神经官能症、边缘性人格障碍、精神错乱）。这些不同层次的疾病在部分程度上与早期自我发展的三个主要阶段有关（雷纳·史皮兹、伊迪丝·雅各布森[①]、玛格莱特·马勒和其他学者的开创性研究尤其揭示了这一点）。其中任何一个阶段的发展受阻都可能会导致相应层次的疾病。这当然与大厦的楼层不同，它不是固定不变的、不连续的层次，而是重叠起来的自我发展波，其中的每个整体波

① 伊迪丝·雅各布森（Edith Jakobson，1897—1978），美国心理学家，自我心理学的代表人物，著有《忧郁症》、《自己与对象世界》等书。

在很多方面都可能出现问题。[①]

我们可以对这三个早期的自我发展波作出非常简要的概括。起初，自我与环境相对来说是未分化的。[②]也就是说，他无法很轻松地分辨哪个是他的身体，哪个是物质环境。（这是 F–1 的开端。）在还未满周岁时，婴儿开始知道，如果咬毯子，他不会受伤；但如果咬自己的手指，他就会受伤，也就是说，身体和环境是不同的。婴儿就此开始将自身与环境区别开来，因此他的自我认同就不再与物质世界融合起来，而是转变成了他的情绪 – 感受身体。（这是 F–2 的开端。）随着概念思维逐渐出现并发展（尤其是在 3 ～ 6 岁左右时），婴儿逐渐将概念思维和情绪身体区分开来。（这就是 F–3。）近端自我的认同感因而就从物质发展到身体，再到早期心智。（我们可以看到，它正在穿过巨巢的波。）

在理想状态下，所有这些自我阶段（或支点）都涉及分化与整合（超越并包含）。自我与较低的层次（例如，身体）区分开来，随后认同下个更高的层次（例如，心智），最后将概念思维和身体的感受整合起来。任何时候的发展受阻都会导致病变，从而让自我变得畸形、残缺或狭隘，不能踏上越来越广阔的旅程。因此，如果心智无法与身体感受区分开来，就可能被痛苦而强烈的情绪吞噬掉（不仅会感受到强烈的情绪，而且会被它们吞噬掉），孩子就会经常产生夸张的情绪变化，很难克制冲动，此时通常会造生发展受阻。即便心灵和身体被分化开来，如果并没有被整合起来（从而使分化走得太远，变成了分裂），结果就是常见的神经官能症，或者心理结构（自我、超我、严厉的良知）会压抑身体的感受。

因此，这种分化 – 整合过程可能会在任何自我阶段（或支点）出现问题，而支点的层次则决定了病变的层次。在 F–1 时，如果自我没有正

---

① 见尾注 8.6。

② 见尾注 8.7。

确地区分并整合对物质环境的印象，结果就会导致精神错乱（个体无法区分何为自己的身体，何为环境，就会产生幻觉，等等）。在 F–2 时，如果充满情绪的身体自我很难将自身与他人区分开来，就可能会导致自恋（其他人被视为自我的延伸）或边缘性人格障碍（其他人始终在侵犯自我脆弱的界限）。在 F–3 时，如前文所述，发展的挫折会让自我无法与那个喜怒无常的情绪自我区分开来，而整合失败则会导致最近产生的心理自我压抑情绪自我（典型的神经官能症）。

换种说法就是，自我发展的每个层次都有不同的防御机制。每个层次的自我都会尽力保护自己免受痛苦、破坏和最终的消亡，并利用该层次上现有的任何手段来达成这种目的。如果自我拥有概念，它就会利用概念；如果自我拥有规则，它就会利用规则；如果自我拥有统观逻辑，它就会利用统观逻辑。在最初的支点上（如图表 1a 所示），自我仅仅具有感觉、知觉和外觉（感觉运动认知的最初形式），以及非常原始的冲动和意象，因而原始的自我只能采用最低级的方式来保护自己，例如：与物质环境融合起来、（在意象中）充满幻觉的满足感、知觉的扭曲。在 F–2 时，自我有了新工具，那就是：更强烈的感受和情绪，以及刚刚形成的符号意识，因而它可以采取更复杂的方式来保护自己，例如：二分法（将自我和世界分为“完美”和“极坏”的表象），将自身的感受和情绪投射到他人身上，将自身与他人的情绪世界融合起来。而到了 F–3 时，自我又新增了复杂的概念和基本规则，这些非常强大的心理工具能够有力地压抑身体及其感受，转移身体的欲望，产生反向作用，等等。（其中的许多防御机制都罗列在图表 1a 中，尾注中会讨论其背后的研究成果）。[①] 简而言之，当自我在穿越巨巢之中不同性质的波时，防御的层次、自我发展的层次以及病变的层次都是这种流动性发展的不同侧面。

---

① 见尾注 8.8。

同样，在上述的每个例子中，我们可以找到最有效的、各不相同的治疗措施。我们从F-3开始往下介绍：面对典型的神经官能症时（F-3），治疗涉及缓和并消除产生压抑的障碍因素，重新接触受压抑的（或阴影）感受，并将之重新整合到心灵之中，这样，意识发展之流就能更平缓地继续向前流动。这些治疗方法通常被称为“揭示方法”（uncovering technique），因为它们试图揭示并重新接纳阴影。这种“为了自我而回归的做法”会暂时性地让意识重新回想起早期创伤（或者仅仅让意识倒转，接触到被异化的感受、驱力和冲动），友好地重新接纳被异化的感受，从而让心灵恢复到相对和谐的状态。这些方法包括经典的精神分析法、某些格式塔疗法[①]、荣格学派疗法中的阴影方法、简德林[②]的聚焦疗法[③]，以及自我心理学和自体心理学的某些方法。

［如图9所示，在那些承认更高（或超个人）领域的疗法中，这种治疗性的回归过程通常被视为前进和上升到更高层次的前奏。

这种治疗性的螺旋形过程并不是回归到较高的基点，而是回归到较低的基点，从而有助于为更可靠的超越重新奠定基础。］

往下便是病态的边缘性人格障碍层次（F-2），此时，问题不在于强大的自我开始压抑身体，而是起初就没有足够强大的自我。这里所采用的方法因而被称为“结构建构”（structure building）：尽力设置自我的界限，强化自我的力量。此时很少需要“揭示”被压抑的东西，因为自我并没有强大到足以压抑很多东西。而治疗的目标是协助自我完成分离－个人

① 格式塔疗法（Gestalt Therapy），又称完形疗法，强调人是有组织的整体，把心理或行为看作情感、思想、行动的整合过程。

② 尤金·简德林（Eugene Gendlin，1926—），美国哲学家、心理学家，著有《聚焦心理》等书。

③ 聚焦疗法（focusing），指心理咨询师协助被治疗者，使其集中注意力，逐步体验身心，直至产生可以觉察到的生理、内脏、心理的感觉变化。

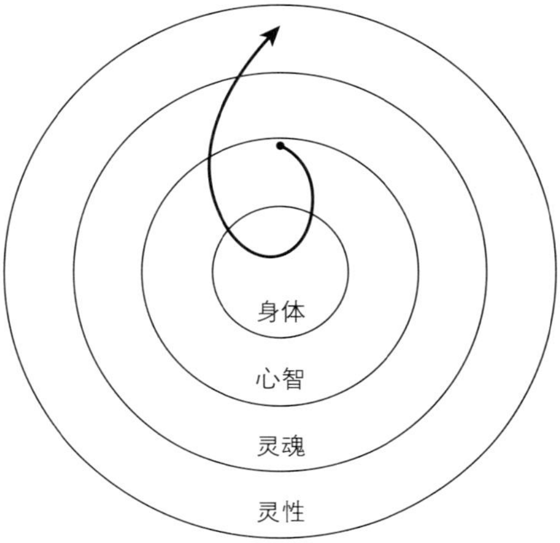

图 9　治疗的螺旋形过程

化阶段（F–2），从而让被治疗者形成强大的自我，并具有被明显地分化–整合的情绪界限。这些 F–2 方法包括：客体关系治疗[①]的某些方法（温尼科特、费尔贝恩、甘特里普）、心理分析的自我心理学（马勒、布兰克、科尔伯格）、自体心理学（科乌特）和这些方法的大量整合方式（例如约翰·葛多、詹姆斯·马斯特森）。

直到最近为止，最早的支点（F–0 和 F–1）始终抗拒着治疗方法（除了药物 / 安抚之外），这完全是因为它们如此原始，很难被接触到。然而，近年以来的创新（并备受争议的）疗法，包括加诺夫的原始呐喊（primal scream）、葛罗夫的全息呼吸法（holotropic breathwork），都声称获得了各种各样的成功：通过再次“临时性地回归”到深层创伤并在全意识中重新体验它们，从而让意识以更整合的方式继续向前发展。

① 客体关系治疗（object relation therapy），基于客体关系理论而发展出来的心理学疗法，治疗师利用被治疗者的投射性认同来引导后者。

中级病变（从 F–4 到 F–6）和高级病变（从 F–7 到 F–9）

当我们进入中高级支点时，我们会发现相同的总体过程：由于巨巢中的每个基本波都有不同的结构，每个自我发展层次都有不同性质的病变层次、防御机制和对应的治疗方法。在 F–4（通常出现在 6 ~ 12 岁）时，规则 / 角色思维开始形成，自我的重心开始等同于这种波。自我开始换位思考，并因此开始从自我中心的 / 前习俗的层次转向群体中心的 / 习俗的层次。如果在这种总体波上出现了问题，就会形成“脚本病变”（script pathology），此时自我所学到的，就全部是错误的、误导性的甚至极有害的脚本、故事和神话。疗法（例如认知疗法）能够帮助个体根除他对自身的这些错误想法，代之以更正确的、健康的脚本。在 F–5 时，个体开始进行自我反思，重心开始从习俗的 / 守旧的层次转向后习俗的 / 个人主义的层次，个人面临着角色认同或角色混乱的考验：当自我不再依赖于社会（及其传统伦理、规则和角色）时，它要如何发现自己的身份和本质呢？在 F–6 时，统观逻辑的全景让存在性问题和困惑成为最显著的问题，并有可能让身心更充分地整合起来（或人马自我）。在 F–7 时，超个人领域开始凸显出来，此时它不是转眼即逝的高峰体验，而是更高的新结构，同时也可能伴随着更高的新病变（下文将会谈到）。

我在许多书中都谈到过这 9 ~ 10 个层次的病变、防御和治疗，罗文（Rowan）详细地探讨了每个支点上的病变和治疗。[①] 在此处的简要概述中，我们只需要注意到：巨巢的每个层次都有不同性质的结构，因而，每种波的自我发展、病变和治疗都有着不同性质的结构。如果你承认这些基本的发展阶段，你或许也会承认每个阶段都可能出现问题，从而形成不同性质的病变和疗法。

---

① 见尾注 8.9。

我在此处概述的 9 ~ 10 个总体治疗层次仅供参考之用，它们是非常笼统的指导原则，奠基于大量不同的发展心理学和冥修流派所提供的广泛证据。毋庸讳言，在这些疗法中存在着大量的重叠之处。例如，我列举了“脚本病变”和“认知疗法”，认为它们与 F-4——自我首次能够认同规则 / 角色思维，从而能够开始换位思考，并学习社会规则——的关系尤为密切。如前所述，如果这个总体发展阶段出现了问题，结果就是“脚本病变”，也就是说，会对自我和他人产生一连串扭曲的、不当的、不公正的想法和脚本。认知疗法能够非常有效地根除这些不良的脚本，并代之以更正确的、善意的、健康的想法和自我概念。但是，说认知疗法侧重于这个意识发展层次，并不是说它对其他层次毫无益处，这显然不合实情。我们在此处表达的意思是，我们越是远离这个层次，认知疗法就变得越不适用（但绝不是毫无益处）。在 F-1 和 F-2 时的发展主要是前语言的、前概念的，因此，概念性疗法不能直接运用到这些层次；F-6 以上的发展主要是超心理的、超理性的，因此，心理疗法自身的效果是有限的。

因此，不是说某个特定的疗法仅仅适用于某个发展层次，而是说，当我们聚焦于 1 ~ 2 个层次时，如果将大多数治疗方法运用到比较无关的领域，它们就会比较无效。通常来说，如果用某种特定的心理疗法（精神分析、格式塔、神经语言程序、全息呼吸、沟通分析、生物精神病学、瑜伽等等）来治疗所有类型的心理疾病，这往往会导致不幸的后果。意识范畴存在着多个层次，我们应该从这个事实中认识到：存在有无数个不同的维度，要敏锐地认识这众多的维度，我们就迫切地需要多种多样的治疗方法。

而且，通常来说，正如我在《意识谱系》（*The Spectrum of Consciousness*）中首次指出的，某个层次的疗法会认可并往往采用更低层次的疗法，但不会认可任何更高的层次。因此，经典的精神分析学会承认本能和情绪驱力的重要性，但也会低估认知脚本（cognitive scripts）自身的价值。认识疗法强调那些脚本的重要性，但是会低估或忽略整个心理物理有机体（或人马）的价值，而后者正是人本主义－存在主义的治疗师们所强调的，但这些存在主义治疗师们又会激烈地否认超个人、超理性层次的意义乃至于其存在。在确定每个常见意识层次的疗法时，我也考虑到了这个特定的事实：每个层次上的疗法通常会认可乃至于利用更低层次中的全部疗法，但几乎不会利用任何更高层次中的疗法（事实上，它们往往将其存在视为病态）。

典型的疗法

治疗师们很少会碰到在所有 9 ～ 10 个支点上都呈现出问题的患者。大多数成人的重心都位于神话的、理性的或人马的层次附近，他们偶尔会有通灵的、精微的高峰体验（可能很难整合，也可能不会）。因此，常见的个体疗法往往会强化界限（F–2）、接触并善待阴影感受（F–3）、改变认知脚本（F–4）、针对某些具体问题进行苏格拉底式对话[①]（F–5 和 F–6），如：了解个体的感受（F–3），关注归属感需求（F–4）、自尊（F–5）和自我实现（F–6）。有时候，还需要整合高峰体验和灵性启示（通灵的、精微的、自性的或不二的），这都要谨慎地与前理性的魔法和神话结构区分开来。（参考《眼对眼》，了解如何区分前形式的魔法、神话层次与后形式的通灵、精微层次。）

如前所述，严肃的回归内在疗法（葛罗夫、加诺夫）试图重新体验最初支点（出生前、即将出生、新生儿期；F–0 和 F–1）的特征。精神分析的自我心理学和自体心理学往往会关注其后的（但仍然是相当早期的）

---

①“苏格拉底式对话”是一种采用对谈的方式，澄清彼此的观念和思想的方法。苏格拉底认为通过对话，一直更正不完全、不正确的观念，便可使人寻找到“真理”。

支点（尤其是 F–2 和 F–3）。认知和沟通疗法往往会聚焦于信仰和脚本（F–4 和 F–5）。人本主义 – 存在主义的疗法往往会关注所有这些问题，实现真正的自我、存在和身心的整合或人马阶段（F–6）。而超个人疗法在关注所有这些个人的支点之外，也涵盖了更高灵性领域（F–7 ～ F–9，后文将会讨论；尾注中列举了超个人心理学 / 疗法的部分优秀入门书籍）的各种疗法。①

所有这些层次的疗法中存在着共同的主线吗？精神分析的、认知的、人本主义的、超个人的疗法有共同之处吗？从非常笼统的意义上说，的确有。就是：**意识自身是可以治疗的**。我们提到的每个治疗流派都试图采用自己的方式，让意识面对（或重新面对）以前被异化的、变形的、扭曲的、忽略的体验。② 意识之所以是可以治疗的，乃是出于下面这个根本的原因：通过充分地感受这些体验，意识能真正地接纳它们，从而不再执着于它们，而是将它们视为客体，从而与它们区分开来，实现反嵌（超越），然后以更包容、更慈悲的态度将它们整合起来。

在每种情况下，治疗的催化剂就是让意识或觉知关注那个正在被（或已经被）否定、扭曲、变形或忽略的体验领域。当那个领域进入（或重新进入）意识之中，它就能汇入不断前进的发展之流，而不是仍然落在后面，陷入被扭曲或异化的死结之中，并呈现出痛苦的症状（焦虑症、抑郁症、恐惧症），以此来表明它的被囚。治疗就是面对（或重新面对）这些被扭曲或被忽略的体验，让它们能够在越来越广阔的意识之波中被区分（超越）并整合起来（包含）。

简而言之，在从物质到身体，到心智，到灵魂，到灵性的重大形态变化中，意识的一些方面可能在任何波上产生分裂、扭曲或被忽略——

---

① 见尾注 8.10。

② 见尾注 8.11。

身体方面可能受到压抑，心智的要素可能受到扭曲，灵魂方面可能受到否认，灵性的呼唤可能受到忽略。在每种情况下，这些被异化的体验仍然是意识中的胶着点（stick point）和病灶，是分裂和缺失的——这种分裂会产生病变，而病变的类型则在很大程度上取决于分裂发生时所处的层次。接触（或重新接触）这些体验，有意识地面对它们并充分感受它们，这样，意识就能在整个发展之流中区分（超越）并整合（包含）它们。

子人格

我提到过，自我具有大量的**子人格**，这在心理疾病、诊断和治疗中显得最明显且重要不过。研究子人格的权威学者指出，普通人通常大约有十几个乃至更多的子人格，分别名为：父母自我状态、儿童自我状态、承认自我状态、优胜者、劣败者、良知、自我理想、理想的自我、假我、本真的自我、现实的自我、严厉批评者、超我、性欲的自我，等等。[①]其中大多数都在某种程度上被视为个体内心对话的不同声音或默声。有时候，某个或多个子人格会几乎完全分裂，这在极端情况下可能导致各种各样的人格障碍。然而，对大多数人来说，这些不同的子人格会争先恐后地想要获得关注，主导个体的行为，从而形成自我的某种潜意识群。每个阶段的近端自我都必须跨越它们。

每种子人格在其发展线上都可能处于不同的发展层次。换句话说，几乎任何支点都可能会形成子人格：原始子人格（F-0 ~ F-1），魔法子人格（F-2 ~ F-3），神话子人格（F-3 ~ F-4），理性子人格（F-5 ~ F-6），乃至灵魂子人格（F-7 ~ F-8）。[②]

---

① 见尾注 8.12。

② 见尾注 8.13。

因此，大量研究表明：不仅各种发展线能够相对独立地发展，各种子人格也是如此。因此，个体可能会在许多不同的道德、世界观、防御、病变、需求等层次上都体现出其意识特征。（如图 2、图 3 所示，这能够在整合式心理图中描绘出来。）例如，儿童自我状态通常产生于 F-2 ～ F-3（具有前习俗的道德、魔法的世界观和安全需求），这最明显地体现为下述现象：受到它严重影响（例如，突然大发脾气，自我中心的需求，自恋的世界观）的个体往往会将这些特征持续数分钟或数小时，然后又让它像发作时那样迅速地消失，恢复成更常见、更正常的自我（这个自我原本可以变得高度成熟）。

因此，当我概述意识、世界观、病变和疗法的 9 ～ 10 个总体层次时，绝不是说个体仅仅处于某一个阶段，只有一种类型的防御、病变、需求和疗法。在这十几种乃至更多的子人格中，每种都可能处于不同的层次，因此，个体在需求、防御和病变上具有很多类型和层次（例如，从边缘性人格障碍到神经官能症，到存在性困境，到灵性问题），因此在治疗方法上需要灵活多变。

好的子人格是纯粹功能性的自我呈现，能够解决某些特定的心理问题（父亲角色、妻子角色、好色的自我、成就型自我，等等）。只有当这些子人格分裂时——分裂程度分为轻度、中度和重度——它们才会成为障碍。当这些功能性人格由于重复创伤、成长挫折、周期性压力或选择性忽略而产生严重分裂，或者因为分裂而不再进入自我的意识中，就遇上麻烦了。这些隐藏的角色——以及它们分裂或固守的道德、需求和价值观等等——都在暗中活动着，更深地阻碍成长与发展。它们仍然是“隐匿的主体”，是意识的侧面，但自我不再能够去认同化并超越它们，因为它们被封装进了心灵的无意识之袋，而它们呈现出的象征性衍生物就是各种痛苦的症状。

同样，治疗的催化剂就是让意识关注这些子人格，从而将它们客观化，并以更慈悲的态度来接纳它们。通常来说，当 1 ~ 2 种子人格及其疾病变得很显著时（如严厉的内在批评者、消极悲观的劣败者、自暴自弃的自我状态，等等），个体会呈现出症候群，因而治疗往往会侧重于这些更显性的问题。当显性疾病得到缓解（它们的子人格也被整合起来）时，不太显性的疾病往往会暴露出来，有时候会非常强烈，此时，治疗的关注点自然就会转向它们。这些子人格既可能包括非常早期的自我（原始的、魔法的），也可能包括刚刚形成的超个人自我（灵魂、灵性）。

同样，各种子人格通常都是在特定情境下被激发出来的：个体可能在一种情境下表现良好，但换了一种情境，他就可能会被激发出恐惧、沮丧、焦虑等情绪。某个领域的显性问题得到缓解以后，隐性疾病通常会浮出水面，然后它们就可以被共同克服。治疗方法——让意识关注它们——有助于让个体更清醒地认识到子人格，从而将它们从"隐匿的主体"转变成"有意识的客体"，并整合到自我当中去，从而汇入不断向前的意识发展之流，而不是固着于它们最初分裂时所处的较低层次。因为不管子人格何其繁多，近端自我的使命始终是：在合唱声中形成某种整合或和谐，从而更可靠地打开通向其全部"源头"的道路。

自我考古学

我们可以利用图 10，来简要概括上文中讨论的自我与病变阶段。这个图仍然是个巨巢，但这次画出的巨巢显示了不同程度的内在深度。换句话来说，图 1 和图 6 表明，更高的领域超越并包含了更低的领域，而图 10 则表明，更高的领域作为一种内在的东西被感受，比更低的领域深刻，相比之下，更低的领域是表面的、肤浅的、外在的。因此，身体作为物质环境的内部被感受，而心智作为身体的内部被感受，灵魂作为心智的内部被感受，而灵魂的深处则是纯粹的、超越万象并包罗万象（因而超越内在与外在）的灵性。

图 10 表明了这种灵性考古学，由于自我更肤浅的表层被剥离下来，更深刻、更复杂的意识波就开始日益呈现出来。这产生了越来越美好的潜能，因而能够引领我们前进而非后退，向我们展示出未来的发展和成长，而非过去的发展与退化。诚然，这是关于深度的考古学，但这种深度探索的是未来，而非过去；通向更美好的明天，而不是落满灰尘的昨日；发掘退化的隐秘珍宝，而非进化的化石。我们在内部的发掘是为了超越，而不是倒退。

可以这样概括这种考古探险：

在 F-1 的开端，在灵性最肤浅的表面，自我仍然基本上没有和物质世界分离开来（正如皮亚杰所说“可以说，此时的自我是物质的”)。因此这个阶段的障碍可能会令人忧心地导致自我界限的缺乏、幼儿自闭症

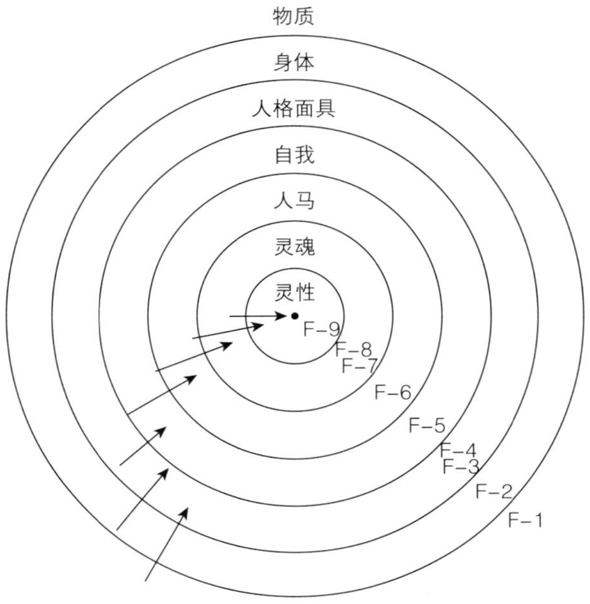

图 10　自我的层次

以及部分精神病。这个阶段的世界观是**原始的**，这种原始的意识如果不被分化（超越）和整合（消除），就可能会导致早期的疾病。如果通向自我的道路在刚刚起步时就受到了颠覆，其后果就会非常严重。

在 F–2（分离 – 个体化阶段）中，情绪的身体自我将自身与他人的情绪和感受区分开来。这个阶段的障碍可能导致边缘性人格障碍和自恋，从而让个体将世界和他人仅仅视为自我的延伸（自恋），或者认为世界在侵犯并痛苦地破坏自我（边缘性障碍），两者都是因为世界和自我没有被稳定地区分开来。这个阶段的世界观是**魔法的**——自我想象自己无所不能，能够如魔法般驾驭周围的世界，环境充满了泛灵论般的位移（不是万有神论的复杂形式，而是拟人化冲动的投射），此时"魔法之道"主宰着世界。对这个魔法层次（和魔法子人格）的执着是认知领域的边缘性人格障碍和自恋的重要原因。

在 F–3 时，早期的心理自我（早期自我或人格面具）逐渐形成，区分出身体及其冲动、感受和情绪，并试图将这些感受整合到刚刚形成的概念自我中。在这个关键性支点上的发展挫折（通常被概括为恋母 / 恋父情结）可能导致常见的神经官能症：焦虑症、抑郁症、恐惧症、强迫症，以及刚刚产生的内化超我所感受到的过度罪疚感。概念自我害怕或不安于身体的感受（尤其是性和攻击性），会错误地竭力保护自己逃避这些感受，这只会让这些感受转入地下状态（成为冲动的子人格），从而造成更多的痛苦和恐惧。

所有这些早期支点（F–1 ~ F–3）仍然是非常自我中心的、前习俗的（关于儿童时期可能的灵性体验，请参见第十章）。执着于自恋模式会让意识在自我的表面打转，通向深处的道德在灵性考古学的最表层就偏离了正轨。

这个早期的心理自我起初是简单的名字自我（name–self），接着是原始的自我概念，随后很快就会扩展成成熟的角色自我（或人格面具），并

形成规则 / 角色思维，并越来越能够换位思考（F-4）。在 F-3 的晚期与 F-4 的初期，个体的世界观都是神话的，这意味着这些早期角色通常可以在神话的神祇中间找到并体现出来，这些神祇代表着个体可以接触到的“原型角色”。也就是说，这仅仅是人们可以接触到的集体的、具体的角色，例如：强大的父亲、慈爱的母亲、勇士、骗子、女性意向、阿尼玛、阿尼姆斯[①]等等，它们通常都体现为世界神话中的某些具体人物（珀尔塞福涅、德墨忒耳、宙斯、阿波罗、维纳斯、因陀罗[②]，等等）。荣格学派的研究指出，这些原型的神话角色都被共同继承下来了，但是，需要注意的是，他们通常都不是超个人的（在荣格学派和新时代[③]圈子中常常混淆）。[④]这个前形式的、神话的意识发展层次可能存在着众多的人格（和子人格），这些神话角色仅仅是其中的一部分。它们是前形式的、集体的，而不是后形式的、超个人的。少数“更高原型”，例如智慧老人、智慧老奶奶、曼荼罗[⑤]等，有时候是超个人领域的象征，但未必就具有对这些领域的直接体验。但不管如何，我们在这里关注的是形象 - 字面的神话层次。

儿童们在这个阶段开始学会的特定文化角色——与家人、同龄人和

---

① 阿尼玛（anima）和阿尼姆斯（animus）都是荣格理论中的术语，前者用来指男性无意识中的女性意向，后者指女性无意识中的男性意向。

② 珀尔塞福涅、德墨忒耳、宙斯、阿波罗分别是希腊神话中的冥后、谷物女神、主神、太阳神，维纳斯是罗马神话中的爱神，因陀罗是印度教中的战神。

③ 新时代运动（New Age Movement），起源于西方 20 世纪七八十年代的社会与宗教运动，主张摒弃西方现代价值观，以折中而个人化的方式来关注精神层面的事物。

④ 见尾注 8.14。

⑤ 智慧老人（Wise Old Man）、智慧老奶奶（Crone）、曼荼罗（mandala）都是荣格理论中的原型。

其他人的具体互动——支持这些前形式的原型角色。在学习这些文化脚本时，可能会产生各种各样的问题和扭曲，导致我们通常所说的“脚本病变”。由于这个层次的世界观是**神话的**（神话－团体的），该层次的疗法——不管我们怎么称呼——往往都会根除这些神话，用更正确的、更不会伤害自我的脚本和角色来代替它们。即便是荣格学派的疗法——有时会高估神话的显现世界——也是按照相似的方法进行的：通过区分和整合神话角色，从而既尊重它们，又超越它们。①

但这究竟是怎么回事呢？在从前习俗的、自恋的层次转向习俗的、神话－团体的层次时，意识极大地深化了：从自我中心发展到了民族中心；从“我”扩展到了“我们”，从而在自我考古之旅中测量出新的深度；缓慢地放弃了苍白的、原始的表面，自恋和阴影越来越少，也越来越不那么肤浅，而是潜入深处，个体的自我越来越与那个照遍整个显现世界的“自性”联结起来。在从自我中心的－魔法的阶段转向群体中心的－神话的阶段的过程中，个体越来越直觉地感知到那个包罗万象的“自性”的核心。

随着形式－反思能力的出现，自我能够扎得更深，从习俗的/守旧的角色和神话－团体的自我（人格面具），转向后习俗的、全球的、世界中心的自我，亦即成熟的自我（用罗文格的话来说，就是具有良知的、个人主义的）。不再仅仅是我们（我的部落、我的宗派、我的团体、我的民族），而是所有人（整个人类，不分种族、宗教、性别或信仰，任何人都不例外）。意识摆脱了狭隘的表层，潜入全球人类共有的深处，坚持对所有人怀着普遍的、毫无偏见的、公正的、公平的慈悲。

这个阶段（F-5）的问题通常集中于下面这个极其困难的转变：从守旧角色与习惯性道德，转向良知与后习俗认同的普遍原则，不是根据父

---

① 见尾注8.15。

母、社会和《圣经》来确定自己的身份，而是根据自己最深的良知。埃里克森的“认同危机”是对这个阶段的诸多问题的经典概述。①

当统观逻辑开始出现时，后习俗意识就深化成了完全普世性的、存在性的问题：生与死、本真、身心的完全整合、自我实现、全球意识、整体观念，它们都可以概括为**人马阶段的产生**（例如，罗文格的自律与整合阶段）。在自我考古之旅中，人格领域的排他性统治即将结束，耀眼的灵性逐渐被剥露出来，那种普遍的光芒开始越来越多地照射进来，让自我变得越来越澄明。

就像此前那样，我们越是深入内部，我们就上升得越高。在非凡的灵性考古学中，层次越深，它的空间就越广阔——你在内部就越超越。在物质世界的内部是身体，但是，活跃的身体在很多方面都超越了物质：它有感受，而岩石没有；它能感知世界，而无生命物质则处于沉睡之中；它具有情绪，而尘土则默不作声。同样，心智存在于活跃的身体内部，但是，心智在很多方面超越了身体：身体能察觉自身的感受，但心智的认知能力却能换位思考，从而能够将意识从自我中心延展到社会中心，再到世界中心；心智能够将过去和未来联系起来，从而克服身体本能的冲动；身体只能憩息于毫无判断力的当下，而心智却能够想象世界可能是怎样的、应该是怎样的。

同样，深入地洞察心智的内部，在自我的最深处，当心智变得非常安静之时，如果我们非常细心地聆听，在那种无限的静默中，灵魂会开始低语，它如同羽翼般轻柔的话语会让我们上升到心智无法想象的高处，超越了理性的界限，跨过了逻辑的藩篱。在它温柔的耳语声中，我们可以感受到无限之爱的最微弱迹象，瞥见那种忘却了时光的生活，涌现出妙不可言的喜悦，体验到无边的融合，此时，永恒的奥秘让人世的无常

① 见尾注 8.16。

复苏了生机，苦难和痛苦销声匿迹，无常与永恒就这样隐秘而安静地融合起来，这种融合名叫灵魂。

在自我考古学中，超个人层次——它让人远远超越人格层次——潜藏在自我的深处，始终是内在而又超越的。此前，仅仅在高峰体验中，或者在对不朽、奇迹和恩典的隐秘直觉中，我们才能感知到灵魂，但现在，灵魂逐渐在意识中更长久地浮现出来。此时的灵魂还不是无限的、包罗万象的，但它不再仅仅是人格的、终将消亡的，它成为了纯粹灵性和人格自我之间的伟大过渡。灵魂能够包含自然神秘主义的粗重领域，也能测量神性神秘主义自身的深度。它能够给所有生命赋予死后的意义，将恩典传递到心灵的每个角落。当难以忍受的命运向我们发射出密集的弓箭时，它开始让我们具有坚不可摧的镇静和从容，用慈悲之风拂过世间的万事万物。了解它的方法很简单：在心智中向左转，进入其内部。

灵魂的疾病是真正的疾病。困扰通灵和精微层次的发展疾病很多，也很复杂。最早的、最简单的疾病来源于通灵层次与精微层次的意外高峰体验，此时这些高峰体验还没有成为意识中的永久现实和基本波。如前所述，处于原始的、魔法的、神话的、理性的或人马层次的个体都能够具有全部更高状态（通灵的、精微的、自性的、不二的）的高峰体验。在某些情况下，这些高峰体验具有很大的破坏性，当个体具备 F-1 或 F-2 的缺点时尤其如此，它们可能会触发精神病的发作。在其他情况下，会导致灵性的危机。但是，在所有这些例子中，对这些体验的了解取决于我们对如下两个层次的了解：体验源于哪个层次（通灵的、精微的、自性的、不二的）；个体在体验和诠释时处于哪个层次（原始的、魔法的、神话的、理性的、人马的，或者，更确切地说，自我和所有自我相关流的发展层次，包括道德、需求、世界观等等。如前所述，个体可以在不同的道德阶段体验和诠释超个人的高峰体验。在考察任何灵性危机的本质和疗法时，所有这些不同的层次和线都需要被考虑在内）。换句话说，整合式心理图是这种或任何其他治疗方法的最佳指南。

当不二状态和暂时性高峰体验上升为长久的现实时，随着自我开始接纳灵魂领域，此时可能产生多种病变。自我可能会在面对光明时不知所措，痛苦地迷失于爱之中，而丰厚的祝福也可能让它感到应接不暇。或者，它也可能将自我无限膨胀（在 F–2 出现问题或出现自恋 – 边缘性人格障碍时尤其如此）。它可能会造成更高领域和更低领域的分裂（尤其是灵魂和身体的分裂）。它可能会压抑和分裂灵魂自身的某些特征（形成 F–7 ～ F–8 的子人格；不是想要升华的低级冲动，而是想要沉沦的高级冲动）。它也可能会在应该不再执着于灵魂的时候，仍然和灵魂融合得难分彼此。最早的、最简单的病变就是：否认个体自身灵魂的存在。

越来越多的文献日益关注灵魂的疾病，并同时运用了传统的灵修方法和现代的心理疗法（尾注中列举了部分方法）。关于更传统的做法——它们也是任何整合式疗法所必不可少的——我在图表中列举了萨满巫师 / 瑜伽士的法门，圣人的法门，智者的法门，以及无上瑜伽行者的法门（分别关注通灵的、精微的、自性的、不二的层次），此外也可以参考尾注。[①]

在自我考古学中，灵魂此时从内在心智的深处出现了，并指明了通向更美好明天的道路。但是，就像摩西[②]那样，灵魂能够远远地眺望应许之地，但绝不能亲身进入此地。圣女大德兰或许会说，在蝴蝶（灵魂）破蛹（自我）而出之后，这只小蝴蝶必须死掉。当灵魂自身变得安静，因为疲倦而停下来休息时；当观照者放下它最后的支撑物，融入永存的根

---

① 见尾注 8.17。

② 摩西（Moses），《旧约》中的以色列先知，曾经带领以色列人摆脱埃及人的奴役。

基时；当自我的最内层被剥落，进入纯粹的空性时；当自我紧缩的最后形式在无尽的虚空中呈现出来的时候，灵性自身——永存的觉知——就会自然地处于自由状态，无得亦无失。在显露无疑的实相中，世界会继续生成，就像其常态那样。

在内在的最深处，就是最无限的超越。在永存的觉知中，你的灵魂伸展开去，接纳了整个宇宙，因而只有灵性存留下来，成为单纯的真如实相。雨水不再降落到你身上，而是落在你的心中；太阳在你心中发光，向外光照着万物，用恩典祝福着世界；超新星在你的意识中运转着；雷声从你的喜悦之心中发出来；海洋和河流仅仅是根据你灵魂的节奏而流动的血液。无限超越的光明世界呈现在你的大脑之内，无限超越的黑夜世界在你的面前垂下来　云彩在你毫无挂碍的心空中飘过，而微风拂过曾经安住着自我的寥寂空间。此时你若寻找自我，你能找到的，只有落在屋顶上的雨点声。在这个水晶般莹澈的“一味”世界中，内在和外在都变成可笑的幻影，自我和世界都变成虚幻的谎言。在最美好的深处，是最单纯的事物。这趟旅途结束了，往往正好回到它的起点。

全方位疗法

在这种自我考古学中，有几个需要强调的问题。如图表 1a 的第二列所示，这些自我发展整体波（物质自我、身体自我、人格面具、自我、人马、灵魂）都不是梯子上僵化的、不连续的梯级，而是重叠起来的自我发展流，它们在后续发展中将作为功能性的次子整体而存在，除非出现病变，例如分裂的子人格。尽管每个支点自身都是很不连续的，每个自我的功能性能力仍然在后续发展中保留了下来，图表 1a 和图 10 中画出的连续箭头都体现了这一点。（我们在后文中还会谈到这一点，揭示这些不同的“自我”在某种程度上能够重叠和共存的其他原因；可以参见第九章“自我的不同线”。）

此处的要点在于，简短地说，普通成人在治疗时会涉及肉体、性欲的 / 情绪的身体、一个或多个身体意象、一个或多个人格面具或习俗角色、一个或多个自我状态，涉及所有这些层次上的分裂（这种分裂会导致这些层次上的分裂情结和子人格），以及有待于真正形成的稚嫩灵魂和灵性。① 全方位疗法会关注身体、阴影、人格面具、自我、存在性自我、灵魂和灵性，试图让意识觉知到所有这些东西，这样，它们就有可能在指向自性和灵性——它们是整个显现世界的根基和动力——的独特回归之旅中融入到意识中去。

简而言之，全方位疗法是自我的考古学家。但是，如前所述，这是揭示未来而非过去的考古学。这种深刻的考古学会挖掘自我的内部，以便发现更高的、新生的、最近生成的事物，而不是业已被埋葬的事物。这些日益深入的外壳② 推动我们向前，而不是向后；它们是生存本能的层次，而不是死亡本能的层次；它们通向明天的新生，而不是昨天的坟墓。

[在这种面向更高潜能的发展过程中，如果已经形成的任何自我特征受到压抑或异化，那么，我们就需要在治疗中“为了自我而回归”——我们需要回到过去，回到更表面、更浅显的层次（物质自我、性欲自我、早期被扭曲的脚本等），并重新接触这些侧面，消除它们的畸变，重新将它们整合到意识发展之流中，从而重新踏上真实深刻的道路，不再受到大量噪声和强烈情绪——即便它们不是毫无价值，价值也不大——的干扰。大多数“深层心理学”（例如，弗洛伊德的心理学）其实是“表层心理学”，探测的不是自我的深度，而是自我的影子。]

---

① 见尾注 8.18。

② 参见第一章“结构和状态”一节的脚注。

但是，如果我们说更深层次的自性波是无遮蔽的，这绝不是说它们完全是既定的，像被埋藏的珠宝箱那样是完全存在的，等着我们去挖掘，而仅仅意味着这些更深层次的波都是人类的根本潜能。所有人都要去探索人人都共同拥有的深度（我们都有身体、心智、灵魂和灵性，它们不是任何人创造出来的），但是每个人在探索这种深度时，都需要创造每种波的表面特征，而这种表面特征是单单属于他的（我们如何对待身体、心智、灵魂和灵性 的确取决于我们自己）。我们必须创造我们所拥有的未来，在这条既有探索又有创造的独特之旅中，全方位疗法对我们大有益处。

深度和高度

最后，我们来强调一下“深度”、“高度”、“上升”、“下降”等比喻的含义。在本书的开头部分，我经常提到“更高”层次和波，以此来象征意识境界的上升。现在，我换成了“深度”这个词，以此来探索意识的内在性。事实上，所有这些比喻都是有用的，因为它们都强调了超越任何概念化描述的不同意识特征。但是，我再三地发现，由于有些人不喜欢“高度”和“上升”等字眼，有些人不喜欢“内在”等字眼，还有些人不喜欢“深度”等字眼，讨论完全无法进行下去。当然，我们可以接受所有这些比喻所传递的部分真理。

休斯顿·史密斯在《被遗忘的真理》(*Forgotten Truth*) 中指出，传统常常认为现实的更好层次是**更高级**的，而自我的更好层次则是**更深刻**的，因此，当你在存有巨巢中上升得越高，你就越深地进入自我之中。我在自我考古学中就运用了这种方法。这是绝对有效的方法，因为就跟所有好的比喻一样，它将我们都早已熟悉的东西运用到我们仍然感到陌生的事物之中，以便帮助我们更好地理解后者。在这种情况下，我们都知道，身体被认为存在于物质环境之中，我们也都知道，心智被认为存在于身体之中。因此，关于深度的、内在变化的这种比喻巧妙地暗示出：灵魂也被认为存在于心智之中，然而也远远超越心智，而灵性则存在于灵魂之中，并绝对超越后者，同时也超越万有、包含万有。“深度层次”或“自我外壳”（例如，吠檀多派的理论或圣女大德兰的“七宝楼台”）的比喻就是很好的比喻，因为它们有力地提醒我们：世俗对“深度”的理解是非常浅薄的。

“高度”同样是个很好的比喻。尽管休斯顿提醒我们，“高度”通常用来指现实的层次，但归根到底，现实的层次和意识的层次其实是异名同实，因而我们能够用“高度”来指意识的上升、灵魂和灵性的高度、超个人和超意识的升跃。这种比喻也立足于我们已经熟知的事物：每当我们超越某个狭隘的问题，拥有更广阔的视野时，我们就会觉得克服了那种困境。我们就会有自由感、轻松感，觉得豁然开朗、超然洒脱。从自我中心发展到民族中心，再到世界中心，再到以神为中心的过程，就是上升到更大、更广、更高的世界，具有更多的自在与接纳、超越并包含、自由和慈悲。有时候，这种上升也是具体可感的，例如，当灵量[①]的确沿着脊椎骨上升的时候。这种垂直高度的比喻也非常有用，因为在许多灵性体验中，我们感到灵性从天上降注到了我们体内（许多灵修实践都强调这个因素，包括奥罗宾多“至上之心的下降”，诺斯替派[②]“圣灵的下

---

① 灵量（kundalini energy），古代印度的瑜伽修行者认为人体里储备有能量，潜藏在脊椎骨底部的第四节，在盆骨中名叫骶骨的腔内，并将这种能量称为kundalini。

② 诺斯替派（Gnostics），又称为“灵知派”，早期基督教的重要异端，起源于公元1世纪，盛行于2—3世纪，在5世纪衰落。该教派糅合了罗马帝国地中海东部沿岸各地流行的许多神秘主义派别，宣称物质和肉体是罪恶的，只有领悟神秘的“诺斯”，才能使灵魂得救。

降”）。我们通过爱欲（Eros）上升到灵性，灵性通过“基督之爱”（Agape）降注到我们身上。这也是非常好的比喻。

但是，必须非常谨慎地确定我们采用的比喻的含义，因为在上述的几种理论中，“深度”意味着完全相反的含义。如果以深度或自我考古学来打比方，“深度”意味着更高的现实；如果以上升（ascent）来打比方，“深度”则意味着更低的现实。

在运用“上升”的比喻时，我们可以像阿萨鸠里那样谈到“高度心理学”和“深度心理学”。此时，“高度”和“深度”都是根据它们与正常理性自我的关系而予以确定的。低于自我的任何层次（原始的冲动、生命体的情绪、魔法－神话的幻想）都是“深度心理学”（其实是指低级的、原始的心理学）；而高于自我的任何层次（灵魂和灵性）都是“高度心理学”的内容。在这个比喻中，**进化**指的是意识从物质到身体，到心智，到灵魂，到灵性的上升之路，而**退化**则指的是意识在这些层次上的下降之路。regression 是指个体在进化之路上的后退，而 development 则指个体在进化之路上的前进。[①]（在“深度”的比喻中，regression 是指越来越接近表面，而 development 指越来越接近内核。这里采用的比喻虽然不同，但表达的意思是相同的。）[②]

我会继续运用所有这些比喻，其含义则依据上下文而定。（图 10 用到了深度，图 1 ~ 9 则强调高度）。事实上，所有这些比喻都是正确的。越向内探索，就越是超越，全方位的治疗专家应该引导我们到达越来越深的地方，从而也就能明白越来越高的层次。

---

① 见尾注 8.19。

② 见尾注 8.20。

整合式疗法的四个象限

注意，上述要素几乎单单聚焦于个体的内在发展（左上象限）。这些结论尽管是有效的，却需要被纳入其他象限的背景之中，即便在试图了解个体的发展和病变时也是如此。所有四个象限会彼此互动（每个象限都内含于其他象限之中），因而，了解任何象限中的病变，都需要考虑到所有四个象限。

我们已经知道，个体意识中的主观事物（左上）与有机体中的客观事物和机理（右上）——例如脑干、大脑边缘系统、大脑新皮质、脑电波模式（α、β、θ 和 δ 状态）、左右半脑同步、神经递质的层次和失调等等——密不可分。在了解个体的任何心理疾病时，所有这些右上象限的要素都需要被细心地考虑进去，也包括生物精神病学——关注药理学和心理疾病的药物治疗的科学——的局部真理（尽管我们不需要将整个意识还原成右上象限的事物）。

同样，我们需要细心地关注更大范围的文化潮流（左下象限）和社会结构（右下象限），它们与个体意识的发展是不可分割的。如果文化自身就不健康的话，它对调整和整合自我有什么用呢？它对于成为左右逢源的纳粹分子意味着什么呢？或者，在纳粹社会中，只有不太适应的人才是心智健全的吗？

所有这些东西都是关键的因素。任何象限的畸变——病变或疾病——都会在所有四个象限中产生反响，因为每个子整体都具有四个存在的侧面。因此，如果某个社会的生产方式是离心离德的，比如使劳动者失去人性，让人沦为工资奴隶，这个社会就将体现为劳动者的自信心不足（左上）和紊乱的大脑化学活动，例如，将酒精滥用当成自我药物治疗的常规方式。同样，贬低女性的文化世界观往往会削弱女性的潜能和大脑化学活动，女性肯定会服用百忧解[①]。

现在，我们继续围绕着四个象限来讨论。某个象限受到重创，四个象限往往都会出血。这样，我们很快就能意识到：个体的"病变"只是巨大冰山的一角，这座冰山包括：自我的阶段、文化世界观、社会结构和灵性的深度。[②]个体的治疗绝不是无关紧要的，但是，就很多方面而言，它仅仅是病态（尚未整合的）世界的片鳞只甲。正是出于这个原因，真正的整合式治疗不仅仅是个体的，也是文化的、社会的、灵性的、政治的。

因而，用最简单的话说，在任何给定的情况下，只要实际可行，整合式疗法就试图关注尽可能多的侧面。迈克·墨菲（Mike Murphy）的《身体的未来》（*Future of the Body*）是对整合式视野的出色概述，托尼·施瓦茨[③]的《事关紧要：寻找美国本土的智慧》（*What Really Matters: Searching for Wisdom in America*）也是如此。我在《灵性之眼》（*The Eye of Spirit*）中也勾勒出了整合式方法的特点。我强烈推荐墨菲与伦纳德合著的《赐予我们的人生》（*The Life We Are Given*），这本书是关于整合式实践的实用指南。

但是，每个人都能够总结出自己的整合式实践，要点在于同时锻炼人类身心所有重要的能力和方面——身体的、情绪的、心理的、社交的、文化的、灵性的。在《一味》（*One Taste*）中，我概括了本人对这种整合式（"全层次、全象限"）治疗的建议。下面列举部分例子，围绕每个象限提供具有代表性的实践方法。

---

① 百忧解（Prozac），口服抗抑郁药。

② 见尾注 8.21。

③ 托尼·施瓦茨（Tony Schwartz），曾任《纽约时报》记者，现为精力管理专家、能量项目公司总裁兼 CEO。著有《全力以赴：高效能人士的精力管理手册》等书。

右上象限（个体的、客观的、行为的）

身体的

饮食：阿特金斯减肥法[1]、伊迪斯饮食法[2]、欧尼斯饮食法[3]、维生素、激素

组织结构：举重、有氧健身运动、远足、罗尔夫按摩治疗[4]等

神经病学的

药物学的：必要时进行各种药物/药材治疗

脑电波诱导器/思考机器：有助于激发意识的 θ 和 δ 状态

左上象限（个体的、主观的、动机的）

情绪的

---

① 阿特金斯（Atkins）减肥法，又称为阿金减肥法、低碳减肥法，是美国医生罗伯特·阿特金斯发明的饮食减肥方法，要求完全不吃碳水化合物，但可以吃高蛋白的食品，即不吃任何淀粉类、高糖分的食品，而多吃肉类、鱼。其核心是控制碳水化合物的摄入量，从而将人体从消耗碳水化合物的代谢模式转变成以消耗脂肪为主的代谢模式。

② 伊迪斯（Eades）饮食法，《蛋白质能量》的作者伊迪斯介绍的饮食方法，认为富含蛋白质的食物可以减少糖类的摄入，提供大量的氨基酸，有助于增强体质、补充精力、减肥。

③ 欧尼斯（Ornish）饮食法，德安·欧尼斯博士介绍的饮食法，主张少食多餐，多吃高纤维、低脂肪、低热量的食物。

④ 罗尔夫（Rolfing）按摩治疗，艾达·P. 罗尔夫博士提倡的治疗过程，通过对深层组织、软组织和结缔组织的按摩，更好地将人体的线条和主要构成部分（头部、颈部、肩部、胸、骨盆、腿部以及脚部）以重垂线为标准整合起来。

呼吸：太极拳、瑜伽、生物能疗法①、普拉那②或感受－能量的循环、气功

性：密宗的性体验、超越自我的全身心性行为

心理的

心理治疗：催眠疗法、认知疗法、透视阴影

幻想：接受自觉的人生哲学、观想、自我肯定

灵性的

通灵的（萨满巫师／瑜伽士）：萨满教、自然神秘主义、原始的密宗

精微的（圣人）：神性神秘主义、本尊③、冥修祈祷、高级密宗

自性的（智者）：毗婆舍那④、自我探索、直观（bare attention）、归心祈祷、无相神秘主义

不二的（无上瑜伽行者）：大圆满（Dzogchen）、大手印（Mahamudra）、希瓦⑤、禅、埃克哈特⑥、不二神秘主义等等

---

① 生物能疗法（bioenergetics），一种交替心理治疗法体系，认为消解肉体的紧张疲劳状态有助于治愈感情创伤。

② 普拉那（prana），印度哲学和医学中的重要概念，原义为生命、呼吸之气，后指遍布于阳光、空气、水、食物等事物中的生命之气，近似于中国哲学中的元气。

③ 本尊（Yidam），密宗术语，是在曼荼罗坛城或唐卡的佛陀、菩萨或明王像，密宗修行者以它为禅修对象，通常每个修行者终生只会选择某一位本尊来作为修持对象。

④ 毗婆舍那（vipassana），小乘佛教的禅修法门，又名内观。

⑤ 希瓦（Shaivism），指克什米尔希瓦宗，是印度教的分支，信仰的主名叫“普拉玛·希瓦”，即原本清净的超越意识。

⑥ 迈斯特·埃克哈特（Meister Eckhart，1260—1328），德国哲学家、神学家及神秘主义者。

右下象限（社会的、客体间的）

系统：在各个层次上对盖亚（地球）、自然、生物圈和地缘政治结构履行责任

制度的：对家庭、城镇、国家、民族和世界履行教育的、政治的、公民的责任

左下象限（文化的、主体间的）

关系：与家庭、朋友及有情众生的关系。在成长中建立关系，去自我中心化①

社区服务：志愿工作，无家可归者的收容所，救济院，等等

道德：构建美好的主体间世界，对有情众生实践慈悲之道

整合式实践的总体观念非常清楚：在自我、文化和自然中锻炼身体、心智、灵魂和灵性（也就是说，尽力锻炼“我”、“我们”和“它”领域的所有方面）。从每个类别（或实际可行的、尽可能多的类别）中挑选一个基本练习方法，然后加以练习。练习的类别越多，就越有效。（因为它们作为你生命的不同侧面，彼此之间是密不可分的。）要勤奋地练习，并协调你的整体努力，以便展现出身心的各种潜能，直到最后，身心自身在空性中呈现出来，整个修行就如同前尘幻影，无修亦无得。

---

① 见尾注 8.22。

第九章

若干重要的发展流

我们已经简要地谈论过基本层次或波，自我会引导这些波，并在这个过程中遇到某些问题。现在我们转而关注发展线或流。

当然，整合所有这些不同的流是自我的任务，我们也已经讨论过自我的大体状况及其总体发展。现在，我们只讨论其中某些比较重要的线，自我在总体发展中必须平衡这些线。① 每条发展流——从道德到审美，到人际交往，到认知——都代表着人生长河中的某个重要侧面，因而，整合这些流就是让自我在宇宙中感到自在自如。所有这些发展线都可以被纳入个人的心理图中（图 2 与图 3），这张图其实就能让个体在宇宙中感到自在自如。每条流越是深入，就越能包含更多的宇宙，直到包纳万事万物，从而获得自主，进入整个显现世界的根基和实相之中。

道德

在图表 1a 和 5c 中，“道德范畴”指道德发展流，在我的体系中，它不仅包括道德判断（科尔伯格）和道德关注（吉利根）的原则（或者人

---

① 见尾注 9.1。

们如何作出道德抉择），也包括初始抉择中所包含的道德范畴，或者认为人生应该去做什么事情。就像大多数流那样，道德发展流会依次经历自我中心阶段、民族中心阶段、世界中心阶段和以神为中心的阶段（更确切地说是灵性中心阶段，以免和神话有神论的超个人领域混淆起来）。每个阶段都具有越来越广阔的道德深度，自身包含着更广阔的道德范畴（从“我”到“我们”，到“所有人”，到“有情众生”）。[①]

在自我认同和自我道德中，意识的惊人发展体现得最明显不过了，如果我们聚焦于平地，将心理学仅仅描述为右侧象限——这里只有有机体（右上象限），以及它与环境的交互作用（右下象限），大脑通过突现的连结系统（emergent connectionist system）来处理信息，并在自组织的自创生机制和生态系统的推动下，作出那些更可能让大脑及其遗传物质及时向前发展的反应——的现象，我们基本上就无法理解这种发展。

它们都是对的，但都忽略了下述内在的事实：你所说的“自己”究竟是怎么回事？你认为你的这个自己是什么？因为这种自我认同从自我中心扩展到民族中心，再到世界中心，最后到灵性中心，你事实上会觉得自己与每个越来越广阔的世界融合起来，而“有机体－环境”体系无法认识到每个这样的世界，它们只能根据外在的定量实体（而非内在的定性变化）来辨认身份。

这种越来越广阔的自我认同直接反映在道德意识之中（主观的认同反映在主体间道德之中，不仅在有机体和环境中，也在自我和文化中）。因为你认同谁，你自己就是怎样的。如果你仅仅认同自己，你就会以自恋的态度去对待他人。如果你认同朋友和家人，你就会以关爱之心和他们相处。如果你认同自己的民族，你就会将自己的同胞视为爱国者。如果你认同整个人类，你就会尽力公正而慈爱地对待所有人，而不管他们

---

① 见尾注 9.2。

的种族、肤色、性别和信条。如果你的自我认同扩展到整个宇宙，你就会以尊重和慈爱之心来对待有情众生，因为它们都是光芒四射的“自性”的完美化身，这个“自性”也正是你的自我。在直接证悟到最高自我认同（Supreme Identity）以后，这会发生在你的身上，这恰恰是因为自我认同能够跨越意识的全部范畴，从物质到身体，到心智，到灵魂，到灵性，每次扩展都会带来更广阔的道德意识，直到你深情而宁静地接纳万事万物为止。

在这整个过程之中，自私基因存在于什么地方呢？只有专注于右上象限之时，我们才会相信如此狭隘的人性观念。因为任何领域的真理始终都有益于人（智慧会给予人们多种多样的奖赏），我们很容易就能找到若干方法，来将这些奖赏化为性交易（它们有时的确如此），从而很容易就能谎称：所有这些更高的真理只是性交的巧妙做法。

当那种新达尔文游戏的有限价值变得非常明显之时，人们很容易就会将自然选择的整个概念转换成“文化基因”的概念（它们在本质上是每个象限——意图的、行为的、社会的、文化的——的子整体），并将自然选择理论运用到任何没有跟随时光流逝的事物中去，例如：文化特征、社会风俗、服装款式、哲学观点、音乐风格，等等。所有这些东西或许都是真实的，但人们继续忽略了核心而关键的问题，这个问题不是子整体或文化基因在出现以后如何继续存在下来（它们会被各种各样的进化压力所淘汰或保留），而是：新的文化基因最初来源于何处？就算那些成功的文化基因在产生以后被继续保留下来了，但它们究竟是为何并如何产生的呢？

换句话说，不管我们如何称呼**创造力**，它都被融入了宇宙的结构之中。这种创造力——它有多个别名，其中有个名字叫爱欲——推动越来越高级、越来越广阔的子整体出现于世，这种动力在内在领域中呈现为自我认同（和道德与意识）的扩展，从物质扩展到身体，到心智，到灵魂，到灵性。我们不是通过观察物质有机体及其环境来寻找这种进化顺序的证据，而是通过深入研究主体及主体间领域。但是，人类已经非常仔细地这样研究了至少数千年，其总体结果列举在图表 1 和图表 2 中。

如前文所述，在平地中，客观实体和系统的右侧世界被认为是唯一“真实”的世界，因而所有的主观价值都被认为是纯粹个人的、特殊的或基于情绪的偏好，在现实中没有立足之地。但是，如果我们拒绝平地的局限性，我们就能显而易见地发现：主体与主体间领域仅仅是宇宙中每个层次的子整体的内在维度。主体性是整个宇宙的内在特征。在主观领域，当然存在着个人偏好，但是，这些领域自身以及它们的整体发展波，都像 DNA 那样真实，甚至更加重要。道德认同的扩展仅仅是这些复杂的意识发展波更明显的展现形式。

动机：食物层次

“食物层次”（图表 1b）指的是需求、内驱力或基本动机（它们可能是有意识的，也可能是无意识的）的层次。我在《来自伊甸园》（*Up from Eden*）和《普世的神》中指出，需求起因于下述事实：（每个层次和线的）每种结构通常都与世界上具有相同组织层次的其他结构存在着关系交换（relational exchange）。这就产生了食物子整体序：身体的食物、情绪的食物、心理的食物、灵魂的食物。①

身体需求体现为我们的身体与物质宇宙的关系和交流：食物、水、住所等等。情感需求体现为我们与其他有情众生的关系，存在于情感温暖、两性亲密关系和彼此关爱之中。心理需求体现为我们与其他具有思维的生物的交流：在语言交流的每个行为中，我们都与他人交流了成套的符号

---

① 见尾注 9.3。

（那些发誓独身和禁言的僧侣们说，缺乏交流比缺乏性爱要痛苦得多：它是真实的需求和驱力，以关系交换为基础）。灵性需求体现为我们需要接触到万物的源头和根基，这个源头和根基赐予了赏罚、意义，并让每个独立的自我获得解脱。（这些需求得不到满足的话，就会以这种或那种方式被描述为地狱。）

在《来自伊甸园》中，我详尽地探讨了这些需求和动机层次（列出了 8 种常见的动机层次，而不是这里列举的 4 种简化层次），并将它们与类似的概念关联起来，比如马斯洛的概念，此外，我也举出例子，说明了压抑和压制会如何扭曲**关系交换**，导致病变（身体的疾病、情绪的疾病、心理的疾病、灵性的疾病；我们在第八章探讨的全部疾病都不仅意味着自我受到破坏，也意味着与他人的关系交换受到破坏）。尽管我们也许能觉知到许多不同的需求类别和层次，但所有真正的需求都体现为相互关系，这种相互关系对（任何层次的）任何子整体的生命都是必不可少的。

世界观

“世界观”（图表 1b）指世界是如何看待存有巨巢中的每个基本波的。当你仅仅具有感觉、知觉和冲动之时，世界就是原始的。如果你在此之外具有运用意象和符号的能力，世界就是魔法的。如果你在此之外又具有运用概念和规则/角色思维的能力，世界就变成神话的了。如果你形成了形式反思能力，就能看见理性的世界。如果你具备统观逻辑，就会感受到存在主义的世界。如果你能感受到精微层次的事物，世界就会充满神性。如果能感受到自性层次的事物，自我就会充满神性。如果你能感受到不二层次的事物，就会证悟到，世界和自我是同一个灵性。

但是，世界观并不是以任何既定的、固定不变的方式呈现出来的，而会在具体文化中呈现出来，并具有特定的（通常也是局部性的）表层特征。[①] 通常来说，“世界观”指左下象限，或所有的主体间实践、语言符号、语义结构、语境和普遍涵义，它们都是通过共同观念和集体价值观——简而言之就是“文化”——所产生的。这个文化维度（左下象限）与社会维度（右下象限）截然不同，但又不能分离开来，后者涉及集体生活外在的、具体的、物质的、制度化的形式，包括：技术－经济生产方式、集体的社会实践、建筑结构、社会体系、口头或书面的交流媒介（印刷品、电视、互联网）、地缘政治结构、家庭制度，等等。

由于每个个体的主观意识都是在文化或主体间结构所创造的环境中产生的，因此，世界观显得尤为重要。例如，处于科尔伯格的第二道德阶段（道德是主体间结构的一部分）的个体在面对个人的伦理困境时，其全部想法基本上取决于这个道德阶段的深层特征。他的心中不会有第五道德阶段的想法。他无法“自由”思考问题。他的主观想法形成于其文化世界观（包括其自我的道德阶段）的主体间结构所创造并支配的空间之中。如前所述，即便这个人具有超个人领域的高峰体验，他自身具有的主体间结构将在很大程度上诠释并支持他的这种体验。（没有意识到主观体验产生于主体间结构所形成的空间之内，严重地妨碍了各种各样的灵性和超个人心理学，尤其是那些单单关注意识变异或非正常状态的心理学。）[②] 当然，从某种程度上来说，个体能够超越自身所属的特定文化的某些方面，如果发生这种现象，他们就会设法与别人分享这些新见解，从而创造新的文化。此处的要点在于：主体性和主体间性——事实上是所有四个象限——是互相生成和互相依赖的。

---

① 见尾注 9.4。

② 见尾注 9.5。

情感

“情感”（图表 1b）指情感（或广义的“情绪”和“感受”）发展线。在长青哲学中，“情绪”这个字眼具有两种迥然不同的含义，我在此处同时包含了这两种含义。第一种含义是指意识的某个特定层次：气所成身[①]，或情绪－性能量的层次－外壳（在图表中，就是“冲动 / 情绪”这个基本层次）。第二种含义则是整个意识范畴中的每个（和全部）基本层次的活跃**情调**（feeling tone）。它们都被列在图表 1b 的“情感”栏中。人们经常指责我将“情绪”和“感受”局限于第一种含义而忽略了第二种，这显然是不对的。例如，在《阿特曼计划》（*The Atman Project*）中，我为意识总体范畴中的每种基本结构列出了“情感基调”。意识自身更多是“情感－意识”，而不是“思考－意识”，而在整个巨巢中，也有很多情感－意识（或经验生动性）的层次。

（人本主义 / 超个人心理学圈子中有个真正的问题，那就是：许多人将后习俗意识的热情和心胸开阔，与纯粹主观的、感官身体的感受混淆起来，从此陷入前 / 后错误之中，因而仅仅建议通过身体工作[②]来促使情绪扩展到更高层次，但此时其实也需要后形式认知能力的发展，而不仅仅是专注于前形式认知。毋庸置疑，身体工作在成长和治疗中具有重要而根本的作用，但是，将前形式的感觉虚夸成后形式的爱，会给人类潜

---

① 气所成身（prana-maya-kosha），印度瑜伽传统的概念，认为人的身体由五层躯壳做成，从低到高依次是：食物所成身、气所成身、意所成身、识所成身、大梵福佑的身。

② 身体工作（bodywork），医学疗法，强调广泛的身心探索，包含的范围很广：按摩治疗、呼吸治疗、舞蹈治疗、情绪治疗、声音治疗，等等。

能运动[1]带来永无止境的问题。

性别

性别的发展首先有其生理学源头（它们是生物学的既定事实，而不是文化的建构物），然后经过习俗构建（它们主要是文化建构物），发展成超性别取向（这基本上是超分别的、超习俗的）。在这个过程中，人们形成了“性别认同”（图表 1b）。研究继续证实，基本波和大多数自我相关流（道德、需求、角色采择）的深层特征都与性别无关（也就是说，它们在男人和女人身上基本是相同的）。然而，男人和女人能够以“不同的态度”（这通常可以总结为：尽管男人和女人都具有协调能动性和合群性，但男人往往在转变时更重视前者，女人则更重视后者）超越这些相同的结构和阶段。

在《灵性之眼》中，我认为，我们需要用“全层次、全象限”的方法来看待女权主义和性别研究，或者说需要“整合的女权主义”。不幸的是，许多女权主义者都抵制整合式方法，因为他们往往只承认某一个象限（通常是左下象限，或性别的文化建构），却否认其他象限（例如生物学因素，因为他们怀疑这是经过改头换面的“生理决定命运”观点，当然，如果右上象限是唯一存在的象限，的确会如此。但是，生物学因素深受文化价值观、社会习俗和个人意图的影响，因此，承认某些生物学因素并不就是男性至上主义者，而是比较切实的做法）。这种狭隘的关注视野

---

① 人类潜能运动（human potential movement），某种心理治疗主张，由美国心理学家墨菲、莫雷诺、马斯洛、罗杰斯等于 20 世纪六七十年代掀起。该运动相信人类具有尚未得到充分开发的潜在能力，主张在心理治疗中采取积极的做法，开发这种潜能。

是不妥当的，不应该阻碍其他人迈向更整合的女权主义，事实上，许多人就在这样做，例如：乔伊斯·尼尔森（Joyce Nielsen）、凯撒·普哈卡（Kaisa Puhakka）和伊丽莎白·德堡（Elizabeth Debold）。

审美

“艺术”（图表 8）指审美体验的层次，在这里，我们可以看到某种适用于大多数发展形式的极为重要的现象，亦即：你可以同时基于产生某种特定活动（如艺术）的层次和该活动的目标层次——或者说，创作艺术品时的自我层次和艺术品所表现的层次——来分析这种活动。（就像任何意识模式那样，你可以分析意识主体的层次，即自我的层次，也可以分析意识的客体现实的层次，好几条尾注都谈到了这一点）。例如，在心理层次创作的艺术品能够将物质、心理和灵性领域中的事物当成其客体，在不同情况下，你会创作出完全不同的艺术品。因而，最后的艺术品就是创作者的结构和它所体现的结构（也就是说，创作者本身的自我层次和艺术品所表现的客观层次）的共同产物。这就产生了数量庞大的不同类型的艺术，我在图表 8 中仅仅列举了少数代表性例子。[①]

为了理解这种双重分析的涵义，请注意：最早的史前艺术家（例如，旧石器时代的石洞壁画家）尽管可能更加熟悉自然和感觉运动领域，但他们绝不会按照现代人的方式来描绘自然。旧石器艺术家没有运用透视画法，现代人也丝毫不会认为他们的艺术品是经验的或准确的（人物彼此重叠，没考虑到空间的距离感，也没有视觉深度，等等）。可能的解释就是：他们是根据魔法层次的心理结构来描绘感觉运动领域的，缺乏空间透视的能力。同样，在神话时代，人们也绝没有用透视画法来描绘自然，

---

① 见尾注 9.6。

而是始终将自然视为神话－写实的背景中的产物。只有当现代性兴起（始于文艺复兴），人们普遍运用透视理性（perspectival-reason）之后，透视画法才为人所知，并运用到绘画作品中去。我们或许可以说，只有当意识与自然保持某种距离以后，它才能更真实地描绘自然。

同样，只有在浪漫主义的（反）现代回应中，情感才成为了表现艺术的客体。只有在心灵和身体被普遍地分化开来以后，身体领域才能被心灵清晰地观察并描述出来。（当现代性分化走得太远，演变成分裂之时，痛苦的病变才可能成为存在主义的表现派艺术主题。）

同样的双重分析（艺术创作者的主体层次和艺术品所体现的层次）可以运用到认识模式中（事实上包括所有的意识模式）。例如，理性可以将感觉运动领域（产生经验知识）、心理领域自身（产生现象学和诠释学）或灵性领域（产生神学、曼荼罗[①]理性等等）作为其客体。认识到这一点是很重要的，因为在现代性中，某些很高的层次（例如理性）将注意力仅仅局限于某些极低的层次（例如物质），从而让现代性似乎就是个逆向过程，但它仅仅是半个逆向过程而已：更高层次的主体将其注意力仅仅局限于更低层次的客体——更深刻的自我与更肤浅的世界（这既是现代性的福音，也是其灾难）。

审美线是极其重要的发展流，因为它属于很突出的主体发展流（这不是说它是“不真实的”或纯粹个人化的，而是说它就像主观的本体论那样真实）。我们在众多思想家中发现，鲍德温和哈马贝斯意识到，必须至少按照 3 种不能简化的模式来描述发展，这 3 种模式就是：审美的、道德的、科学的（亦即“三巨头”）。[②]我在《灵性之眼》中指出，所有不同

---

① 曼荼罗（mandala）原本是佛教中的古老图像，在荣格的研究中，它是圆满和自我整合的符号。

② 见尾注 9.7。

发展流在本质上都是三巨头的变化形式。有些发展线强调主观要素（例如，自我认同、情感、需求、审美）；有些强调主体间要素（世界观、语言学、伦理学）；有些则强调客观要素（对外在世界的认知、科学认知、皮亚杰认知线，等等）。它们最终都不能彼此分离开来，但是，每条发展流往往都指向某个特定的象限（例如，审美指向主观象限，道德指向主体间象限，认知指向客体象限）。通过强调发展所有四个象限的意义，我们就能努力形成真正的整合模型。所有四个象限的子整体都在不断发展，这个全面的模式将会尽力重视所有这些发展流。

认知线的不同类型

注意，在图表 3b（“认知发展”）中，我列出了“认知线大全”。当我们从笼统的单轴模式发展成整合的状态、波和流模式时，我们就可能将认知发展概念化。[1] 如图表所示，我们能够描绘出来的，不是某条认知发展的均匀线（uniform line），不是像许多砖块那样，每个阶段堆放在其前续阶段的上面，而是若干相对独立的认知发展线，每条线都和其他线并行发展，就像大厦的圆柱。首先，根据意识的自然状态的事实——也就是说，个体几乎在每个发展阶段都无疑具有并能实现粗重 / 清醒、精微 / 做梦和深度睡眠 / 自性状态——我们就能合理地作出假定：这些状态 / 领域也许具有自身的发展线。这意味着，在个体的整个人生中，当不同类型的认知发展（粗重、精微、自性）呈现出来的时候，我们可以描述它们。但它们不是逐个相续出现的，而是同时发展的，至少在某些方面是这样。下面列出部分例子。

粗重认知的主要特征是：它将感觉运动领域当成它的客体。这条认知

---

① 见尾注 9.8。

线从感觉运动开始，发展成具体运思，然后在形式运思认知阶段达到顶点并开始变弱。它通常会在形式运思阶段——尤其是后形式运思阶段——开始减弱，因为这两者都越来越将观念世界作为其客体，因而越来越转入精微认知状态。我们或许可以说，粗重（或者更严谨地说，粗重－反思）认知线从感觉运动发展到前运思，到具体运思，到形式运思，然后在统观－逻辑阶段变弱。这条认知线就像大多数线那样，会相续经历前习俗、习俗和后习俗阶段，但它不容易继续向前发展，进入后形式和后－后习俗波中，这仅仅是因为：尽管感觉运动世界在更高阶段中绝没有被遗弃，但却不再是意识的主要客体。

精微认知的主要特征是：它将观念世界——或者整个心理与精微领域——作为其客体。这条发展线也始于婴儿期（可能还包括胎儿期，据说还是大多数中阴①、有梦睡眠和有余依三摩地②状态的主要认知模式）。这条精微认知线涉及所有如下知觉（西方的认知心理学始终不重视这些知觉的研究工作）：首先是想象、妄想、白日梦、创造性幻想的状态；睡前状态；以太状态③；幻象中的启示；催眠状态；超验觉悟，以及十几种有余依三摩地（或有相禅定）。它们具有的共同点（甚至在婴儿期和童年期也不例外）是：被它们视为客体的，不是感觉运动中的物质世界，而是意象、念头、幻想、梦境之类的内在世界。④

我们常常会认为，精微认知流具有和大多数流相同的基本波：前习

---

① 中阴（bardo），藏传佛教中的概念，指死亡和重生之间的存在状态，其长短因人的生平作为、死亡方式或年龄而有所不同。

② 有余依三摩地（savikalpa samadhi），禅定的境界。三摩地共分为两种，有余依三摩地和无余依三摩地，前者指修行者能见证到心灵的各种境界，它们不断显现和消失，修行者能感知到外界事物，但丝毫不受干扰。

③ 以太状态（etheric state），含义不确定，疑似灵魂出窍或神游太虚的状态。

④ 见尾注 9.9。

俗的、习俗的、后习俗的、后 – 后习俗的（或自我中心的、群体中心的、世界中心的、灵性中心的），但这里要强调的是：这条发展线最终能够回溯到婴儿期，而不是在更高的成人阶段突然冒出来的。

［在图表 3b 中，我表明了精微认知对于形式运思阶段及更高阶段的重要性，但这种表达方法完全是主观的。事实上，我猜想我们有可能发现：认知发展呈现出 U 形发展的特征，在童年早期更明显，然后随着具体形式和形式运思的出现暂时减弱，然后，在后形式阶段直到自性阶段为止再次变得很显著。与此同时，我们对这些暗示不要过分浪漫化，因为童年具有的精微认知不管有多么生动，富于想象力，仍主要是前习俗的、自我中心的认知（见第十一章）。然而，将它视为发展线的意义在于：童年的精微认知因而能够获得认可和重视，这也可能对后形式阶段有好处。］

自性认知的主要特征在于：它是专注（和观照能力）的根基。这条线也可以追溯到童年早期，不过，它在后形式阶段会变得越来越突出。（鉴于某些重要的原因，不应该将婴幼儿早期时与外界融合的状态，与更高的觉醒状态或实相混淆起来。可参见尾注）。[①] 但如果这条线获得认可和重视的话，它也可以从童年最初形成以来就得到强化，并可能会给当时和此后的人生带来很大的益处。[②]

不同的自我线

我们可以将同样的模式运用到自我及其发展上来，表明这三个重要领域（粗重、精微和自性）是三条不同的自我线——我通常称为自我（ego）、灵魂和自性（Self），或者**前额的（frontal）、深度通灵的、觉照**

---

① 见尾注 9.10。

② 见尾注 9.11。

者——的发源地。[①] 就像认知线那样，我们可以将这三种自我模式视为相对独立的发展线，因为它们不是依次相续发展的，而是彼此并行发展的。图表 4b 中的第 2 列和图 11 表明了这种关系。

当然，大多数线都能够（而且确实在）彼此独立地发展，各种流通常会按照各自的节奏通过那些主要波，正是出于这个原因，总体发现绝不是线性的顺序。本节会继续探讨这个话题，但会更加激进，因为就像我对认知线的看法那样，我认为：被传统视为单个流的事物（在这个例子中，就是"自我"），事实上可以是好几条不同的流，每条都相对独立地发展。

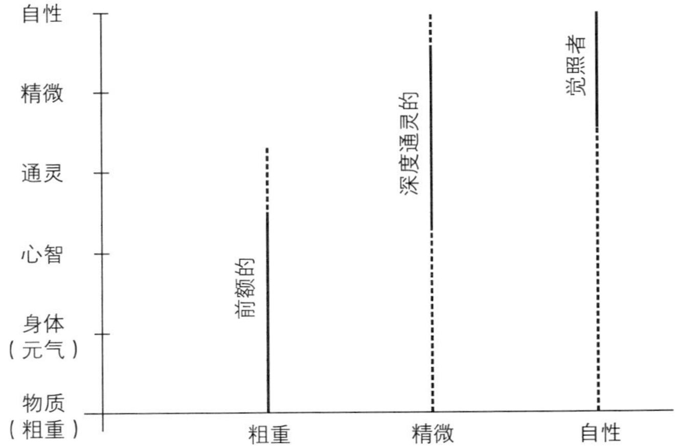

图 11　前额的（或自我）、深度通灵的（或灵魂）和觉照者（或自性）的发展

我们已经知道，自我流的主要阶段——身体自我、人格面具、自我、人马自我——取决于这个整体流以前的阶段所发展出来的能力。但这些自我产生以后，它们会重叠起来；但是，大量研究有力地证实了：它们通常是层级式产生的（如图表 1a 的第二列和图 10 所示）。

---

① 见尾注 9.12。

这一说法仍然是对的。现在，我们不是要推翻它，而是要对它作些补充：从某种程度上而言，粗重、精微和自性领域能够彼此相对独立地发展；因而，在某种程度上，自我、灵魂和自性也能并行发展。研究者们长期探索的连续自我发展理论仍然是正确的，但是，他们现在研究的是前额自我（从身体自我到自我，到人马自我），而不是灵魂或灵性，而灵魂或灵性在某种程度上也能和它们并行发展，具有自己的子整体序和嵌套结构，但它们在前额自我中并不明显。[①]

自我（或**前额的**）面对的是粗重世界；灵魂（或**深度通灵的**）面对的是精微世界；自性（或**觉照者**）面对的是自性世界。前额自我包括所有将意识导向粗重世界的自我阶段（物质自我、身体自我、人格面具、自我和人马自我，可以统称为“自我”）。前额自我依赖于粗重认知线（从感觉运动到前运思，到具体运思，到形式运思），因而前额自我是引导和整合粗重世界意识的自我流。

在这些发展之外，灵魂（通灵的/精微自我）可以具有自己的发展轨迹，呈现出自己的子整体序特征。灵魂（或深度通灵）线包括所有**将意识导向精微世界许多侧面**的自我流。灵魂是依赖于精微认知线（包括前文所说的想象、妄想、白日梦、创造性幻想、睡前状态、以太状态、幻象中的启示、催眠状态、超验觉悟和多种有余依三摩地）的自我[②]，因而灵魂是引导和整合精微世界意识的自我流。在图表4b中，我指明，精微认知有时似乎会经历U形发展：在发展早期出现［如“祥云”（见后文注），然后随着前额自我的发展而逐渐减弱，直到后形式阶段再次出现。（由于大多数理论家都置疑这种U形发展，我在图11中略去了，但会在第十一章探讨这个话题。）］

---

① 见尾注9.13。

② 见尾注9.14。

在这两种常见领域的发展之外，自性（或觉照者）也具有自己的发展流。[①]觉照者是依赖于自性认知线（面对粗重和精微世界的变化，保持专注、超然观照和从容的能力）的自我，因为它会引导和整合自性世界中的意识。同样重要的是，这个自性会全面整合所有其他的自我、波和流。正是这个自性的光明会穿过任何阶段和领域中的近端自我，从而推动爱欲在每个发展过程中不断超越并包含。正是这个至高无上的自性阻止了三个世界——粗重、精微和自性——从起初就变得四分五裂。因为，即便这三个世界能够呈现出相对独立的发展，它们仍然能够被耀眼的自性联系起来、协调起来。这个自性就是能够毫无偏私地映照并接纳整个显现世界的清净空性。

尽管在更高的发展阶段，意识的重心越来越从自我转移到灵魂，到自性，然而，当灵性在粗重、精微和自性世界中闪耀出光芒的时候，所有这些发展阶段都是它必不可少的重要载体。因此，在整个发展过程中，所有这三个领域都能够（而且通常也会）同时存在，而最高的发展仅仅是将它们完美地整合起来，同等重视灵性的每个声音，让它们成为灵性在世界上的大合唱。

整合心理学

因此，对整合心理学最简要的概括就是：它涉及波、流、状态、自我、灵魂和灵性。

整合式疗法意味着多种含义。首先，尽管总体发展仍然表明，形态形成场明确无疑地在向更深领域移动（从自我到灵魂，到灵性），当灵魂和灵性越来越多地呈现出来时——并不是在自我之后出现，而是在自我

---

① 见尾注 9.15。

内部与其同时出现——这种疗法能注意到可以采取什么方法来识别并强化灵魂和灵性。整合和超个人疗法能够同时关注前额自我、灵魂和灵性，因为它们是并行发展的，具有自身的真理、洞见和可能的疾病。协调意识的这些不同维度能够促进它们更好地向前发展。

但这并不是说：为了促进灵魂或灵性的成长，就可以绕过粗重领域（身体工作、自我的强化），因为，如果没有强有力的自我作为基础，就无法推动更高的领域成为永久的、稳定的、全面的现实。相反，更高的领域会下滑成转瞬即逝的高峰体验、短暂的洞悟，甚至分裂成灵性的不虞之灾。处于道德发展线第二道德阶段的个体也许能“全息图式地随意体验”所有的超个人领域，但却仍然不得不发展到第三、四、五道德阶段，才能开始以永久的、毫不扭曲的、后习俗的、世界中心的、全球的、菩萨的方式将这些体验化为现实。事实上，如果治疗师们不密切关注（并激发）前额自我线的发展，而仅仅激发变异状态，就会导致被治疗者无法持久地将更高和更低领域整合成全面的现实。

因此，尽管粗重、精微和自性线（和自我）能够以很多方式并行存在，然而，在持续的进化和整合式发展过程中，重心会持续地实现层级式转变，转向自我的更深层次（从自我到灵魂，到灵性），围绕着这些更深的波，意识被越来越好地组织起来。对自我的关注很少会消失不见，但往往会很快减弱，灵魂会更频繁地凸显出来。但是，灵魂随后也会逐渐变弱，变得越来越稀薄透明，而重心会越来越转向灵性。所有较低自我——其功能和能力会继续存在——都层级式地包含在更高的波上；它们会继续发挥其功能、能力，面对自身的问题，并对其疗法作出回应；但却越来越失去了向意识发号施令、声称意识为它们所独有的权力。

因而，对全面的整合式发展来说，意识的重心仍然会通过巨巢的九个支点，但却是许多声音、许多流——它们往往会重叠，并始终紧密相连——发出的不和谐之音。然而，正是因为这一点，我们不能完全忽略任何主要的意识波。对永久的、持久的、全面的发展和觉醒来说，前额自我不能被忽略，统观逻辑不能被忽略[①]，精微领域不能被忽略[②]。所有这些波和流都会流向一味之海，并穿过“爱的温柔诱导”的力量——亦即爱欲、创造中的灵性（Spirt–in–action）、移动太阳和群星的爱——所形成的巨大形态形成场。

---

① 见尾注 9.16。

② 见尾注 9.17。

第十章

灵性是否是阶段?

有个最棘手的问题，那就是：灵性自身是否必然按照阶段发展？这是个极其复杂的问题。不过，如我通常所说，解决这个问题主要取决于我们对“灵性”的定义标准。我们对灵性至少有5种截然不同的定义，其中2种涉及阶段，另外3种则不涉及。它们都是对“灵性”这个词的合理解释，但我们绝对需要指明自己所指的定义。事实上，我认为，在被我们称为“灵性”的广泛现象中，有5个非常重要的特征，在任何整合模式中，我们都有必要在某种程度上将它们包含进来。

下面是对灵性的常见定义：（1）灵性指任何发展线的最高层次；（2）灵性指各种发展线的最高层次的总和；（3）灵性自身就是一条独立的发展线；（4）灵性是你能够在任何阶段具备的态度（比如开放性或爱）；（5）灵性本质上指高峰体验，而非阶段。

1. **灵性指任何发展线的最高层次**。在这种定义中，“灵性”主要指任何发展线的超个人、超理性、后－后习俗层次，例如最高的认知能力（例如超理性直觉）、最成熟的情感（例如超个人的爱）、最高的道德理想（对有情众生的超越之爱）、最完满的自我（超个人的自性或超个体的觉照者），等等。[①]

---

① 见尾注10.1。

按照这种定义，灵性（或灵性的这个特定侧面）无疑会遵循某种阶段性的连续过程，因为根据定义，它是任何发展流的后－后习俗阶段。灵性常常被这样定义，这反映出了包括最高的能力、最高尚的动机、最美好的理想，最深切的人性，最高度进化的事物、成长的顶端、前沿在内的灵性的一些侧面，它们都指向任何线的最高层次。

2. **灵性指各种发展线的最高层次的总和**。这类似于前面的定义，但有点细微却重要的变化。这个定义强调的是，尽管单条的线都是层级式发展的，这些线的最高阶段的总和却没有经历这种形式的发展。就像“整体发展”和“整体自我”发展一样，“整体灵性发展”不是阶段性的。（假定有 10 条发展线，假定我们称这些线的后－后习俗阶段是“灵性的”。某个人可能会在第 2、第 7 条线上发展出了后－后习俗的能力，另外某个人则在第 3、第 5、第 6、第 8、第 9 条线上具有这种能力，第三个人则在第 1、第 5 条线上具有这种能力。每条线都是层级式的，但其总和显然完全不遵循任何固定的顺序。）换句话说，每个人的灵性之路都完全是独特的、与众不同的，即便某些特定的能力也许遵循着清晰可见的道路。（然而，请注意，按照这个定义，正是因为发展线本身仍然是阶段性的，我们才可以验证每条线的发展。）我认为，这个定义就像所有定义那样，指出了灵性的某些非常真实而重要的侧面，任何完满的灵性定义都需要包含这些侧面。

3. **灵性自身就是一条独立的发展线**。显然，此时的灵性发展呈现出了某种阶段性发展的特征，因为按照定义来说，发展线体现了发展的过程。[1] 我在图表 6a–c 中汇聚了东西方二十多个思想家（包括东西方大多数的冥修法门）的观点，他们都提出了可信的大量证据，表明灵性的某些侧面至少经历了连续的（或曰阶段性的）发展。在所有这些例子中，

---

① 见尾注 10.2。

灵性的这些侧面都体现出了层级式的连续发展（尽管这并没有排除退化、恶变、暂时的跳跃或任何主要状态的高峰体验）。

丹尼尔·P. 布朗（Daniel P. Brown）对跨文化的冥想发展状态做了大量的研究工作，其成果值得特别关注，属于迄今为止最严谨、最深刻的研究。他和同事杰克·英格勒（Jack Engler）发现："我们研究的主要（灵性）传统的原始文献表明，冥想体验是以阶段模式不断发展的，例如藏传佛教传统中的大手印、南传佛教传统中的《清净道论》，印度教传统中的梵文《瑜伽经》。（人们后来将它们与中国文化和基督教的源头进行比较。）这些模式具有很大的相似性，这表明：尽管存在着巨大的文化、语言和实践方式的差异，这些模式都潜含着共同的、不变的阶段顺序……这些结论有力地表明，在进行深层而非表面的分析时，冥想阶段事实上具有跨文化的普遍适用性。"

《意识的转化》这本书，以及哈佛神学家约翰·奇班（John Chiban）对灵性发展阶段的深入研究［获得了东正教圣徒们的证实（见图表 6c）］，都吸收了他们的研究成果。奇班的结论是："尽管每个圣徒（通常采用独特的方式）描述了自身的体验，在比较圣徒们各自经历的阶段时，我们看到了某种基本的相似性。这种相似性证实了其体验的普遍性……"意识基本波的这种普遍性（或普遍适用性）同样体现在众多的跨文化源头中。无论是关注圣女大德兰、穆胡伊丁·伊本·阿拉比[①]、益西措嘉、圣狄奥尼索斯[②]、帕坦伽利[③]、

---

① 穆胡伊丁·伊本·阿拉比（Muhyiddin Ibn Arabi，1165—1240），著名的苏菲主义大师、著名的伊斯兰神秘主义哲学家，有"大学者"之称。其代表作包括《麦加的默示》、《格言集》。

② 基督教历史上有三位被册封为圣徒的狄奥尼索斯，此处所指不详。

③ 帕坦伽利（Patanjali），印度大圣哲，大约生活于公元前 300 年左右，《瑜伽经》的作者，被尊为"瑜伽之祖"。

哈兹拉特·伊纳亚特·汗[①]，还是大手印（它们全都罗列在图表 6a-c 中），我们都会惊奇地看到，他们的冥修阶段会经历大体相似的形态形成场或发展空间。

“无上瑜伽密”和大圆满相差无几，据说是佛陀教导的最高境界，无与伦比地洞彻了意识状态和身体能量之间的独特相互关系（图表 6b）。按照这种教义，为了驾驭心灵，个体必须同时驾驭身体的精微能量——气、普拉那，这种瑜伽就是利用每个发展阶段的这些精微能量的灵巧系统，直到成就并包括明光空性（Clear Light Emptiness）的觉悟状态。无上瑜伽密用 7 个明确的阶段概括了这个全面的意识发展过程，每个阶段出现时都伴随有非常显著的现象特征。因此，在冥修中，当禅定超越了第一个基本结构［或蕴（skandha）］时，意识中就会产生海市蜃楼般的幻象。当所有五个粗重领域的基本结构都被超越时，就会产生精微领域的意识，呈现出“皎若秋月”的内在景象。当个体超越精微意识，进入极精微（或自性）意识时，随着“秋日夜晚的重重黑暗”，就会形成无色定，如此等等（见图表 6b）。

尽管这些内在的幻象充分展现出每种冥修系统的深层结构的相似性，这些年来，有些批评者却不断指责我，例如，说我暗示佛教的法身（与空性）和吠檀多的自性身（与无德梵）具有很大的相似性。然而，我在此处只是按照无上瑜伽密的教义举了个例子：在深度无梦睡眠（无相）中可以感受到法身，在做梦状态可以感受到报身，在清醒状态可以感受到化身。但要注意：按照吠檀多的教义，在深度无梦睡眠中可以感受到自性身，在做梦状态可以感受到精微身，在清醒状态可以感受到粗重身。因此，如果你相信个体之间的深度无梦睡眠存在着相似性，那么，你就得承认，

---

① 哈兹拉特·伊纳亚特·汗（Hazrat Inayat Kahn，1882—1927），西方苏菲教团的创建者，国际苏菲主义的倡导者。

佛教的法身与印度教的自性身之间存在着深刻的相似性。（同样，佛教的报身与印度教的精微身、化身与粗重身之间也存在着相似性）。

当然，这些佛教和印度教的概念存在着许多重要的差异，需要我们谨慎地对待。然而，与此同时，它们也显现出了重要而深刻的相似性，我们不能像多元主义者和相对主义者那样，漫不经心地忽略这些相似性。在我的全部著作中，我始终都在努力强调两者——深层特征的某些相似性，以及表面特征的重要差异。

在谈到阶段概念时，有个重要的难题，就是：大多数人——即便他们的能力阶段实际上在不断向前发展——很少能体验或感受到“阶段”这个东西。在他们自身的直接体验中，“阶段”根本就毫无意义。例如，在谈到认识发展时，你可以给某个处于前运思阶段的孩子（当你将矮脚杯中的水全部倒入高脚杯时，他们会认为高脚杯中的水更多）拍摄录像，然后，等他们成长到具体运思阶段时（此时，两个杯子中的水同样多的事实“绝对是显而易见的”），将录像带放给他们看，他们就会指责你伪造了录像带，因为没有谁会那么愚蠢，他们当然也不会。换句话说，他们刚刚经历了某个重要的发展阶段，然而，他们事实上并没有感到有任何最微小的事情在告诉他们，他们的人生中刚刚出现了非凡的里程碑。

总体来说，阶段就是这样的。只有当我们客观地观察未经反思的经历，将自己的经历与他人加以比较，并看看是否存在某些常见模式时，我们才能识别这些阶段。如果这些常见模式在许多不同的环境中都是相同的，我们就可以合理地假定：其中涉及了多个阶段。但在所有例子中，这些阶段都是亲身探索和研究的产物，而不是抽象理论研究的产物。就灵性体验而言，图表 6a–c 中所有重要的智慧传统都发现，某些非常重要的灵性能力都遵循着阶段模式，成为体验越来越精微的发展波。当你将许多人的这些体验加以比较时，就会看到发展过程中的某些相似性。换句话说，我们会发现某些阶段。

人们常常指责我的模式仅仅基于东方的冥修传统。快速浏览一下图表 6a–c 就足以消除这种误解。我在这里想特别提到伊芙琳·安德希尔[①]的研究工作。她的杰作《神秘主义》首次出版于 1911 年，至今在很多方面仍然是无与伦比的经典之作。该书阐释了西方的神秘主义和冥想传统。安德希尔将西方的神秘主义划分为三个广泛的等级式阶段（并伴随有大量的子阶段），她分别将其称为：**自然神秘主义**（接纳生命之河的横向意识扩展），**形而上神秘主义**（顶点是无色定），和**上帝神秘主义**（她将其分为黑夜和合一）。这在很多方面非常类似于我所说的自然神秘主义、神性神秘主义和无相 / 不二神秘主义。这些灵性阶段不管是出现在东方还是西方，南方还是北方，都是极其重要的，没有任何灵性诠释能完全排斥它们。

4. **灵性是你能够在任何阶段具备的态度（比如开放性或爱）**。这可能是最流行、最常见的定义。然而，要连贯地定义乃至阐释是非常困难的。我们不能简单地说，爱是必不可少的态度，因为根据大多数研究成果，爱（就像其他情感那样）往往会按照从自我中心到社会中心，再到宇宙中心的模式发展；因此，这种态度并非在所有层次上都充分存在，相反，它自身会不断发展（我们当真愿意称自我中心的爱是“灵性的”吗？）开放性或许有用，但问题又出现了：开放性能力自身在呈现出来时是充分成形的吗，或者它也会不断发展？当前习俗的个人甚至无法换位思考时，他究竟有多“开放”？“整合”——当前存在的各种线的整合和平衡程度——能够解决这个问题，但是，在我的系统中，它仅仅是自我所做事情的别名，因而不是特别“灵性的”的概念。但无论如何，我相信这是个合理的定义，但迄今为止，连贯的例子还很少见。

---

① 伊芙琳·安德希尔（Evelyn Underhill，1875—1941），英国天主教作家，和平主义者，著有《神秘主义》等书。

5. **灵性本质上指高峰体验，而非阶段**。这在很多例子中确实是对的，而高峰体验（或意识变异状态）通常并不呈现出阶段性的发展过程。它们是短暂的、转瞬即逝的。而且，状态和结构不同，通常是彼此不相容的。你不能同时既喝得醉醺醺的，又保持头脑清醒。（这完全和结构不同，后者因为超越并包含的缘故，能够彼此共存：原子和分子能够同时存在，后者包含前者。正是出于这个原因，发展和成长按照结构而非状态的方式发生，尽管状态自身很重要，能够对发展产生直接影响。）因此，如果灵性的定义指的是高峰体验，那么，它自身并不涉及阶段性的发展过程。

然而，如前文所说，我们可以更仔细地审视高峰体验，并发现它通常涉及通灵的、精微的、自性的、不二的高峰体验，并贯穿于原始的、魔法的、神话的或理性的结构之中，每个都呈现出阶段性的发展过程。而且，这种灵性定义很重要，它表明，几乎在每个发展阶段，超个人领域的短暂高峰体验都是可能的。然而，只有当这些短暂状态被转变成持久特征时，它们才会成为表明发展的结构。（我会在尾注中讨论这种转变的合理机制：自我用新的短暂体验取代旧的短暂体验，以便产生整体性的结构。）①

这就是关于灵性的 5 种最常见定义。我们由此得出的结论是：并非我们可以合理地称为“灵性”的每个事物，都体现出阶段性的发展过程。然而，我们在更细心地审视以后发现，灵性的许多侧面其实涉及一个或多个发展性的特征。这包括各种发展线和自身被视为独立发展线的灵性的更高领域。然而，高峰体验并没体现出阶段性的发展过程，尽管产生高峰体验时**个体自身所处的结构**，以及个体在高峰状态时**所体验到的领域**，都体现了发展的特征——如果高峰体验能够成为永久现实的话。

---

① 见尾注 10.3。

必须完成心理学发展，才能开始灵性发展吗?

这也几乎完全取决于我们如何定义这些术语。如果灵性指的是独立的发展线，答案就是否定的（因为它是和心理学发展同时出现的，而不是在心理学发展到顶峰以后才出现的）。如果灵性指的是高峰体验，答案也是否定的（因为它可以在任何时候发生）。但是，除此以外，答案就比较复杂了。

首先，许多理论家所说的“心理学发展”，是指发展的**个人**（personal）阶段（前习俗、习俗和后习俗），他们所说的“灵性”是指**超个人**阶段（后－后习俗）。如果按照这种定义来看待每条发展线，那么，通常必须完成心理学发展以后，灵性才能稳定地出现。（这纯粹是因为，就像许多研究所表明的，只有首先达到习俗阶段以后，才能达到后习俗阶段，以此类推。）

然而——这让许多理论家感到困惑不解——因为发展线自身能够独立发展，个体可以在这条线上处于很高的灵性阶段（超个人或后－后习俗），而在其他线上仍然处于极低的个人或心理学阶段（习俗或前习俗）。例如，人们有可能处于超个人的认知层次（也许是通过冥想实现的），但在道德发展上仍然处于个人或心理学的（习俗或前习俗）阶段。因此，按照定义，即便任何特定线上的灵性只有在心理学阶段以后才会出现，各种灵性发展却可能在各种心理学发展之前、之后或同时出现，这恰恰也是因为这些线自身是相对独立的。个体可以在这条线上处于前习俗阶段，在那条线上处于后习俗阶段，在另外三条线上则处于后－后习俗阶段，根据定义，这意味着两个心理学层次和三个灵性层次，因此，显而易见，并非必须完成全面的心理学发展，才能开始任何类型的灵性发展。

如果灵性指的是高峰体验，它们可以在任何时间或地点发生，因此也不需要以完成全面的心理学发展为前提条件。但是，当这些状态变成特征以后，它们也必须进入发展之河中，在形态形成流中流动，流经生命长河中的波浪。

灵性实践的重要性

最后，我们来谈论一个非常重要的话题。无论你最终是否认为灵性实践具有阶段，真正的灵性必须加以实践。这并不是要向许多人否定信仰是重要的、信心是重要的、宗教神话是重要的。而仅仅是补充说——就像世界上伟大的瑜伽士、圣人和智者们的例子所非常清楚地表明的——真实的灵性也要直接体验到鲜活的实相，让这种实相在个体的心灵和意识中直接地、密切地展示出来，并通过勤奋的、真诚的、持久的灵性实践加以强化。即便你将灵性理解为高峰体验，你也常常可以通过各种形式的灵性实践——例如活跃的仪式、冥想祈祷、萨满摄魂（shaman voyage）、密集禅修等等——来特意产生（或至少诱发）那些高峰体验。所有这些行为都有可能让个体直接体验到灵性，而不只是形成灵性信仰或观念。

因此，不仅要改变思想，也要勤奋地加以实践。我的建议是进行各种类型的“整合式转变实践”（见第八章的概述），任何真诚的灵性实践也都是可行的。但是，让你感到自在自如的合适导师是必不可少的。修行者在开始时可以参考托马斯·基廷、扎尔曼·沙克特－沙龙拉比、拉玛那·马哈希尊者的著作，或任何伟大灵性传承中举世公认的大师的著作。

与此同时，要提防那些仅仅改变你的信仰或观点的灵修法门。真正的灵性并不是换个不同的角度来解读世界，而是改变自己的意识。然而，许多灵性的“新范式”做法仅仅让你改变思考世界的方式：你应该用整体论方法而非分析方法来思考；你应该相信系统理论和生命巨网的世界，而不是牛顿－笛卡尔的台球模式的世界；你应该按照整体女神和盖亚（地球）的方式去思考，而非父权制的分裂方式。

所有这些看法都很重要，但它们仅仅是思考右侧象限世界的方式，而不是改变左侧象限世界的方式。大多数“新范式”方法都建议我们采取统观－逻辑（或整体思考）来消除碎片化世界的弊端。但是，正如我们再三指出的，认知发展（例如统观逻辑、网络思维）是道德发展、自我发展、灵性发展等的必要非充分条件。你可以充分形成统观逻辑，却仍然处在第一道德阶段和安全需求的层次，具有自我中心的动力和自恋倾向。你可以完全掌握系统理论，并完全熟悉新物理学，却仍然处于极低的情感、道德和灵性发展线上。

因此，仅仅了解系统理论、新物理学、盖亚（地球）或整体思维方式，并不必然有利于转变你的内在意识，因为它们都不牵涉到成长与发展的内在阶段。任何关于系统理论、新范式、新物理学之类的书籍都会教导你说：任何事物都是相互关联的生命巨网的组成部分，接受这种信仰以后，就能够治愈世界。然而，很少会有书籍讨论意识发展的内在阶段，但只有它们才能让我们直接地接纳全球意识；很少有关于前习俗、习俗、后习俗和后－后习俗阶段的论述；在大量的研究中，没有人告诉我们意识从自我中心到社会中心，到世界中心的发展过程（或者更确切地说，大约 9 个自我发展的支点）；没有人提示这些内在转变是如何发生的，没有人提示你，为了促进这些转变，你需要做些什么，从而让你和其他人真正具有世界中心的、全球的、灵性的意识。你读到的书籍仅仅只会告诉你：现代科学和母权制宗教都认为我们是生命巨网的组成部分。

生态危机——或盖亚（地球）的主要问题——并不在于污染、有毒物质排放、臭氧消耗之类。盖亚的主要问题在于：没有很多人发展到后习俗的、世界中心的、全球的意识层次，只有这样的人才会自觉地关注全球公共领域。当人们发展到了后习俗层次——不是借助于了解系统理论，而是借助于从自我中心到民族中心，再到世界中心的变化过程中经历的至少 5 ～ 6 次重大内在转变——只有到此时（而非此前），他们才会觉醒，深入而真诚地关注盖亚。面对生态危机，首要的矫正方法不是了解到——不管这有多么正确——盖亚是个生命网络，而是找到办法来促进个体内在成长的众多艰难转变，这些转变是大多数新范式方法未曾关注到的。

简而言之，系统理论和生命网络理论通常都没有转变意识，因为在微妙还原论的束缚之下，它们没有充分地关注意识发展的内在阶段，而真正的成长恰恰发生在这里。在人们刚刚踏上灵性之旅时，这些理论也许是些很好的理论——有助于指明更和谐的生活——但它们自身并不能有效地通向那种生活。简而言之，它们无法提供任何持久的内在实践，而只有通过这些实践，才能实现更高的、更完整的意识阶段。可悲的是，它们号称为人们提供了完全“整体论”的世界观，却常常阻碍人们真正踏上内在成长与发展的道路，因而妨碍了它们原本应该坚决拥护的全球意识的发展。

第十一章

有童年灵性吗？

有童年灵性吗？

按照灵性的定义 1 和 2，答案是否定的。按照定义 3、4、5，答案是肯定的。

早期阶段

定义 1（灵性指任何发展线的最高层次）和定义 2（灵性指各种发展线的最高层次的总和）几乎排除了任何类型的童年灵性，这是因为，在婴幼儿期，大多数发展线都是前习俗和习俗的。但没有排除其他类型的灵性，而仅仅是将灵性定义为超理性的、超心理的、后形式的、超意识的、后－后习俗的阶段，它们在童年并不明显。

定义 3（灵性自身就是一条独立的发展线）主张，婴幼儿无疑具有灵性……但仅仅达到了灵性的最低阶段，根据大多数定义来看，它们根本就不是非常灵性的。即便提出这种定义的理论家也认为，此时的爱是自我中心的，信仰是充满自恋的，观点是自我关注的，换位思考的能力尚未成熟或完全没有。不过，这种定义认为它们是灵性线的早期阶段，随着继续发展，它们会发展出被大多数人明确视为灵性的能力。詹姆斯·福勒的“信仰的阶段”正是这样的模型。因此，根据这种定义，我们不能得出结论，说婴儿是圣人或智者，或者始终能接触到真正的灵性现实，而应该说，他们已经踏上了通向真实灵性的漫长道路，并能通过更高的发展抵达这种灵性（在这里，又回到了定义 1 或 2，“真正的”或“真实的”灵性指发展的后 – 后习俗阶段）。

定义 4 则坚决主张，婴幼儿直接接触到了灵性现实，或至少具有这种能力，因为他们能够具有那些态度（开放性、爱、流动性，等等），因此，这完全符合定义 4 的要求。而且，大多数采用这种定义的人士认为，儿童比成人更具有这种品质（比如开放性或流动性），真正的灵性就是重新获得这种开放性。

如前所述，这种定义的问题在于很难提供可信而连贯的例子。开放性在呈现出来时是充分成形的吗？或者它也会不断发展？如果无法换位思考，那它究竟有多“开放”？如果开放性是自我中心的，那么，无论它有多么天真率直或灵活多变，这当真是我们所说的灵性吗？开心的自恋者是“灵性的”吗？

这种定义的大多数主张者似乎认为，儿童往往会更广阔地接触到存在的某个感受维度（气所成身、生命冲动①、情绪 – 以太层、第二脉轮②，等等）。这很可能是对的。而且，这个维度的特征确实可能受到心灵更高结构（自我、超我、良知）的压抑，并导致各种各样的痛苦疾病。最终，为了治愈创伤，恢复更灵活、更连贯、更富有感受力的人生观，我们需要（以压抑自我的方式）重新获得这种失去的潜能。

---

① 生命冲动（elɛn vital），法国哲学家亨利·柏格森在《创造进化论》中提出的概念。他认为生命冲动是一种心理体验，是世界万物的主宰者、创造者，是最真实的存在。世界上所有的生命体或非生命体，都产生于这股神秘的力量。

② 第二脉轮又称情感轮，是我们情感本质的中心、潜意识的活动中心。

我赞同所有这些看法。但问题是：为什么要称前习俗的感受维度是“灵性的”呢，既然研究再三表明，它在个体与他人打交道时是自我中心的？对心灵来说，了解身体的感受是极其重要的，但灵性也意味着了解**他人**的感受，大量研究持续表明：在从前运思到具体运思，到形式运思，到后形式运思的发展过程中，这种换位思考和透视主义的能力会逐步增强。

如果你认为灵性是指感觉良好，那么，童年也许就是伊甸园了；[①] 但是，如果你认为灵性也指通过换位思考来行善，并透过多个视角和多元世界观来体现你的意识，以便具有慈悲、关爱和无私的精神，那么，我们对童年的预期就要大打折扣，不管它的自我中心倾向有多么惊人的灵活多变。就童年的能力受到压抑而言，大多数时候，遗憾之处不在于它抑制了更高的、灵性的维度（例如识所成身[②]），而在于它抑制了更低但无比重要的基石（例如气所成身），后者的分裂会严重损害更高的发展。而且，自我产生的**压抑壁垒**（repression barrier）会阻止更低的前理性冲动的出现，这也会在日后的发展中阻止更高的超理性冲动的出现。对本我[③]的防御机制会抗拒上帝，这纯粹是因为：壁垒就是壁垒。但是，童年自我在本质上压抑的是前习俗的本我，而非后习俗的上帝。

变异状态和祥云（Trailing Clouds）

然而，定义 5（高峰体验）提供了可信的定义，并有适当数量的证据

---

① 见尾注 11.1。

② 见第九章“气所成身”注。

③ 本我（id），弗洛伊德心理学中的重要概念，代表个体最原始的、满足本能冲动的欲望。

表明，至少部分儿童会有某些类型的灵性体验。我相信这是真实的，并画出了这种体验的坐标方格——亦即在原始、魔法、神话、理性这 4 个人生观阶段中（大多数儿童处于魔法或神话阶段），个体在每个阶段所体验到的通灵的、精微的、自性的、不二的高峰体验。我知道，许多理论家强烈反对将这种体验称为“灵性的”，福勒等人的研究也否认这些结构具有更高的（或真实的）灵性。但我认为，只要我们谨慎地规定其明确轮廓，我们就可以称 2 为灵性的高峰体验。[①]

婴幼儿期有个特征——如果存在的话——也许当真是灵性的，那就是我所说的“身披祥云”（出自华兹华斯：“并未把前缘淡忘无余……我们身披祥云，来自上帝身边”[②]），亦即深度通灵的（或灵魂的）维度。某些证据暂时表明，这个维度从胎儿期到几岁时都存在，但会随着前额自我的发展而逐渐减弱。[③]这种“祥云”通常指所有的深度通灵（或灵魂）意识，是个体从前世带来的，因而，从某种意义上说，它在怀孕以前就存在（你可以将它解读为转世再生，或仅仅是从最初以来就存在的深层潜能）。哈兹拉特·伊纳亚特·汗或许最出色地阐释了传统观点：“通常来说，婴儿的啼哭表达了他对美好天堂的渴慕（他正是从那个天国降生到世间的——西藏人将其称为投生中阴）；婴儿脸上的微笑，是他对天堂和更高世界的回忆。”[④]

在众多的理论看来，这种深度通灵意识可能属于下述两种情况：（1）从中阴世界（介于死亡和转世之间的世界）降生的灵魂；（2）更深的基石或潜能。随着分析型自我的成长，这种基石或潜能必然会丧失和隐藏起

---

① 见尾注 11.2。

② 出自华兹华斯的《忆童年而悟不朽》，引自著名翻译家杨德豫先生的译文。

③ 见尾注 11.3。

④ 见尾注 11.4。

来，但能够在觉悟或完满的灵性证悟中重新获得。

第二种情况尽管乍听起来是合理的，然而却经不住推敲。这个基石据说就是个体在觉悟时重新获得的基石，如果是这样的话，个体为何曾经抛弃它呢？如果这个基石是重新获得的，那么，成长除了转身后退以外，还需要其他办法吗？为了发现自我，小鸡要退化成鸡蛋吗？如果这个基石和自我重新融合，以便**两者共同**构成完满的发展，这就意味着这个基石自身并不完满，而内在不完满的事物又如何能够成为完满证悟的基石呢？局部能成为整体的基石吗？这种观点——顺便说一下，我曾经信奉过它——在理论和事实论据上都是很不充分的。[①]

这样，主要的主张就只剩下第一种情况了，亦即中阴世界，即便它对传统心灵来说显得太不合情理。然而，若干的证据却具有提示性。[②]随着前额自我的发展，似乎这种深度通灵的存在状态越来越会被掩藏和遗忘掉（见图表 4b），尽管发展继续进入实际的通灵层次（F-7）时，这种深度通灵的存在状态会显现出来（从远处观察这种深度通灵状态时，通常会闪现出童年的生活）。[③]但是，不管这种深度通灵能力是怎样的，它都不是前理性婴儿意识结构的复苏，而是超理性意识结构的发现成果。

因此，我们可以说，婴幼儿似乎至少具有某些类型的灵性体验（作为其高峰体验），即便它们是前额自我结构所产生的，是前习俗和自我中心的（而不是非常灵性的）。但是，由于可能接触到了深度通灵的领域，婴幼儿也许会显示出与某种灵性维度的纽带，尽管这一纽带必然是通过前习俗和自我中心的渠道（因而不是纯粹意义上的灵性）被诠释和表达出来的。

---

① 见尾注 11.5。

② 见尾注 11.6。

③ 见尾注 11.7。

第十二章

社会文化演变

创造中的灵性

如今看来，传统构建的存有巨巢显然至少存在 4 个重大的缺陷。为了将它融入现代和后现代世界并发展出真正整合的方法，需要仔细地审视这些缺陷。[①]

如前所述，首个缺陷就是：四象限极少充分地分化开来。因而，大传统很少能了解，意识状态（左上象限）在有机体的大脑中具有对应物（右上象限），这一事实彻底改变了我们对精神药理学、精神病学和意识研究的认识。同样，传统很少认识到，个体意识（左上象限）受到了文化世界观背景（左下象限）和它所置身其中的技术 – 经济生产方式（右下象限）的深刻影响。这让巨巢理论受到了启蒙运动、现代认知科学、神经精神病学、后现代文化与历史研究的毁灭性批判，所有批判者都指出，意识不仅仅是无形而超越的本体，也深深根植于客观现实、文化背景和社会结构之中。巨巢理论家对这些指责没有作出令人信服的回应（正是因为

---

① 见尾注 12.1。

他们在这些领域存在着缺陷）。

如前所述，巨巢的每个垂直层次需要被区分成至少 4 个水平维度（意图的、行为的、文化的、社会的）。巨巢亟需现代化和后现代化：它需要承认文化背景的重要性、相对主义的表层结构和语境，以及现代科学发现之间的密切联系，敏感地对待往往被神话－农耕结构所忽略的少数派，并承认多元主义观点的重要性，等等。只有将身体、心智、灵魂和灵性区分成“三巨头”以后，才能消除异议。

第二个缺陷是：心智自身的层次需要根据其早期发展进行细分。在这里，西方心理学所做的贡献是至关重要的。简而言之，心智自身至少具有 4 个主要的发展阶段：魔法的（2 ~ 5 岁）、神话的（6 ~ 11 岁）、理性的（11 岁以后），以及整合的无透视观或统观逻辑（如果存在的话，在成年期）。正是因为没有清楚地认识到前运思魔法和神话层次的起源，传统往往将它们与后形式的通灵和精微状态混淆起来，这种前 / 后错误往往存在于大多数长青哲学之中，不仅给后者注入了真正开明的智慧，也注入了大量的迷信成分。

第三个缺陷是：由于传统的巨巢理论家鲜能了解早期的、婴儿的、前理性的个体发展阶段，他们也就无法了解这些早期阶段的并发症常常导致的心理疾病类型——精神错乱、边缘性人格障碍以及神经官能症，尤其来源于自我发展的早期支点所存在的问题。认识到早期阶段的发展特征后，我们就能最好地治愈这些疾病。冥想可以推动发展进入超个人领域，但通常不能治愈这些前个人的疾病（许多美国实践者费了很大周折才明白这一点）。

传统巨巢的第四个缺陷是：它不了解进化，后者也是现代西方做出的极其独特的贡献。这个缺陷很容易纠正，因为许多理论家已经指出，如果你使巨链在一侧倾斜，让它随着时光逐步发展——而不是按照传统的观点那样，静态地同时给定所有的要素——你就能大致描述进化本身。

随着时间发展的普罗提诺系统 = 进化。

换句话说，迄今为止的进化（以宇宙大爆炸为起点）大约呈现了 3/5 的巨巢——物质、感觉、知觉、冲动、意象、符号、概念、规则和形式运思，基本上契合巨巢所阐释的顺序。我们只需要认识到：巨链的存在并不是完全给定的，也不是静止不变的，而会在漫长的历史中不断演变或发展。事实上，尽管西方生物学家们夸夸其谈，但没有人真正了解进化中的更高阶段是如何产生的，除非我们假定它是借助于爱欲和创造中的灵性的力量。

这也意味着，正如我经常指出的，被长青哲学视为永恒不变的原型，最好被理解为进化过程中形成的习惯——“宇宙记忆”，而不是世界被浇铸成的既定模子。这种动态定位能够让存有巨巢更契合从皮尔斯到谢德瑞克，到考夫曼以来的进化思想家，无疑也隐藏在从普罗提诺到无著[①]，到世亲以来的巨巢理论家们的思想中。

此处的要点在于，巨巢理论接纳了进化和发展观以后，跟现代西方的上帝（即进化论）在很大程度上就能愉快地和平共处了。而且，这意味着下面这种美好的可能性：如果迄今为止，进化展现了最初 3/5 个巨巢，难道它不可能在未来继续发展，展现更高阶段的 2/5 个巨巢吗？如果这是真实的，那么，上帝位于前方，而非身后；要找到灵性，就需要继续向前，而非转身向后；伊甸园存在于未来，而不是过去。[②]

即便如此，当人们从多元化的相对主义转向普遍的整合主义（例如，从绿色转向黄色 / 青绿色，并开始运用第二层思维结构），人们就会理解图表 9a 和 9b 所表述的元系统（meta-systemic）理论，亦即，对社会文化演变的综述。

---

① 无著（Asanga），北印度犍陀罗人，大约生活于公元 4 世纪，古代印度佛教高僧，和弟弟世亲是印度瑜伽行唯识学派（即印度唯识宗）的创始人。

② 见尾注 12.2。

集体进化

按照我的定义，“社会的”指右下象限（客体间维度，包括：技术 - 经济生产方式、社会系统、制度和物质结构），而“文化的”则指左下象限（主体间维度，包括：集体世界观、道德规范、价值观和意义）。大多数证据清楚地表明，进化同时发生在这两个象限中，肯定也发生在其他象限中，但这需要在几个方面加以限定。

例如，说某个特定的社会处于魔法发展层次，并不意味着该社会中的每个人都处于这个层次。也许仅仅意味着普遍的意识层次基本上是魔法的，更确切地说，主导性的法律、文化机构的原则和日常现实的风俗习惯主要来源于魔法世界观。但是，有些人可能会超越或低于这个普遍层次。例如，魔法文化中的某些个体（这不同于处于魔法结构之中的某个孩子，此时，个体发展 / 种族发展的严格相似性消失了）可能处于神话的、理性的或更高的发展层次。例如，哈贝马斯认为，即便在狩猎和采集社会中，有少数人也发展出了形式运思的能力，而我已经指出，少数人甚至走得更远，发展出了后形式的、通灵的能力（这些人当然是萨满巫师）。[①] 因此，和处于魔法层次的孩子不同的是，在魔法文化中真正开明的、发展出各种后习俗能力的萨满巫师，能够真正地体验到超个人领域（主要是通灵的层次，但偶尔也包括精微的层次，甚或自性的层次），并利用非自恋的、后习俗的意识结构来解读它们。换句话来说，根据任何定义来说，这都是真正的灵性。

这当然是推测，代表了高度发达的萨满教洞见。对更典型或常见的萨满摄魂来说，我们手头的证据表明，它是通灵领域的、魔法层次的高峰体验，因而保留着前形式的痕迹和解读方式，就像魔法通常所体现的

① 见尾注 12.3。

那样，大量涉及权力争斗和需求。“权力”或“烈性药”仍然是许多萨满势力的主导话语，这也许反映出：在典型的狩猎和采集社会中，正如哈贝马斯所指出的，主要的稀缺资源是驾驭自然的力量，或者，用马斯洛的话来说，就是单纯的安全需求。

不过，萨满摄魂——不管是什么形式——的深刻重要性在于，它是人类对超个人领域的首个重要发现和探索，因此，许多萨满洞见，尤其是对通灵世界的洞见，仍然是无法超越的。尤其重要的是，我们会发现，作为最早的“精神治疗师”，萨满巫师最早发现了超个人的意识变异状态对常规治疗——无论是身体治疗还是心理治疗——的非凡重要性，不幸的是，这种洞见成为了现代平地的牺牲品。

然而，大多数证据——如果不被多元相对主义充满偏见地解读的话——表明，大体说来，发展的普遍模式和最成熟模式都会在随后的进化过程中继续深化，图表 9a 和 9b 勾勒出了这种进化变动中的部分主要轮廓。

社会进化

兰斯基[①]所构建的社会进化的形式，如今得到了大多数学者的认可：采集社会、种植社会、航海社会、农耕社会、工业社会和信息社会。系统理论家（和结构功能主义[②]者，包括：帕森斯、默顿、卢曼、亚历山大、

---

① 理查德·兰斯基（Richard Lenski，1956—），美国进化生物学家。

② 结构功能主义（structural functionalism），现代西方社会学中的理论流派，认为社会是具有某种特定结构或组织化手段的系统，社会的各个组成部分以有序的方式相互关联，并对社会整体发挥着必要的功能。整体以平衡的状态存在，任何部分的变化都会趋于新的平衡。

贝拉）对社会行为系统及其维护与自我再生方面作出了大量阐释。[①] 尽管马克思主义者和新马克思主义者在试图将所有象限还原为右下象限时明显失败了，但他们总结说，技术 – 经济生产方式在许多方面都深刻地影响了人类的意识。任何整合理论都不能忽略这些重要的发现。

系统理论（和总体上的右下象限理论）的主要缺陷在于其微妙的还原论：试图将（“我”和“我们”的）所有内在领域还原成客观的领域——还原成信息处理回路、神经元系统、社交行为、自生自养的系统和“生命网络”的理论，所有这些理论都自称是“整体论的”、“包罗万象的”，实际上却否认了内在维度的生命世界。系统理论声称提供了和谐的万有理论，但是，当它将所有象限还原成右下象限时，实际上忽略了“半个”世界，亦即左侧象限的世界。因此，系统理论其实是现代平地的产物。它声称能治愈疾病，但自己却沦为了疾病。

真正或全面的整体论既包括外在的整体论（系统理论），也包括内在的整体论（可感知的意识、道德、价值观、波、流和状态），应该按照它们自己的方式被接纳，而不是被硬塞进其他的模子中。

文化进化

文化领域的进化是个敏感的话题，如果不谨慎的话，就有可能滥用相应的理论。然而，相关的证据越来越多，许多理论家都有保留地接受了这一话题。（第四章谈到，数十年以来，绿色文化基因在学术界成功地迎战各种进化理论，他们对滥用这些理论的担心是情有可原的。但是，后 – 绿色发展设法将绿色对多元视角的敏锐洞见与第二层意识结构融合起来了。）最近这些年来，文化进化理论以各种方式受到了格拉德 · 赫德、

---

① 见尾注 12.4。

迈克·墨菲、W. G. 伦西曼、西西库玛·戈斯、阿拉斯泰尔·泰勒、琼·休斯敦[①]、杜安·埃尔金[②]、杰·厄利、达尼尔·丹奈特、尤尔根·哈马贝斯、罗伯特·贝拉、埃文·拉斯洛、基西奥·甘地和尚·盖普瑟（此处只列举了少数人）的支持。[③]

尚·盖普瑟所做的开创性工作是个范例：他洞察到文化世界观会从——用他的话来说——“原始的”依次进化到魔法的、神话的、心理的、整合的（见图表9b）。盖普瑟的杰作《永在的起源》[④]（*The Ever-Present Origin*）无疑可以跻身于人类有史以来最伟大的文化进化研究成果之列。在我看来，任何整合理论如果忽略了其严谨的系统阐述，都无望取得成功。然而，应该注意的是，盖普瑟的“整合结构”基本上指总体的统观逻辑波，而没有充分涵盖更高的、真正超个人的阶段（通灵的、精微的、自性的、不二的）。盖普瑟最著名的美国解读者乔治·福尔施泰因同意：“在这个问题上，我必须站在威尔伯这边。我认为，我们有足够的证据将人们视为灵性体验的大量事物有效地分为三大类：基本上来说，就是**通灵的**（我称为‘身心的’）；**自性的**（我称为‘心理－灵性的’）；**不二的**（我称为‘灵性的’）。”因此，福尔施泰因的全部意识范畴包括：原始的、魔法的、神话的、心理的、整合的、通灵的、自性的、不二的。这种总体范畴观要比盖普瑟精确多了。然而，在通常的集体发展领域——从原始的到魔法的，到神话的，到理性的，到整合的——盖普瑟是无法超越的。

哈贝马斯试图在普遍语用学和交往行动的基础上重新建构历史唯物

---

① 琼·休斯敦（Jean Houston，1939—），多元宗教学家、跨文化宗教仪式研究与精神演化领域的权威、“人类潜能运动”的奠基者，著作丰富。

② 杜安·埃尔金（Duane Elgin，1943—），美国作家、演讲家、教育家，著有《唤醒宇宙》、《自求简朴》等书。

③ 见尾注12.5。

④ 原文为德语，是 *Ursprung und Gegenwart*。

主义，在描述社会文化演变的现代性尝试中，这仍然是最成熟的努力。哈贝马斯的系统阐述的巨大优点在于，它涉及广泛的范畴，其观点真正是全象限的，也几乎是全层次的（见图表 10）。我们知道，其方法的主要缺点包括：没有充分涵盖前理性和超理性领域，这让他的体系在谈到自然和灵性时站不住脚（这是个很大的不利因素）。然而，要谈心灵的中间领域，哈贝马斯是绕不过去的。

幸运的是，若干同样熟悉意识更高层次的理论家运用其专长，描述了意识的总体进化过程。在这些人中，尤其需要提及琼·休斯敦［尤其是他的《生命动力》（*Life-Force*），这部杰作在部分程度上奠基于格拉德·赫德所做的重要研究工作］、杜安·埃尔金［其著作《唤醒地球》（*Awakening Earth*）精彩地概括了意识的进化过程，参见图表 9b］、阿兰·科姆斯[①]［我在图表中之所以没提到他，仅仅是因为他的杰作《存在的光辉》（*The Radiance of Being*）是对盖普瑟 / 奥罗宾多 / 威尔伯的概括和总结，其中具有许多新颖的洞见，但没有全新的系列阶段，尽管他的确提供了自己的模型］所做的工作。[②]

尽管上述学者对于我们了解社会文化演变做出了重要贡献，但对很多理论家来说，文化进化这一话题本身仍然有很大的问题，对自由主义者（他们怀疑它有边缘化的倾向）、传统主义者（他们无法理解现代“进化”为什么这么严重地抛弃了宗教）、浪漫主义者（他们往往相信人类在退化）来说尤其如此。由于进化是现代科学世界观的关键要素之一——有些人会称其为“关键要素”——如果我们真心想要全面地接纳前现代、

---

① 阿兰·科姆斯（Allan Combs，1942—），意识研究学者、神经心理学家、系统理论家。因为和本书作者合作提出了“威尔伯－科姆斯网”（Wilber Combs Lattice）而广为人知。

② 见尾注 12.6。

现代和后现代，那么，对于进化理论，我们就要设法既尊重其真理又摒弃其糟粕。

五个重要提示

关键问题在于：为了成为人类历史的解释原则，文化的演变和形态形成说面临着根深蒂固的反对意见，传统主义的、浪漫主义的、自由主义的社会理论家都拒绝它。换句话说，如果人文领域在发生着进化，那我们要如何解释奥斯维辛集中营呢？我们怎么敢断言，某些文化产物更进步一些呢？我们怎么敢作出这种价值排序呢？这是怎样的无知呢？

比如，由于奥斯维辛、广岛、切尔诺贝利等现代梦魇，传统主义者和今天的长青哲学家无法相信文化的进化。当进化制造出这些怪物时，我们怎么敢说人类在进步呢？最好是彻底否认进化，而不是纠缠于如何解释这些恶行。

与此同时，进化论的浪漫主义批评者回应说，在如今的动荡还没有发生之前，似乎存在着普遍的人类和谐。总体而言，原始人没有遭受现代性的灾难——没有工业污染、很少有奴隶制、很少有财产纠纷，等等。按照任何质量标准来说，我们在事实上不是在走下坡路吗？不是应该回归自然，回归美好的未开化状态，从而找到更真实的自我、更公平的社区、更丰富的人生吗？

自由主义的社会理论家反对“文化进化”的概念，同样不无原因。诸如社会达尔文主义之类极其粗野的进化论形式不仅缺乏同情心，更危险的是，这种粗糙的“进化论”会被道德暴政抓在手中，孕育出超人、优等民族、未来的半人半神等可怕而野蛮的概念，这些超人的巨趾将可怕地碾过历史，将自身的信仰烙在不计其数的饱受摧残的肉体上，他们的意识形态将充入毒气室中，并在那里挥之不去。自由主义的社会理论家在想到这种恐怖景象时，自然往往会将任何类型的“社会等级制度”视为奥斯维辛的前奏。

显然，如果要用意识进化来作为某种解释原则，就要面临数个重大的难题。因此需要成套的原则来解释进化动力——它在人类身上就像它在宇宙其他地方那样活跃——的前进与后退、福音与灾难、盛衰与沉浮。否则，我们就会极其荒诞地将某块危险的楔子楔入宇宙的中央：所有非人类的事物都会受到进化的影响，而所有人类的事情则不会。

我们要采用什么原则，才能以成熟的方式来恢复文化进化的原貌，从而将人类与宇宙的其他事物重新融合起来，并解释意识发展的起伏波折呢？下面列举了部分核心的解释原则，我相信它们是必需的。

1. **发展的辩证法**。随着意识的进化和发展，每个阶段都会解决或缓解上个阶段的某些问题，但随后也会增加一些新的、顽固的——有时候更复杂、更棘手——问题。正是因为所有领域（人类和非人类）的进化都是按照分化 – 整合的过程进行的，因此，每个新的、更复杂的层次都必然会面对前续阶段不曾存在的问题。狗会得癌症，原子却不会。但不能就此彻底谴责进化！这意味着进化既是福音，也是灾难，这是发展的辩证法。还有更多的进化阶段，越是进入宇宙的深处，越多的事物就可能出现问题。困扰现代性的事物，几乎是采集社会的人们所无法想象的。

因此，进化在本质上意味着，每个新阶段带来了新的潜能、新的奇迹、新的光辉，但也始终伴随着新的悲剧、新的恐惧、新的问题、新的灾难。任何真正全面的历史叙事都会记叙意识发展的无情风浪中呈现出来的新奇迹和新灾难。

2. **分化和分裂之间的区别**。正是因为进化是按照分化 – 整合的过程进行的，每个阶段都可能出现问题，无论是个体的发展，还是种族的发展。越是深入宇宙的内部，就可能有越多的疾病。如前所述，当分化走得太远，演变成分裂时，就会产生最普遍的进化疾病。例如，在人类的进化过程中，区分心灵和身体是一回事，将两者分裂开来就完全是另一回事了。分化是整合的前奏，分裂则是灾难的序曲。

像所有其他的进化一样，人类进化的特征是系列的重要分化，这对意识的发展和整合来说是绝对正常的，也是绝对关键性的（只有通过分化，橡子才能长成橡树）。但是，在每个阶段，这些分化都可能走得太远，发展成分裂，于是，深度就变成了疾病，成长就变成了癌症，文化就变成了梦魇，意识就变成了痛苦。任何全面的历史叙事不仅会记叙意识进化过程中必然的分化，也会记叙时常紧随其后的病态分裂和扭曲。

3. **超越和压抑之间的区别**。说进化是按照分化–整合的方式进行的，也就是说，它是按照超越并包含的方式进行的。每个阶段都包括了它的前续阶段，并增添了自己鲜明的、新生的特质，每个阶段都是超越并包含的。

但是，正是出于这个原因，在病变时，更高的维度并非是超越并包含的，是超越而又压抑、否定、扭曲、分裂。每个更高的新阶段都面临着这种选择：超越并包含、亲近、整合、尊重；或者超越而压抑、否定、疏远、压迫。任何全面的历史叙事都既是人类进化的伟大超越事件的编年史，也是荒唐的压抑、压迫和暴行的编年史。

4. **自然的层级和病态的层级之间的区别**。在进化过程中，某个阶段的整体会成为后续阶段的整体的组成部分：全部原子是分子的组成部分，全部分子是细胞的组成部分，全部细胞是有机体的组成部分……宇宙中的万事万物都是整体/局部，都是一个子整体，存在于嵌套层级或子整体序中，存在于越来越完整、越来越具有整体性的结构中。

但是，这种超越会产生压抑，因此，自然而正常的层级会嬗变为病态的层级：支配者阶层（dominator hierarchy）。此时，傲慢的子整体不想既是整体又是局部，它只想当整体，仅此而已。它不想成为比自身更大的事物的组成部分，不想与同类子整体交流，只想靠自身的力量去支配它们。权力取代了交流，统治取代了沟通，压迫取代了互惠。任何全面的历史叙事都会讲述正常层级的独特成长和发展，但这种发展会出人意料地蜕变成病态的层级，后者将其印记烙入无数人饱受摧残的肉体中，而与这条恐怖之路相伴而生的，是那种超越而压抑的人。

5. **更高结构会受到更低冲动的控制**。当我们听任部落主义自行其是时，它是相对良性的，因为其手段和技术是相对无害的。只有用弓和箭，你才能对生物圈和其他人造成极大的伤害（但没有手段并不必然意味着智慧的存在）。问题在于：如果理性的发达技术受到部落主义及其民族中心驱动力的控制，那它就会是灾难性的。

奥斯维辛不是理性的结果，而是非理性地运用众多理性产物的结果。理性受到了部落主义的劫持，受到了关于鲜血、土地和人种的民族中心神话的劫持，这种神话根深蒂固，在气质上是浪漫主义的，在种族清洗中是野蛮的。你不能真的用一张弓、一支箭去进行种族灭绝，但你可以用钢铁、煤炭、内燃机、毒气室、机关枪和原子弹这么做。无论我们如何定义理性，这都不是理性的欲望，而是民族中心的部落主义强行采用高等意识的工具，并利用它们来满足最低级的目的。奥斯维辛是部落主义的决战，而非理性的决战。

上面只作出了少数区分，但我相信，如果要采用更令人满意和信服的方式来重构人类意识的进化过程，要清楚地解释人类历史上不容争辩的进步和灾难，这些区分是必不可少的。我相信，如果我们采用这种方法并作出以上 5 种区分，我们就能开始将人类和宇宙的其他事物重新联合起来，而不会发展出真正奇怪而僵化的二元论：这是人类，那是所有其他事物。

我们似乎是某个包罗万象的进化潮流的局部和部分，这种潮流自身就是创造中的灵性，是灵性创造的模式和方法。这种流淌于人类血液之中的潮流，也流淌于运行不息的星系和太阳系之中，穿越大海，流过宇宙，影响着最雄伟的山峦和我们内心的道德理想。这种潮流影响着万物，永远以形态形成场——这种形态形成场不断地施加推力和压力，直到你记起自己的本来面目和本质为止——的方式推动着整个宇宙。这种无所不在的爱之潮流推动着你，使你领悟到："也只有在这闪光中，我心灵的宿愿才得以完成 / 谈到这里，在运用那高度的想象力方面，已是力尽词穷 / 但是，那爱却早已把我的欲望和意愿移转 / 犹如车轮被均匀地推动 / 正是这爱推动太阳和其他群星。①"

灵性启示：进化的成长尖端（Growing Tip）

根据以上 5 个原则，我们可以更人性地探讨进化这个话题，汲取睿智开明的洞见。如前所述，如果灵性的某些特征在更高发展阶段越来越明显，那么，对发展的理解——发展是什么，如何促进发展——就应该被纳入自主、自由、平等等真正开明的话题之中。我们已经审视过**个体发展**的发展阶段，现在，我们来研究**种族 / 文化发展**的对应阶段。在两种情况下，我们都不仅需要留意其主要新生特征和积极发展，也要留意每个新发展可能产生的新病变、压抑、压迫。

《来自伊甸园》在描述这些文化发展时，谈到了那些往往能界定某个特定时代的普遍模式和最成熟模式（见图表 9a）。总体思路很简单：假如说，某种特定文化的普遍意识层次是魔法的，那么，通常来说，这种文化可能达到的最高意识层次是怎样的？②我们仅仅发现，在魔法时代，最成熟的模式通常是萨满巫师的。萨满巫师是意识进化的成长尖端（至少接触到了通灵领域，这可能是持久的结构性成就，至少也是系列的变异

---

① 引自但丁《神曲·天堂篇》的结语。

② 见尾注 12.7。

状态和萨满摄魂）。[①] 迄今为止，这种魔法 / 萨满模式主宰人类生活的时间最长，在当时是意识的主导形式，主导着公元前 50 万年至公元前一万年左右的时代，并可能在公元前 5 万年至公元前 7000 年左右达到巅峰。[②]

当普遍模式从魔法层次发展到神话层次时（大约始于公元前一万年左右），自然神灵和多神教幻想逐渐让位于（女性）神祇——她们奠定了多彩世界的根基——的概念，**圣人**逐渐成为了主要的灵性成就者。圣人通常被描绘为顶轮周围具有光环（象征着他能清晰地觉醒到自觉轮[③] 上及自觉轮外的光明与声音的精微世界），是成长尖端意识的伟大传递者，深入并超越了自然神秘主义和神性神秘主义。这些内在的超越之旅——通常由圣十字若望[④]、罗摩奴耶[⑤]、圣女大德兰、亲鸾[⑥]、希尔德加德[⑦] 等榜样卓越地体现出来——揭示了灵魂的深度和现实的高度，它们在总体上改变了意识的本质，让世界在意识结构中发生了深刻的变化。

随着普遍的、集体的意识模式从神话层次进化到心理层次（大约始于公元前 6 世纪），最成熟的模式从精微层次进化到了自性层次，此时，**智者**而非圣人体现了意识的这个成长尖端。圣人体验到了神圣的内在光明、恩典、爱和喜悦，智者却体验到了“空”。智者们首次进入了纯粹空

---

① 见尾注 12.8。

② 见尾注 12.9。

③ 在瑜伽中，顶轮（crown chakra）又称为自觉轮（sahasrara）。

④ 圣十字若望（1542—1591），圣女大德兰的同时代人，著名的基督教神秘主义大师、诗人、作家，著有《灵歌》、《心灵的黑夜》、《攀登加尔默罗山》等书。

⑤ 罗摩奴耶（Ramanuja，1017—1127），印度吠檀多派哲学家、印度教虔诚派先驱者，著有《梵经注》、《薄伽梵歌注》。

⑥ 亲鸾（Shinran，1173—1262），日本佛教净土真宗初祖。

⑦ 希尔德加德（Hildegard von Bingen，1098—1179），中世纪德国神学家、作曲家及作家。著有《认识主道》、《生之功德书》等。

性的无相世界，无分别三昧的自性——涅槃、不知之云[①]、否定神学、不动三昧、灭（nirodh）、灭尽。但“空”远远不是字面上的毫无所有或完全空白，而是万有的创造性根基（因而是“自性的”），是广阔的自由和无边的空寂，发现它们就意味着从形式、苦难、罪恶和轮回的世界中解脱出来。然而，在精微层次上，灵魂和上帝实现了沟通乃至于融合，而在自性层次，灵魂和上帝都在神性——作为梵天的自我、苏菲派的最高本体、“我与父原为一”[②]，单个的自我融入到空性之中——中消失了，无相神秘主义取代了神性神秘主义，这是深渊的神秘主义，是伟大的不知之云，是彻底内在于并超越了整个显现世界的意识。

但意识的进化始终是“超越并包含的”，在完全超越色界以后，意识觉悟过来，完全接纳了诸色万象：“色不异空，空不异色”，《心经》如是说，这或许是对这个神圣的恒等式的最著名说法。因为纯粹的灵性（空）和整个显现世界（色）成为了永恒的皈依。印度的大成就者商羯罗曾经这样阐释这种终极的“超越并包含”：

> 世界是虚幻的，
> 只有梵天是真实的，
> 梵天就是世界。

世界是虚幻的（短暂的、无常的、易逝的、有限的、终会消亡的），为了找到灵性的唯一实体（梵天），我们必须在各方面完全超越它。但是，在完全放下世界并纵身于最纯粹灵性的无边流溢（无限的、无穷的、永恒的、无相的实体）后，有限世界就会被接纳并完全包含于无限的灵性

---

① *The Cloud of Unknowing*，14世纪基督教神秘主义的匿名书籍。

② 出自于《新约·约翰福音》10：30。

之中，或者，显现世界就会与非显现世界完美地融合起来：梵天就是世界，不二神秘主义恰恰就始于对“一味”的这种证悟。

伟大的不二传统大约始于公元200年，尤其以龙树菩萨[①]和普罗提诺等人为代表。但是，这些传统，尤其是密宗等高级形式，大约在8—14世纪才开始在印度盛行起来（与之同时发生的，就是统观逻辑的集体或普遍模式的最初迹象，例如14世纪左右西方的佛罗伦萨和人文主义的兴起）。正是在这个时期，禅宗在中国的唐宋王朝（7—13世纪）变得极其昌盛，而莲花生也将密宗带到了印度并开始让其变得无比昌盛（尤其是在8—18世纪）。

这是最笼统的概括，但并非毫无用处。区分普遍模式和最成熟模式以后，我们就不会臆断，某个时代的全部产物都产生于某个完全相同的意识波。在研究历史上的某个时期时，学者们往往会作出简单的臆断，认为那个社会中的每个人都处于相同的意识层次（就像在回顾我们现在所处的时代时，臆断里根和克里希那穆提处于相同的层次），然后基于这种假设得出极其可疑的结论。深层生态学家[②]通常假定，在采集社会中，每个人都具有萨满意识，而真正的萨满巫师则是极其罕见的人物，每个部落只有一个，而且真正的大师（如果存在的话）往往是十里挑一的。浪漫主义理论家回顾古埃及时，注意到某些大师明显地意识到了“蛇能”（昆达里尼），因而臆断整个文化中充满了觉悟者，然而，在任何城镇中，昆达里尼大师的人数很可能都屈指可数（至多如此）。因此，我们很容易

---

① 龙树菩萨（Nagarjuna），印度古代佛教哲学家、逻辑学家，印度大乘佛教中观派（空宗）的奠基人，又译为龙猛、龙胜。

② 深层生态学（deep ecology），挪威著名哲学家阿伦·奈斯提出的生态哲学概念，以区别于浅层生态学。深层生态学将生态学发展到哲学与伦理学领域，并提出了生态自我、生态平等与生态共生等重要的生态哲学理念。

臆断，从灵性昌盛的这些美好昔日以来，进化在缓慢地走下坡路，但是，如果我们当真了解了“成长尖端”，我们就知道，随着时代的推移，灵性在很多方面都在继续大大地深化。瓦伦丁[①]是可敬的，但埃克哈特可以与他媲美；抹大拉的玛利亚[②]是深刻的，但亚维拉的圣女大德兰可以与她并肩；波伊提乌[③]是伟大的，但圣十字若望并不比他逊色。之后还有日本历史上最著名的禅宗高僧白隐禅师[④]和道元禅师[⑤]、印度最伟大的成就者拉玛那·马哈希尊者（几十年前才去世）、最伟大的哲学家兼智者奥罗宾多（离世也才数十年）。

而且，通过作出这种区分（普遍模式、成熟模式），我们就能立刻看到，尽管某些过往时代似乎显得“很有灵性”，但它们最常见的（或普遍的）模式（例如魔法的或神话的）其实是前形式的，而非后形式的。只有极为罕见的萨满巫师、圣人和智者实际上进化到了通灵、精微或自性等更高阶段；因此，作为常见的、普遍的意识模式，这些深具灵性的阶段（通灵的、精微的、自性的）——如果可能的话——存在于人类共同的未来，而非过去。当然，任何个体在过去、现在或未来的任何阶段，都能依靠自身的能力发展到更高领域。然而，在以往历史的任何时刻，无疑没有那个时代在整体上取得了后形式灵性的共同成就。学者们误将魔法

---

① 瓦伦丁（Valentinus），基督教圣徒，后被罗马帝国处死，“情人节”即由他而来。

② 据说是《圣经》中被耶稣救赎的妓女，耶稣的忠实信徒。

③ 波伊提乌（Boethius，480—524），罗马政治家、哲学家，以《哲学的慰藉》而著名。

④ 白隐（Hakuin，1685—1768），日本僧人、艺术家和作家，佛教临济宗的中兴祖师。

⑤ 道元（Dogen，1200—1253），日本佛教曹洞宗创始人，著有《永平清规》、《正法眼藏》。

和神话视为真正的灵性，因而缅怀过去，认为所有的灵性形式都在我们身后。我相信，认识到这个道理以后，这些学者必定会感到惊喜：最成熟的历史人物探索了超个人层次的深度，然而这些层次位于人类共同的未来，而非共同的过去。

在独特的灵性考古学中，这些灵性先驱者们领先于他们的时代，也仍然领先于我们的时代。他们因而是人类未来的声音，而非过去的声音；他们指向新生事物，而非陈尸古迹；他们敦促我们前进，而非后退。作为人类的成长尖端，他们建立了未来的目标，人类的主流正在缓慢地向这一目标迈进，这一目标不是僵化的既定事物，而是某种“温柔的信仰”（gentle persuasion）。这些先驱者揭示了我们真实自性的最深层次，这些层次从灿烂丰富并越来越美好的未来向我们低声耳语着。

第十三章 从现代性到后现代性

每个时代都有其天才、智慧和不朽的真理。然而，忽略过去的真理恰恰是病变的定义。因此，整合式方法（也是明智的方法）无疑会尊重、认可并吸收持续不断的意识进化过程中那些不朽的真理。

从前现代的遗产中，我们知道了“存在和认知巨巢”，发现它是通向灵性的道路图——不是按照既定的方式，而是作为“温柔的信仰”的形态形成场。从现代遗产中，我们知道了需要承认并尊重艺术、道德和科学，让它们各自追求自身的真理，互不侵犯（这推动了现代民主、女权主义、生态学，以及自主、自由、平等之类后习俗理念的兴起）。[①] 我们也知道了各象限发展的现代研究成果（“发展”这个概念至少适用于在一侧倾斜后在地理、生物和文化历史中缓慢生成的巨链）。我们谈到过建构性的后现代性的“光辉前景”，它整合了前现代性（巨巢）和现代性（“三巨头”的分化和发展）的精髓，产生了更整合的“全层次、全象限”方法。

现在，我们来非常简略地谈谈后现代性自身（它毕竟是当今文化进化的前沿），以此来结束这种整合式概括，并指出它究竟如何适应全层次、全象限的观点。

---

① 见尾注 13.1。

许多人抱怨说，只要提及任何“后现代的”事物，后现代都是晦涩难懂的。但它们具有重要的意义，我希望读者能跟着我耐心读完本章，而我也将尽量表达得浅显易懂。在末尾的章节，我们会回头来总结这些内容，并了解它对心理学、心理治疗、灵性和意识研究的意义。

光辉前景

在了解现代性时，我们问过这个简单的问题：什么将现代与前现代时期区分开来？我们发现了许多答案（包括工业化和解放运动等），但是，它们都可以非常笼统地总结为“三巨头”的分化。

在了解后现代性时，我们也来问问：什么将后现代性与现代性区别开来？我们也会发现许多答案，但它们都可以非常笼统地概括为“包容性”——避免将强大的现代性经常忽略的许多声音和观点边缘化；避免形式理性（formal rationality）的“霸权”经常压制非理性和无理性；让所有种族、所有肤色、所有民族、所有性别都形成互相尊重和认可的多彩联盟。这种包容性通常被简称为“多样性”（或“多元文化”、“多元化”），是建构性的后现代话题的核心，也是我们本章探讨的内容。

从某种程度而言，这种包容性——从最合适的意义上说是整体论的、接纳性的——是对不幸滑入平地的现代性［此时，“三巨头”的分裂导致强势的科学开始殖民、主宰（和冷落）所有其他的存在和认知形式］的回应。后现代性作出了反向的努力，以便包含三巨头，而非仅仅将它们予以分化和分裂。因此，在现代性分化三巨头的地方，后现代性就接纳它们——许多的“我”、“我们”和“他者”——从而形成了更包容、更整合、更全面的立场。简而言之，整个后现代运动具有不朽而全面的真理。

但是，我们也会看到，就像现代性有缺点那样，后现代性也具有缺陷。当三巨头的分化沦为分裂时，现代性的尊严就下滑为现代性的灾难。

同样，当多元化的接纳令人反感地等量齐观所有的定性差别时，建构性的后现代性的光辉前景就下滑为虚无主义的、解构性的后现代性。这样，努力逃避平地的后现代性却往往沦为其最粗俗的拥护者。

换句话说，就像现代性那样，后现代性既是福音，也是灾难。

福音

后现代主义的引入始于人们对“诠释”（interpretation）在人类意识中所起内在作用的了解。事实上，可以说，后现代主义让诠释成为了认识论与本体论、存在与认知的核心。后现代主义者都以各自的方式主张，诠释不仅对了解宇宙至关重要，也是宇宙自身结构的一个面向。**诠释是宇宙结构的内在特征**，声势浩大的后现代主义运动的核心对此有着至关重要的洞见。[①]

诠释：后现代的核心

许多人最初都会感到困惑，诠释为何（以及如何）是宇宙所固有的？诠释是用来研究语言和文学等事物的，不是吗？的确如此，但语言和文学只是冰山一角，而这座冰山延伸到了宇宙自身的最深处。我们或许可以这样来解释：

如前所述，所有右侧象限的事物——所有的感觉运动客体、经验过程和“他者”——都能借助感官或其衍生物而被洞察到。它们都有明确的位置，事实上，你能够指出其中的大多数（岩石、城镇、树木、湖泊、星星、道路、河流……）。

但是，左侧象限的（或内在的）事物却无法用这种方式观察到。你

① 见尾注 13.2。

无法看见爱、嫉妒、惊奇、慈悲、洞见、意向、灵性启示、意识状态、价值观或意义，它们并没有活跃于外在的经验世界之中。内在事物不能用外在（或客观）的方式观察到，需要靠**内省和诠释**来洞察。

因此，如果你想经验地研究《麦克白》，你可以弄来剧本的复印本，然后对它进行各种科学实验：它有多少克、有多少个油墨分子、这些有机化合物形成了多少页，如此等等。经验地研究《麦克白》，你只能了解到这些东西。它们是其右侧象限的、客观的、外在的特征。

但是，如果你想了解这个剧本的含义，你就必须阅读它，了解它的内在性、意义、意图、深度。只有通过诠释，你才能了解到这一点：这个句子是什么意思？此时，经验科学基本上是无用的，因为我们进入了内在经验和符号学的深度，外在的经验论无法理解它，只有内省和诠释能够理解它。它不仅是客观的，也是主观的，是主体间的。不仅是独白式的，也是对白式的。

因此，你可能会看见我在街上走，皱着眉头。你能看见我的表情，但是，外在的皱眉在事实上意味着什么？你怎样弄清楚我皱眉的原因？你会问我，和我交谈。你能看到我的表情，但是，为了了解我的内心，你必须进入诠释性的圈子之中［“诠释学循环”（hermeneutic circle）］。作为主体，你不仅要凝视着作为客体的我，而且要努力了解作为主体的我——这是一个人、一个自我、一个具有意图和意义的个体。你会和我交谈，诠释我说的话，我也会对你这样做。我们不是凝视着客体的主体，而是试图了解其他主体的主体——我们处于诠释性的圈子中，处于对话式的互动之中。

这不仅适用于人类，也适用于有情众生。如果你想了解自己的狗——它开心吗？饥饿吗？想出去溜达一会儿吗？——你就必须诠释它传递给你的信号。而你的狗在其能力所及的范围内，也会对你做同样的事情。换句话说，只有通过诠释才能接触到子整体的内在性。

因此，简而言之，我们可以观察到外在的表面，但必须诠释内在的深度。正是由于这种内在的深度是宇宙的内在组成部分——它是每个子整体的左侧象限维度，因此，诠释是宇宙的内在特征。诠释不是我们添加给宇宙的，而是为在性自身的开端。因为宇宙的深度并不是完全一致的，因此，恰如海德格尔的名言所说："诠释不是始终一致的。"

或许，我们现在可以看到，后现代性有个重要的目的，那就是：**将诠释作为宇宙的内在特征引入进来**。如我所说，每个子整体都有个左侧象限和右侧象限的维度（见图5），因此，每个子整体都有客观的（右侧）和诠释性（左侧）的成分。

[当然，想将内在性或意识"向下"推到多远，是仁者见仁智者见智的事情。有些人将它下推到哺乳动物，有些人下推到爬行动物，有些人下推到植物，还有人则一直下推到原子。我认为，这完全是个相对的问题：一个子整体（比如阿米巴虫）无论具有多少的意识，一个更高子整体（比如鹿）具有的意识都比它稍微多一些，而比鹿更高的子整体（比如大猩猩）具有的意识又要更多一些。子整体在巨巢上的层次越低，它的感知能力就越弱，直到微弱得我们无法察觉为止。我们会在第十四章再次谈论这个话题，现在，简单的道理就是（至少到人类为止）：内在性无疑存在，并且只能通过内省和诠释来接触到它们。]

现代性的灾难在于：它将所有内省性的、诠释性的知识简化成了外在的、经验的平地知识，试图从世界的脚本中抹杀诠释的丰富性。后现代努力将诠释重新引入宇宙的结构和构造之中，这在部分程度上是摆脱平地灾难的出色努力，重新恢复明白易懂的内在性和认知的诠释模式。后现代性的诠释——最著名的开创者是尼采，然后从狄尔泰[①]的"精神科学"

---

① 狄尔泰（Dilthey，1833—1911），德国生命哲学家、生命哲学的奠基人，被誉为"诠释学之父"。著有《精神科学序论》、《哲学的本质》等书。

发展到海德格尔的诠释学本体论，到德里达的“文本（诠释）之外别无一物”——重心仅仅是左侧象限的世界，这个世界强烈要求从科学一元论和平地整体论的独白式视角的极度疏忽中解放出来，这是在毫无个性的“它们”面前大胆地重申“我”和“我们”的存在。

后现代主义的真理

正因为后现代主义在很多方面试图抛弃平地及其廉价遗产，所以其哲学是个复杂的概念集合体，往往被拥护者定义为彻头彻尾的“拒绝”（reject）。他们拒绝基础主义①、本质主义②和超验主义③，也拒绝理性、自洽的真理和陈述性知识。他们拒绝宏大叙事、元叙事④和任何种类的全局观，也拒绝实在论、终极词汇⑤和权威叙述。

后现代理论往往听似前后矛盾（往往也的确如此），然而，大多数后现代方法都具有三个重要的核心假设：

1. 现实并非是全方位给定的，在某些重要方面，它是一种创造和诠释（这种观念通常被称为结构主义）；那种认为现实完全是给定的、丝毫没有被建构过的信仰，被称为“所予神话”（the myth of the given）。

2. 含义依赖于语境，而语境是无限的（这通常被称为语境主义）。

---

① 基础主义（foundationalism），一种认识论观点，认为有些信念可以正当地直接掌握（即在感性知觉或理性直觉的基础上），而无须经由其他信念推论而来。

② 本质主义（essentialism），一种认识论观点，相信任何事物都存在着深藏的唯一的本质，相信本质和现象的区分提供了人类观察万事万物的基本概念图式。

③ 超验主义（transcendentalism），主张人能超越感觉和理性而直接认识真理，认为人类世界的一切都是宇宙的一个缩影。

④ 元叙事（mentanarrative），指启蒙运动关于“永恒真理”和“人类解救”的故事，这类元叙事在各种话语中占有优先和特权的地位，即成为所谓的权威话语。

⑤ 美国哲学家理查德·罗蒂发明的术语，指偶然性受到忽略的系列沟通式信仰。

3. 因此认知不应过分优先考虑某种单个的视角（这被称为“整合的无透视观”）。

我认为，所有这三个后现代假设都是完全正确的，任何整合式观点都需要重视并接纳它们。

但是，我们在谈到后现代的灾难时将会看到，每个假设都受到了后现代主义极端分子的过度鼓吹，并带来了极其不幸的后果。极端的后现代主义者不仅强调诠释的重要性，还宣称现实仅仅是诠释而已。他们不仅强调所有子整体的左侧象限的（或诠释性）特征，而且极力彻底否定现实的右侧象限的（或客观性）面向。这恰恰是与现代性相反的灾难——不是将全部左侧还原成右侧，而是将全部右侧还原成左侧。我们经常会看到这种情况：极度的反弹往往是被憎恨之物的镜像。宇宙具有可诠释性的这个重要特征成为了**唯一**的特征。客观真理在随心所欲的诠释中化为乌有，而被宣称是由权力、性别、种族、意识形态、人类中心说、大男子主义、物种歧视、帝国主义、逻各斯中心主义、阳性中心主义、阳性逻各斯中心主义等极端可憎的事物强加给世界的。

但是，所有的子整体都有诠释性和客观性成分，这一事实没有否认客观性成分，而仅仅是在对后者予以定位。因此，所有右侧象限的外在世界——即便我们会对它们形成重重观点——仍然具有各种能够被感官及其衍生物觉知到的固有特征，从这个总体意义上而言，所有右侧象限的子整体都具有某种客观现实。甚至“所予神话”——直接实在论和素朴经验论的神话，认为现实对我们来说是完全给定的——最具说服力的直接反对者维尔弗里德·塞拉斯①也主张，即便客体的外显形象在某种程度上是心理建构物，感官经验的内在特征也在许多重要方面引导着它，

---

① 维尔弗里德·塞拉斯（Wilfrid Sellars，1912—），美国分析哲学家、“科学实在论”的主要倡导者，著有《经验主义及心灵哲学》等书。

恰恰是出于这个原因，托马斯·库恩[①]才说，科学能够取得真实的进步。[②]钻石能切割玻璃，不管我们用什么语言来称呼“钻石”、“切割”、“玻璃”，任何文化结构主义都无法改变这个简单的事实。

那正是灾难之所在。不过，此处要说的是，在尽力接纳被平地排斥和边缘化的三巨头的这些特征时，后现代主义者指出了诠释、结构主义、整合主义的内在意义，就此而言，他们无疑是正确的。

从现代到后现代：语言学转向

随着哲学的语言学转向——全面认识到语言不是对既定世界的单纯描述，而会参与到这个世界的创造和建构中来，结构主义、语境主义和整合的无透视观站到了历史的前沿。随着这种语言学转向——大约开始于 19 世纪——哲学家们不再用语言描述世界，而是开始关注语言自身。

突然之间，语言不再是一个简单而可信的工具。语言学分析在总体上代替了形而上学，因为越来越明显的是，语言不是让我们幼稚地观察既定世界的明亮窗户，它更像个幻灯机，将图像投射到我们最终看到的屏幕上。语言参与创造了我的世界，维特根斯坦可能会说，我的语言的界限就是我的世界的界限。

从很多方面来说，“语言学转向”只是从现代性到后现代性这个重大转变的别名。前现代和现代文化天真幼稚地利用语言来面对世界，后现代思想家们则转身向后，开始关注语言自身。在人类的整个历史上，这几乎是前所未有的事情。

---

① 托马斯·库恩（Thomas Kuhn，1922—1996），美国科学史家、科学哲学家，代表作为《哥白尼革命》和《科学革命的结构》。

② 见尾注 13.3。

在这种非同寻常的语言学转向之后，哲学家们绝不会再次采用简单而轻信的方式来关注语言。诚然，语言不仅仅是在记录世界、表达世界、描述世界，还会创造世界，并且在这种创造中存在着力量。语言会创造、扭曲、承载、揭示、隐藏、认可、压抑、充实和吸引。不论好坏，语言自身就类似于钻石，此后的哲学会大力关注这种巨大的力量。从语言分析到语言游戏，从结构主义到后结构主义，从欧洲符号学到美国符号学，从语言意向性到言语行为理论，后现代哲学在大规模地研究语言哲学，并非常正确地指出：如果我们想将语言当成了解现实的工具，我们最好在起初就非常仔细地研究这种工具。①

在这个奇异的新世界中，大多数道路迟早都通向了费尔迪南·德·索绪尔②。

语言的表述

大多数后现代后结构主义都可以追根溯源到杰出的语言学先驱费尔迪南·德·索绪尔的研究成果。索绪尔的研究，尤其是他的《普通语言学教程》（1916年）是现代语言学、符号学、结构主义以及此后的后结构主义的重要基础，他的基本观点在今天听来，就像他在近100年以前首次阐述的那样，具有同样的说服力。

根据索绪尔的看法，语言学符号由物质的**能指**（书名语、口语、这一页上的符号）和概念的**所指**（你看到能指时所想到的东西）构成，两者都不同于实际的**指示物**。例如，如果你看到某棵树，实际的树就是指示物，“树”这个字就是能指，当你读到“树”这个字时所想到的东西就

---

① 见尾注13.4。

② 费尔迪南·德·索绪尔（Ferdinand de Saussure，1857—1913），瑞士语言学家、现代语言学的重要奠基者、结构主义的开创者，代表作是《普通语言学教程》。

是所指。能指和所指共同构成了这个完整的符号。

但是，索绪尔问，是什么东西让某个符号具有含义，并实际地传达出含义？它不可能是词语本身，因为，例如bark[①]这个单词在“狗的bark”和“树的bark”这两个短语中具有不同的含义。将bark这个单词安放在两个短语中的合适位置，在这两种情况下，它都有含义（但不同的短语赋予了这个单词完全不同的含义）。同样，将每个短语安放在长句子的合适位置，每个短语也具有含义，以此类推，直到最后形成整个的语法结构。任何特定的单词自身基本上是没有含义的，因为根据其上下文或结构，同一个词可能具有完全不同的含义。

因此，索绪尔指出，正是所有单词之间的关系将其含义固定了下来。因此，只有借助于整体的结构，无意义的元素才能变得有意义，这是索绪尔的出色见解。（这是结构主义的开端，几乎所有的结构主义流派都可以完全或部分追根溯源到索绪尔那里去。现今的传承者包括列维－斯特劳斯[②]、雅各布森、皮亚杰、拉康、巴特[③]、福柯、德里达、哈马贝斯、罗文格、科尔伯格、吉利根……这的确是一个惊人的发现。）

换句话说，毫不奇怪，每个符号都是整个网络中的子整体，是语境中的语境。索绪尔说，这意味着，在将含义赋予单个字词时，整个语言都起到了作用。[④]

---

① bark这个单词在英语中有两种含义：（狗、狐等动物的）吠声；树皮。

② 克洛德·列维－斯特劳斯（Claude Levi-Strauss，1908—2009），法国著名的社会人类学家、哲学家、结构主义人类学创始人，著有《忧郁的热带》、《野性的思维》等书。

③ 罗兰·巴特（Roland Barthes，1915—1980），法国文学批评家、文学家、社会学家、哲学家和符号学家，著有《写作的零度》、《流行体系》等书。

④ 见尾注13.5。

含义依赖于语境

我们现在来探讨后现代主义极力强调的文化背景的重要性。相应地，含义是由背景环境的巨大网络为我创造出来的，而我几乎无法自觉地觉知到这个网络。我是这个巨大文化背景的一部分，在很多情况下，我根本不知道它来自何处。

换句话说，正如我们经常看到的，每个主观的意向（左上象限）都位于主体间的、文化的环境网络（左下象限）之中，这些网络在创造和诠释含义时都起到了作用。正是出于这个原因，含义其实依赖于语境，所以“狗的 bark”不同于“树的 bark”。也正是由于这个原因，从某种程度上来说，我们必须在文化语境中诠释个体的意识状态，而任何真正的后现代观点都应该努力具有“全语境敏感性”（all-context sensitivity，例如强调意识的无限子整体的本质）。①

不仅含义在很多重要方面取决于自身所处的语境，这些语境在原则上也是无穷或无限的。因此，我们最终无法一劳永逸地掌握和支配含义（因为我总是能够想象到某个更深的语境会改变当前的含义）。事实上，乔纳森·卡勒②这样概括所有的解构行为（最具影响力的后现代主义运动之一）：“人们因而会将解构等同于两个孪生原则：（1）含义是由语境决定的；（2）语境可以无限延伸。”

我认为，语境确实是无限的，这恰恰是因为现实是由无限嵌套的子整体组成的，子整体中又包含着子整体，无法分清底部或顶部。甚至此刻的宇宙也是下个时刻的宇宙的组成部分。每个整体也始终是个局部，

---

① 见尾注 13.6。

② 乔纳森·卡勒（Jonathan Culler，1944—），美国著名学者、文化研究者，著有《结构主义诗学》、《论解构》等书。

并如此递推，永无止境。因此，每个可能的语境都是无限的。说宇宙是子整体的，也就是说它是始终处于语境之中的。

整合的无透视观

含义取决于语境——后现代主义的第二个重要真理，又称为语境主义——这一事实意味着：我们需要采用“多元视角”（multi-perspective）来了解现实。任何单个的角度都可能是片面的、有限的，甚至扭曲的。只有重视多个视角和多个语境，知识探索才能富有成效地向前推进。因此，“多元化”是整个后现代主义的第三个重要真理。

尚·盖普瑟——我们谈到世界观时提到过他——发明了“整合的无透视观”这个术语，用它来指这种多元的（或多视角的）观点，我也将之称为“统观逻辑或网络逻辑”。“无透视观”意味着任何单个的角度都不具有优先权，因此，为了获得更整体的或更整合的观点，我们需要“无透视的”方法，正因为这一点，盖普瑟才常常加上连字符：“整合的-无透视的”。

盖普瑟比较了整合的无透视认知与形式理性（形式运思）认知，他将后者称为“透视理性”，往往采用单个的、独白式的视角，并透过那块狭窄的镜片来观察全部的现实。透视理性优先考虑特定主体的排他性视角，统观逻辑却增添了所有的视角，对它们一视同仁，从而采用灵活的子整体的、多维度的复杂方式，而非僵化或绝对论的方式，来尽力了解整合的、完整的、众多的、永久止境地揭示宇宙的无穷语境。

这极其类似唯心主义者大力强调的两种理性之间的差别：纯粹形式的、陈述性的、经验分析的理性，以及对白式的、辩证的、网络导向型的理性（统观逻辑）。唯心主义者将前者称为 Verstand，后者称为 Vernunft。他们认为 Vernunft 或统观逻辑是比纯粹的 Verstand 或形式理性更高的进化阶段。

盖普瑟也认为，统观逻辑是比形式理性更高的进化发展阶段。但除了盖普瑟和唯心主义者，持这一观点的还大有人在。前文中再三提到，从尤尔根·哈马贝斯到卡罗尔·吉利根以来的许多重要理论家都认为，后形式的、辩证的认知是比形式运思更高的、更具包容性的理性模式（见书中的许多图表）。说认知发展从形式演进到后形式，也就是说，文化发展从现代演进到了后现代。这无疑是一个复杂的、四象限的问题，涉及从工业社会到信息社会之类的许多重要发展。但这种认知模式是一个关键的要素，从最好的方面来说，后现代世界就是个后形式的世界。

统观逻辑不仅能够识别大量的相互联系，它自身也是这个相互关联的宇宙的内在成分，因此，统观逻辑不仅描述了宇宙，也是宇宙的**行为表现**（performance）。当然，所有真正的认知模式都是这种行为表现，但只有发展到了统观逻辑阶段，我们才能自觉地认识到并清楚地表达出这个道理。黑格尔在最早的开创性研究中就已经这样做了——在黑格尔的理论中，统观逻辑在发展中意识到了自身，索绪尔在语言学研究中也在做同样的事情。[①] 索绪尔接受了统观逻辑，将它运用到语言学当中，从而在人类历史上首次揭示了语言的网络结构。这种语言学转向事实上就是研究语言本身的统观逻辑。

这种统观逻辑催生了自然科学中大量复杂的系统理论。后现代主义者之所以认为含义依赖于语境，而语境又是无限的，其后盾也正是这种统观逻辑。在所有这些（和更多的）运动中，我们都看到了统观逻辑的光辉手臂，它揭示了子整体相互联系的无尽网络，而这恰恰形成了宇宙自身的结构。

因此，我认为，大体而言，意识到“整合的无透视”意识的重要性，是后现代主义的第三个重要（而有效的）信息。

---

① 见尾注 13.7。

灾难

上面讲的都是后现代性的优点。但如前所述，仅仅以整体论来取代原子论，或者以网络导向来取代分析和分裂，是远远不够的。因为，令人忧心的是：任何认知模式都可能会失败，都可能会仅仅局限于表面、外在性或右侧象限的世界。事实上，统观逻辑几乎刚刚在进化历史中英勇地现身，就被疯狂地席卷现代世界的平地运动粉碎掉了。

语言的失败

事实上，我们再三谈到，系统科学自身就在这样做。系统科学（以自己的方式）否认了“我”和“我们”世界中的任何基本现实，将它们完全还原成网络动态系统中紧密结合的“它们”。这是实践中的统观逻辑，然而也是残缺不全的统观逻辑，被绑缚在外在事物和经验客体的床上。它是整体论，但仅仅是外在的整体论，完全消除了内在性，否定了左侧象限（“我”和“我们”）广阔世界的任何合理性。第三人称的枷锁不再是原子论的，现在，这个枷锁整个地交织起来了。

同样的命运等待着整个后现代主义思潮中形形色色的产物。这些后现代运动最初可嘉地信赖统观逻辑和整合的无透视意识——但仍然没有挣脱平地的强大引力——但最终往往微妙地体现出乃至于延伸出还原论思想。它们诚然是新的、更高形式的理性，但这种理性仍然陷在平地之中。它们仅仅成为了改头换面的平地整体论、物质一元论和独白式狂热。尽管它们高声宣称，它们克服了现代性的灾难，破坏了它，解构了它，炸毁了它，但事实上，它们仍然向这种灾难屈服了。

深度的缺席

事实上，总体而言，大多数后现代主义者最后都会不厌其烦地否定深度。深度似乎正在遭受平地的攻击，并认同了侵略者。后现代主义者开始信仰表面、支持表面、推崇表面，也仅仅限于表面。只存在可变的能指链，万物都是物质的文本，表面之下别无他物，只有表面而已。正如布莱特·伊斯顿·埃利斯[①]在《美国狂魔》（*American Psycho*）中所说："没有什么是确定的，'宽容精神'这种说法根本派不上用场，只是陈词滥调，是个拙劣的玩笑……反省是无用的，世界是毫无意义的。表面，表面，表面是意义之所在……这就是我看到的文明，是个粗糙的庞然大物。"

罗伯特·阿尔特在评论威廉·H·加斯的《隧道》（*The Tunnel*）——这本书被许多人认为是登峰造极的后现代小说——时指出：这部后现代杰作最突出的技巧就是"将万物故意还原成最平淡乏味的表面"，它所采用的方法是"否认我们在道德或美学价值观之间作出重大区别或价值排序的可能性。没有内在性：谋杀者和受难者、情人和自慰者、无私者和心胸狭隘者都必然会化为相同的尘土。"这同样是平地的不同表述。

"将万物还原成最平淡乏味的表面……没有内在性"，这句话完美地描述了平地——它始于现代性，却受到了极端的后现代主义者的夸大和推崇："表面，表面，表面是意义之所在……"。

阿尔特完全是正确的，后现代性无法在或拒绝在"在道德或美学价值观之间作出重大区别或价值排序"。前文中再三谈到，在右侧世界中没有价值观，没有内在性，也没有定性的区分——没有意识状态，没有超个人意识的领域，没有超意识的启示，没有灵性的觉悟——因为它们仅仅存在于左侧领域。因此，将宇宙消解成右侧的表面就脱离了真实的世界，进入名为"失格的宇宙"（disqualified universe）的"阴阳魔界"[②]。此

---

① 布莱特·伊斯顿·埃利斯（Bret Easton Ellis，1964—），美国小说家、编剧家。

② 美国一部电视剧的剧名，英文名为 *Twilight Zone*。

时没有内在的子整体序，没有“我”和“我们”的价值排序，没有任何种类的定性区分——没有深度，没有神性，没有意识，没有灵魂，也没有灵性：“我们能够找到的，仅仅只有表面，表面，表面。”[①]

因此，极端的后现代主义者就从要求平等看待所有视角的卓越洞见，演变成了自相矛盾的、没有哪种视角比其他视角更好的信仰（说它自相矛盾，是因为：他们认为自己所持的信仰比所有其他信仰要高明得多）。因此，在平地的强大引力下，“整合的无透视”意识纯粹变成了“无透视的疯狂”（aperspectival madness）——自相矛盾的、没有哪种信仰比其他信仰更高明的信仰，在面对无数视角时完全丧失了思想、意志和行动，赋予它们相同的深度，即没有深度。

在《隧道》这部后现代的杰作中，作者加斯谈到了“完美的后现代形式”，就是将“万事万物都粗俗化，将污染物质予以污染，将被炸毁之物予以炸毁，将废弃之物予以废弃……完全是表面……无论你探索多久，多远，内部都毫无所有，没有内在性，没有深度。”

没有内在性，没有深度，这也许是极端后现代主义的完美信条。就像现代性经常滑向分裂那样，后现代性经常滑向表面。

结论

后现代时代的持久贡献——世界在某种程度上是建构之物，是诠释之物；所有的含义都依赖于语境；语境是无限子整体的——是任何整合观点无疑都需要接纳的真理。所有这些洞见都可以最笼统地概括为：现代性区分了“三巨头”，后现代性却将它们予以整合，从而达到了包容性的、整合的、非排他性的信仰。这种整合做法是建构性的后现代性的核心，

---

① 见尾注 13.8。

也是任何真正整合的心理学和灵性的核心。

但是，就像现代性分化经常滑向分裂那样，后现代领域的整合式信仰也经常滑向“无透视的疯狂”——否定任何定性区分，并彻底否定子整体序。既然只有通过子整体序才能形成整体论，那么，否定了前者时，后现代性也就在事实上否定了后者。因此，它提供给世界的，不是整体论而是杂烩论（heapism）：多元化失去控制，无法将多种声音整合、协调起来。没有立场在本质上比任何立场都更好；所有的阶层都在将某些东西边缘化，因此应该受到拒绝；应该平等地对待所有声音，不要有任何边缘化或判断。

这种做法的内在悖论就在于：后现代多元主义的立场——依赖于后形式的统观逻辑和“整合的无透视”认知——本身就至少是层级式发展的5个主要阶段（从感觉运动到前运思，到具体运思，到形式运思，到后形式）的产物。从非常成熟的、后习俗的、后形式的、多元化的意识发展观——希望公正平等地对待所有人——来看，后现代主义彻底否定了发展的重要性，否定了观点有更进步或更深刻之说，并在事实上否定了世界中心优越于民族中心的主张。简而言之，它完全否定了自身的立场。事实上，首先只有从后形式的、后习俗的更高意识发展层次出发，才能理解多元论。否定发展和进步也就是彻底否定多元论，滑到了相同的表面世界中，此时，定性差异和子整体序都彻底消失了。正是出于这个原因，后现代的多元主义者始终很难解释我们为何应该拒绝纳粹和三K党——如果所有观点是平等的，为何不接纳他们？这就是无透视的疯狂。

因此，借助于相对主义、多元主义和文化多元论等重要真理，后现代主义展现了充满多种声音的世界，但它随后又退回来，观看着这众多的声音沦为巴别塔，每种声音都声称自己是对的，然而，它们鲜能真正尊重其他声音的价值。每种声音都自行其是，于是，每个人都活跃地走上了不同的道路。这最终没有像后现代主义声称的那样解放众多的声音，而仅仅是让它们匆匆跑到这个碎片化世界的各个遥远角落，彼此孤立、疏远起来，在孤独中养育着自己，迷失在表面世界的舞曲之中。解构性的后现代主义试图摆脱平地，最终却成为了它最声音洪亮的拥护者。

与此同时，建构性的后现代主义则努力将多种语境从多元论中解放出来，然后继续向前，将它们编织成彼此密切关联的网络（几乎所有的图表都表明了这一点。不管我们怎么称呼，全面的整体论都取代了多元相对主义。尤其可以参考迪尔德丽·克拉默尔、吉塞纳·拉博维奇－菲夫、简·欣诺特、丹·贝克、克莱尔·格雷夫斯、苏珊娜·库克－格鲁特、基奇纳和金、布兰查德－菲尔德、威廉·珀利、谢里尔·阿蒙的观点）。这种整合的无透视观——多元性中的统一、普遍的整合主义——揭示了宇宙的相互关联性和无限嵌套的结构，以及彼此充分接纳，从而将多元杂烩论转变成全面整体论的巨大子整体序。

（就螺旋动力学而言，后现代主义的巨大优点在于它从橙色唯物主义转变成了绿色多元论，竭力对被边缘化的合理事物变得更加包容和敏感。但是绿色多元论的缺点在于它的主观主义和相对主义，这让世界变得四分五裂。正如克莱尔·格雷夫斯所说："这个体系以相对主义的眼光来观察世界。其观点近乎激进地、近乎不由自主地强调：基于相对主义的、主观的参考框架来了解万事万物。"无论这些多重语境对超越科学唯物主义有多么重要，如果它们自身就成为了目标，它们就会妨碍第二层意识结构——在全局的－整体的信仰中将这些碎片重新组合起来——的产生。任何真正的整合模式都要依赖于第二层意识结构的产生，这是建构性的后现代主义应该走的道路。）

对整合心理学而言，后现代主义含义颇丰。首先，它重新确认了什么是心理学：意识本身的建构和创造能力——意识不仅反映世界，也参与创造了世界。世界不仅是知觉（perception），也是诠释（interpretation）。诠释始终是宇宙的内在特征，因为意识和内在性始终是宇宙的内在特征，但只有通过内省和诠释才能发现内在性。意识是无限子整体的，这是后现代主义最终的主旨。

因此，任何整合理论在自身结构中应该明智地包含建构性的、语境的、“整合的无透视”维度。我们现在或许就应该转向这种整体信念。

第十四章
意识研究的 1-2-3

身心问题

真正的整合（全层次、全象限）方法有助于化解的首个重要问题，就是叔本华所说的“世界之结”，亦即身心问题。

因此，我们首先大胆地提出这种看法：很多身心问题都是平地的产物。身心的区分问题至少就像文明那样古老，以前从来没有困扰过任何人。身心的分裂是现代与后现代意识的特有病变，与宇宙被解析成平地的过程是同时发生的。在平地中，在身心关系这个问题上，我们面临着很难克服的困境：心灵（意识、感受、想法、觉悟）——简而言之，就是左侧领域——在纯粹用右侧方式（肉体和大脑）描述的世界中毫无立锥之地，心灵成为了“机器中的幽灵”。于是，我们就遇到了两个似乎绝对却自相矛盾的真理：直接经验的真理，它明白无误地告诉我，意识是存在的；科学的真理，它明白无误地告诉我，世界仅仅是由基本单位（夸克、原子、弦，等等）的排列组合构成的，不具有任何意识，不管怎样重新排列组合这些毫无心智的基本单位，都不能产生心灵。

与探讨这个话题的流行作家相反，关注身心问题的著名哲学家们比以往更加确信这个问题的刚性本质。这个“世界之结“根本没有大家都认同的解决办法。事实上，在最近几十年中，许多著名作品都在关注各种解决办法所遇到的绝对无法逾越的障碍。基思·坎贝尔（Keith Campbell）总结了人们含糊而晦涩的看法：“我猜想，我们永远都不会知道（身心关系的）玄奥。身心问题的这个方面似乎是无法解决的，人性的这个面向似乎注定永远超越了我们的理解能力。”

然而，人们提出了许多解决方案，其中最著名的就是二元论（互动论）和物质主义（科学唯物主义）。二元论的观点在现代社会的初期（从笛卡尔到莱布尼茨）最具影响力，但此后物质主义逐渐抬头，尤其是在现在成为了主导性观点。①

物质主义（或唯物主义）方法声称，只有一个被物理学和其他自然科学完美地描述出来的物质宇宙，在这个物质宇宙的任何地方都不存在意识、心灵、灵性体验或觉悟，因此这些“内在性”纯粹是幻觉（或者，充其量是不具备任何真正实在性的副产品）。有些物质主义方法考虑到了各种更高层次的复杂系统的产生（如大脑、大脑新皮质、自创生的神经系统，等等）。但它们指出，这些更高层次的系统仍然是客观的现实，不具有任何可以称为意识、心灵或灵性体验的事物，因为体验有“感质”（qualia）或特征，例如痛苦和喜悦，这些特征不是客观系统的属性。因此，客观系统没有办法产生这些“心理的”特征，因此，这些特征仅仅是复杂系统虚假的副产品，自身不具有自性或实在性。

（在我看来，这种主张表明：客观系统都是用“它－语言”描述的，而体验、意识和感质都是用“我－语言”描述的，因此，如果你相信科学描述的世界是“很真实的”世界——毕竟，我们有许多很好的理由相信，科学是发现真理的最佳候选人——那么，你自然就会相信，感质、体验

① 见尾注 14.1。

和意识都不是“很真实的”，它们是科学所揭示的真实世界的幻象、副产品或次要特征。）

尽管种种改头换面的物质主义尤其广受认可，与其说这是因为物质主义很有效，毋宁说是因为其他替代性理论要糟糕得多。甚至唯物主义者也承认自己的观点存在着重大的问题。加伦·斯特罗森这样说：“作为唯物主义者，我假定经验现象是在大脑中被认识到的。但是，当我们按照当今物理学和神经生理学的思路来了解大脑时，我们不得不承认，我们并不知道经验是如何在大脑中被认识到的，甚至也不知道其原因。”约翰·希尔勒说：“唯物主义理论的批评者们通常或多或少都表现为技术上的反对，但事实上，潜藏在这种技术抗议背后的，是深刻得多的抗议……被置疑的理论忽略了心灵的某些基本特征，例如意识或‘感质’或语义学成分……”杰格文·吉姆——其“随附性”（supervenience）理论是极其深刻的新物质主义——断言，物质主义方法似乎“走到了穷途末路”。托马斯·纳格尔断言：“物质主义是我们无法理解的观点，因为我们现在根本就不知道，它如何才能成为正确的。”柯林·麦克金声明，我们永远无法解决这个问题：意识是如何从大脑中产生的。这就是物质主义者们自身所得出的结论！

二元论者因此尖锐地批评物质主义中存在的这些无法逾越的问题，并对唯物主义者说：“我们知道意识以某种形式存在着，因为它属于人类所拥有的“核心”直觉，因此，如果要否认意识，就需要作出有力的解释。我们都能直接感受到意识，但我们不能直接感受到夸克或原子（或物质世界的基本单位）。因此，我不必采取你们那样的做法，从夸克入手，然后推论说意识并不存在。你必须从意识入手，解释你是如何形成‘意识并不存在’的荒唐观点的。”

二元论者因此主张，世界上至少存在着两种实体：意识和物质。两者都不能被还原成对方，相反，它们会“互动”（因此，这种观点还有个常用名称，叫互动论）。但是，这样的话，二元论者就会面临这个古老的难题：两个本质上不同的事物如何能够影响对方呢？每个人都知道，幽灵能穿过墙壁，而不会将墙壁推倒，那么，幽灵般的心灵究竟怎样才能对肉体产生任何真正的影响呢？因此，二元论者虽然转变了观点，认为心灵无法被还原成物质，但他们根本无法讲清楚，心灵是如何影响物质的。因此，打个比方说，二元论者很难解释我为何能够移动自己的手臂。

（唯心主义者说，心灵和身体都是灵性的形式，因此它们并不是不相容的或本体不同的实体，而仅仅是相同事物的两个不同侧面。他们藉此解决了这个问题。这是个令人满意的解决办法，但前提是承认灵性，然而大多数现代和后现代哲学家都不承认灵性，因此，很少有人讨论这种观点。我们稍后会重新讨论它。）

然而，二元论者也指出了自身主张中存在的无法克服的问题。（他们之所以坚持其主张，主要是因为物质主义的另类理论甚至更加糟糕。）杰弗里·马德尔说：“似乎只有互动论者的二元论才是更合理的框架，能够接纳我们的经验事实。”（因为，我们可以看到，互动论至少承认了“我”和“它”世界的不可否认的现实。）然而，“心理世界和物质世界之间的因果联系的本质……是极其神秘的。”（幽灵是如何穿过墙壁的？）卡尔·波普尔爵士表明了二元论的核心问题：“我们想要了解的是，目的、意图、计划、决策、理论、压力和价值观等无形事物如何能够发挥作用，在物质世界中产生有形的变化。”波普尔说，二元论者的互动论所提供的结论，不可能让我们获得这种知识。

“心灵”和“身体”指的是什么？

我认为，其中的一部分问题在于，两种主要观点都采用了平地的理论模式，然后试图修改这些模式，以便找到出路，但几乎所有人都认为，他们所找到的出路是不如人意的。如果我们改而采用“全层次、全象限”的方法，那么，我们首先注意到的就是“心灵”和“身体”都具有两种迥然不同的含义，表明它们各自在事实上隐藏着四个问题。利用图 12 可以非常容易地了解这一点。

首先，“身体”可以指整体上的“生物有机体”，包括大脑（大脑新皮质、大脑边缘系统、爬行动物的脑干，等等）。换句话说，“身体”可以指整个右上象限，也就是我说的“有机体”。我也会将“有机体”称为身体，见图 12。因此，大脑位于身体之内，这是普遍认可的科学观点（也是对右上象限的精确描述）。

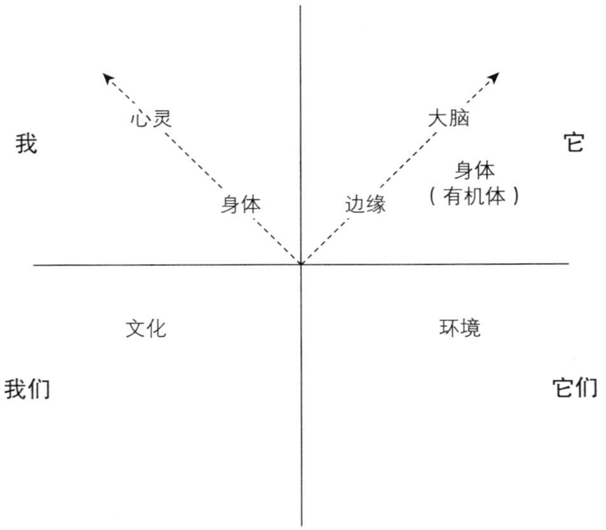

图 12　“心灵”和“身体”的含义

但是，“身体”也可以指可感身体的主观感受、情绪和知觉，普通人也的确会这样理解它。当普通人说“我的心灵和肉体在交战”时，他指的是，他的意志正在与某种肉体的欲望或爱好（比如性或食物）做斗争。换句话说，在这种常见用法中，身体指自身内在性的较低层次。在图 12

中，我将这称为左上象限的“身体”，它仅仅指可感身体的感受和情绪（与表示整个客观有机体的“身体”相反）。

从身体转向心灵时，许多科学研究者简单地将心灵等同于大脑，他们只愿意谈论大脑状态、神经递质、认知科学等等。如图 12 所示，我也会用“大脑”这个词来指右上象限的较高层次（例如大脑新皮质）。

与此同时，当普通人说“我的心灵和肉体在交战”时，他并不是说他的大脑新皮质正在与其大脑边缘系统交战，他用“心灵”这个术语来指自身内在性的较高层次，亦即左上象限的较高层次（尽管他或许并没有严格地运用那些术语），换句话说，他的理性意志正在与其感受或欲望交战（形式运思正在与生命冲动和感觉运动维度交战）。心灵是用第一人称现象叙事和“我－语言”描述的，而大脑是用第三人称客观叙事和“它－语言”描述的。图 12 对此予以了阐释。

关于心灵和身体，还有个常见的含义：“心灵”通常可以指内在的维度（或左侧象限），而“身体”通常可以指外在的维度（或右侧象限）。出现这种用法时，我会特别指明。

棘手的问题

这就是“世界之结”，是平地的内在悖论：身体位于心灵之中，但大脑位于身体之中。

这两种说法都是对的，但它们在平地中是自相矛盾的，这种矛盾在很大程度上催生了“世界之结”。

如图 1、3、8 所示，可感身体位于心灵之中。也就是说，具体运思超越并包含了生命感受和感觉运动意识，而形式运思超越并包含了具体运思，因此，心灵超越并包括了身体（正是出于这个原因，每个发展学家都知道，心灵常常能够影响身体，或者说，形式运思能够影响具体运思，而具体运思则能影响感觉运动，以此类推）。每个物质主义者都承认心灵的这个“超验”部分（例如我的心灵能够指挥手臂的运动），同样，每个二元论者也都承认并试图接纳它（但在这样做时，他们将它变成了仍然认可平地分裂的二元论，见下文）。

随着宇宙被解析成平地（自然主义、物质主义、科学唯物主义），主观世界的内在现实仍然会被感知到，并被直觉强烈地觉知到（心灵能够主宰身体，某种程度上的自由意志是真实的，意识是存在的，存在着合一的体验），但这些现实面对着只有科学的“它－语言”描述的世界，只有这个世界被认为是最终真实的。在这个世界中，大脑仅仅是身体的组成部分，是自然的生物有机体的组成部分，因此意识在某种程度上必然是这个大脑的功能。但是，就像权威们告诉我们的，大脑中绝对没有类似于心灵和意识的感质、体验或现实一类的事物。因此，我们必然会将意识还原为大脑（从而否认意识以自身的方式存在着），或者承认二元论是真实的，并在此后无法解释我为何能够挥动手臂（或这个现实如何影响那个现实）。

我认为，所有这些解决办法都是在平地范式中出现的。我会在尾注中讨论技术上的细节。更笼统地说，我们也许只需要注意以下内容：

唯物主义者将心灵还原成了大脑，既然大脑事实上是有机体的组成部分，那么，二元性就是不存在的，身心问题就此解决了！这是对的，大脑是有机体的组成部分，是物质世界的组成部分，因而二元性是不存在的，在这样的宇宙中，同样没有任何价值观、意识、深度或神性。这种还原论正是物质主义者施加给现实的“解决办法”，并盛行于大多数形式的认知科学、神经科学、系统理论之中：将左侧还原成右侧，从而声称解决了这个难题。

但是，大多数人，乃至于大多数科学家，都担心这种“解决办法”，而问题也仍然没有解决，这是因为：即便唯物主义者宣称二元性是不存在的，大多数人却不这样看，因为他们感觉到了自身的心灵和身体之间（想法和感受之间）的差别——每当他们有意识地决定挥动手臂时，每当他们磨练意志时，他们就能感受到这一点——他们也感受到了主观世界与客观世界之间的差别。普通人在这两点上都是对的。我们现在来依次讨论它们：

在心灵（形式运思）和可感身体（生命冲动和感觉运动）之间存在着差别，我们可以在内在的（或左侧象限的）领域中体验到这种区别。这不是二元论，而是“超越并包含”的例子，几乎每个理性的成年人都能感觉到这个“超验”部分，因为正常的心灵能够控制身体及其欲望。对左侧领域来说，这在现象上是真实的。但是，当“身体”指右侧象限的有机体，“心灵”指右侧象限的大脑时，就无法描述这些定性发展的内在阶段了（从身体到心智，到灵魂，到灵性），所有这些定性差异在物质一元论——它抹杀了而非解决了这个问题——中就都完全消失了。

与此同时，二元论者承认意识和物质都是真实的，但他们通常会绝望地发现无法将两者联系起来。通常所说的“内在的心灵”和通常所说的“外在的身体”似乎被无法逾越的鸿沟分开了——主体和客体之间的二元论。在形式运思的层次上（或通常所说的理性），常常会产生这种讨论，二元论者此时是对的：内部性和外部性是极其真实的二元性，否认这种二元性的企图几乎始终被证明是肤浅的，是在玩弄语义学的把戏，否认者口头上宣称主体与客体是不二的，同时却仍然让观察外在世界的自我显得永远是独立的。

正是在此处，发展的超理性阶段对这种讨论大有帮助。例如，在开悟的状态，显而易见，主体和客体是同一个事物的两个方面，内在性和外在性是“一味”的两个侧面。许多接触到这种发展波的个体对此有明确的共识，按照其看法，如何将两者联系起来不是问题。相反，问题在于：我们不能在理性层次上完全理解这种真正不二的解决办法。事实上，简单地说，就理性的角度而言，主客体不二的现象会导致各种难以解决的问题和悖论。[①] 此外，如果真正能够采用理性的方式理解这种不二，那么，伟大的唯物主义和二元论哲学家们（其中许多人都是公认的天才）也许早在很久以前就会明白了，而身心问题也就算不上是个问题了。

但是，辩论的双方通常都认同身心问题是无法解决的，其原因并不在于他们不够聪明，无法弄明白这个问题，而在于：只有在后理性发展阶段才能解决这个问题，而大多数理性研究者通常都会怀疑、忽略或积极地否认这个阶段。但是，从根本上而言，这个问题就等于说：理性主义者主张，能够证明毕达哥拉斯定理[②]。处于前理性阶段的个体不会认同乃至于理解这种证明。然而，理性主义者提出的这种观点是合理的，对于任何发展到理性层次并研究过几何的人来说，这种观点是完全正确的。

身心问题的不二解决办法同样如此。那些发展到意识进化的不二阶段的人几乎都会认同：意识和物质、内在和外在、自我和世界，都是一味。主体和客体都是同一个事物的不同现实和特征，是真正的“多样性中的统一”（unity-in-diversity）。但是，我们无法用理性的方式来表达这种多样性中的统一，让那些还不具有超理性体验的个体明白其意义。因此，那些想知道解决办法的人，只有在更深的意识发展中才能找到其“证据”。尽管这种解决办法（“如果你想了解其全部特征，就必须继续发展自己的意识”）不会让理性主义者（无论是二元论者还是物质主义者）感到满意，但是，根据真正整合的范式来看，只有这种解决办法才是合理

---

① 见尾注 14.2。

② 又称为“勾股定理”，是平面几何中一个基本而重要的定理。这一定理说明，平面上的直角三角形的两条直角边的长度的平方和等于斜边长的平方。反之，若平面上三角形中两边长的平方和等于第三边边长的平方，则它是直角三角形（直角所对的边是第三边）。

的。当我们听到坎贝尔说身心问题的解决办法“永远超越了我们的理解力”时，我们能够予以纠正：它没有超越人类的理解力，只是超越了理性阶段的理解力。这种解决办法是后理性的，如果我们乐意向这个方向努力，我们就能充分了解它。

解开世界之结的两个阶段

我们可以用图 13 来表达其中的某些困境，这个图是平地的地图。如果你将它与图 8 进行对比，你会看到，所有的内在领域（身体、心智、灵魂和灵性）都被解析成了他们的外在（物质）对应物，据说只有后者才是最终真实的，这就让心灵（或通常所说的“意识”）悬浮在了空中。这恰恰是问题之所在。

更详细地说，这个无法克服的问题（世界之结）就是：如何将心灵同时与身体（或感受、欲望等更低的内在层次）和客观有机体（或大脑、

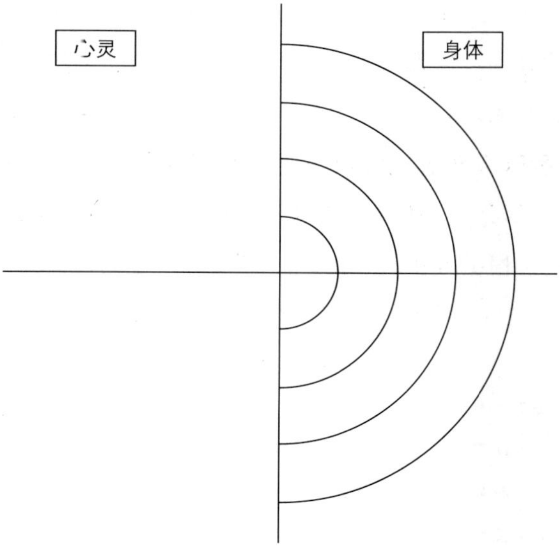

图 13　平地

物质环境）联系起来。如前所述，物质主义者将心灵还原成了大脑或有机体，从而无法解释心灵自身的现实，二元论者则让心灵悬浮于空中，切断了它自身（在身体中）的根基，以及外在的（有机体）世界，从而成为了蹩脚的二元论。

在图 13 描述的平地范式中，这个问题事实上是无法解决的。我已经指出，解决办法涉及“全层次、全象限”的观点，要让心灵重新进入自身的身体之中，并让心灵与自身有机体紧密地联系起来。归根到底，这样做需要借助于后理性的不二意识发展阶段的启示。

这意味着，这种解决办法需要承认更高发展阶段的存在。但是，如果我们自己还没有达到这些更高的阶段，如果我们不能指望其他人也这样做，那么，我们如何能解开这个世界之结呢？我认为，我们首先至少可以承认并接纳所有四个象限中的现实。也就是说，如果我们自身——在我们自身的意识发展中——无法成为“全层次的”（从物质到身体，到心智，到灵魂，到灵性），那么，我们至少可以努力成为“全象限的”（这意味着，在我们努力解释意识时，我们至少要包含“三巨头”）。

因此，为了解开这个身心问题的世界之结，我提出了两个整体阶段。①第一个阶段是从还原论的叙事转向全象限的叙事。承认四象限（或三巨头）让我们能够平等地接纳第一人称的现象学叙事（“我”）、第二人称的主体间背景（“我们”），以及第三人称的物质系统（“它”），我们将这三者称为“意识研究的 1–2–3”。

然后，第二个阶段就是从“全象限”转向“全层次、全象限”。我们会依次审视这两个阶段。

---

① 见尾注 14.3。

第一步：全象限

说有机体和环境会共同进化是不够的，说文化和环境会共同进化也是不够的。这四者都在同时进化。

也就是说，客观有机体（右上象限）及其DNA、神经通路、大脑系统、行为模式，会与客观环境、生态系统、社会现实（右下象限）彼此交互影响，事实上会同时进化。同样，个体意识（左上象限）及其意向、结构、状态会在个体内部产生，并与主体间文化（左下象限）彼此交互影响，个体意识置身于主体间文化之中，反过来也帮助创造了主体间文化，因此，它们也是共同进化的。但是，同样重要的是，主观意向和客观行为也会互相影响（例如通过意志和反应），同样，文化世界观也会与社会结构互相影响。换句话说，所有四个象限——有机体、环境、意识和文化——都会影响对方并被对方影响，它们是“四维共同进化”的。

（这是“如何”发生的并不重要，我认为，在后理性的不二阶段，这种“如何”会被更充分地揭示出来。目前只需要承认，这种交互影响从现象上来看是不可否认的。无论你是否认为它在理论上是可能的，你的心灵都会与身体交互影响，心灵与文化也会交互影响，心灵与物质有机体、有机体与环境也无不如此，它们是“四维交互影响”的。）

如前所述，意识的主观特征（波、流、状态）与有机体的客观特征（尤其是大脑、神经生理学和个体的各种器官系统）紧密相连，而文化背景则首先让意义和理解力得以产生，它们又都奠基于社会制度之上。我在《万物简史》中曾经谈到，即便单个的念头也不可分割地扎根于所有四个象限——意向的、行为的、文化的、社会的——之中，如果不考虑到所有四个象限，就无法轻易地理解这个念头。

因此，在写作《意识的整合理论》等书时，我强调说，我们需要找到通向意识的方法，来分化 – 整合所有四个象限（或简称为“我”、“我们”、“它”的三巨头；或第一人称、第二人称和第三人称叙事；或意识研究的 1–2–3）。

这乍听起来是很离谱的要求，但事实上，在人类历史上，我们首次有了足够的资源，至少可以用来着手进行这样的事业。想想吧：在主观意识的左上象限，我们有大量的研究成果和证据，可以包含全部的长青哲学（它提供了三千年来内在领域方面严格搜集的资料），以及现代发展心理学的大量研究成果。书中的图表概括了大量的证据，它们显著地证明：即便无数的细节尚未得到解决，意识范畴的大体轮廓已经被明显地勾勒出来了。所有这些图表的总体共性极具启发性，作个概览，它们就能表明我们至少大体上是正确的。

同样，我们可以怀着合理的信心来这样评价（主体间世界观的）左下象限和（技术 – 经济生产方式的）右下象限。历时大约 100 年的后现代主义运动充分表明了多元主义的文化世界观和背景的重要性（甚至哈马贝斯等朝着理性努力的理论家也认为，所有的主张在部分程度上都始终存在于文化背景之中）；而且，学者们大体上都认同，文化世界观在历史上的演进顺序是：原始的、魔法的、神话的、心理的、全球的（尽管人们对各种文化世界观的价值存在着某些分歧）。同样，在右下象限，很少有学者置疑社会生产力的演进顺序：采集社会、种植社会、农耕社会、工业社会和信息社会。这两个象限——文化的和社会的——尽管还有无数细节尚未解决，但今天的人们比以往任何时候都更好地了解了其总体轮廓。

对右上象限的研究——尤其是大脑生理学和认知科学——仍然处于初期阶段，人们还有待于在这个象限就意识的充分整合观做出更多的重要发现。（我之所以比别人更少谈到这个象限，其中有个原因就是：尽管认知科学和神经科学的拥护者们——如切西兰等人——作出了热烈的宣告，但这两门科学仍只是天真幼稚的婴儿。）然而，我们对这个象限的了解，就像婴儿的成长那样迅速，如今，即便其轮廓仍然有待阐明，我们至少有充分的知识来确定神经生理学与其他现实维度之间的关系。

因此，开始采用全象限方法——或者说，同等重视第一人称现象叙事、第二人称主体间结构和第三人称科学 / 客观系统（意识研究的 1–2–3）的方法——的时机无疑已经成熟了。

许多迹象表明这个最初阶段已经起步了。《意识研究期刊》（*The Journal of Consciousness Studies*）定期发表文章，主张这种平衡的方法，若干著作最近也令人信服地主张这种平衡。弗兰西斯科·瓦利拉和乔纳森·希尔编辑的《内在的视野》（*The View from Within*）就是个杰出的例子。他们所捍卫的观点基本上是神经现象学的，此时，第一人称经验和第三人称系统产生了相互的约束，并往往由第二人称立场来居中调解。“继续孤立地保持第一人称描述是毫无意义的，我们需要与第三人称研究建立合适的纽带，以便协调和约束它们。（这通常意味着第二人称立场的居中调解。）整体结果应该迈向整合或全球的思维视角，此时，无论是经验的（第一人称的、左上象限的）还是外在的机制（第三人称的、右上象限的），都不具有最终的决定权。全球（整合）视角因此需要具有明确的彼此约束、交互影响和限定。”当我说，所有象限都是交互限定的（和“四维交互影响的”），我指的也是这个意思。

马克斯·威尔曼斯的文集《现象意识的研究》（*Investigating Phenomennal Consciousness*）是另一部强调整合方法的杰作。它包含了阿尔文·斯科特、格雷格·辛普森、霍华德·谢夫林、理查德·史蒂芬、简·亨利、查尔斯·塔特、弗兰西斯科·瓦利拉、威尔伯、沃尔西和威尔曼斯的图表。威廉·布劳德和罗斯玛利·安德森合著的《社会科学的超个人研究方法》（*Transpersonal Research Methods of the Social Sciences*）

也是“整合式研究”的精选之作。

第二步：全层次

我认为，这个领域需要继续充实，让全象限方法继续前进，进入第二个阶段，即全层次。

许多全象限方法都充分认识到了意识的超个人领域。例如，罗伯特·弗曼指出，至少需要承认三个超个人状态：清净意识（或无相灭尽）、二元神秘意识（或持久的自性/觉照意识）、不二状态（或持久的不二证悟）。而且，许多全象限方法（包括乔纳森·希尔和隆·杰夫宁、弗兰西斯科·瓦利拉、詹姆斯·奥斯丁、罗伯特·弗曼、布劳德和安德森等人的）的方法论在很大程度上都明显汲取了冥修和禅定的法门。

然而，在上述许多作者身上，如鲍德温、哈马贝斯、罗文格、格雷夫斯、科尔伯格、韦德、库克–格鲁特、贝克、凯根，我们都很难发现他们充分理解了意识发展的阶段概念，即便如此，大量证据仍然能够表明其理论的正确性。仅仅意识到第一人称现实会交互影响和限定第三人称机制是不够的，两者都需要与第二人称中介发生联系。我们同样需要认识到，第一人称意识会发展，并在发展时经历许多已被充分研究过的阶段。而且，第二人称意识也在发展，这种发展也得到了广泛的研究。最后，第三人称意识的能力也在发展（如皮亚杰认知），这同样得到了充分的研究。[①] 也许，由于许多全象限理论家都来自于现象学背景（自身不容易察觉到阶段），他们往往会忽略所有四个象限中发展的意识波。[②] 尽管如此，我认为，真正的整合方法会从纯粹的“全象限”转向“全层次、

---

① 见尾注 14.4。

② 见尾注 14.5。

全象限”，或者说，贯穿所有层次的 1–2–3。

显然还有大量二作有待完成。但是，数量惊人的证据——前现代的、现代的、后现代的——都强有力地指向了全象限、全层次的整合方法。这些证据的数量之多不可阻挡地表明：我们如今虽然不能形成某种绝对完满的、整合的意识观念，却能够在此后永不罢休地努力。

第十五章

全面接纳

那么，我们应该怎样了解世界呢？古代充满了光辉的奇迹，而现代完全失控？后现代则四分五裂？或者，也许进化是个绝对的过程，今天处于最幸运的时代？是进化还是退化？我们对前现代、现代和后现代的认可，意味着我们无疑承认某种发展。即便以“后现代”自居的理论家们也暗示说，他们在某种程度上超越了他们之前的现代人，不是吗？我们应该如何权衡历史上不容否认的进步和同样不容否认的恐怖之事？而这种权衡又让我们如何接纳前现代、现代和后现代的精粹，从而产生真正的整合心理学呢？

前现代性的启示

每个时代都有不朽的真理，也都有病态的畸变。

前现代性骄人地揭示出了存有巨巢，然后往往用僵化的、等级森严的方式运用这个概念，来为无数的压迫进行辩护。现代性将价值领域分化开来，开创了自由民主、女权主义等各种事物，然后让这些分化沦为了分裂，从而让猖獗的科学唯物主义企图抹杀分化最初解放出来的各种价值观：技术理性几乎毁灭了人文科学，然而，正是这种技术理性最初带来了人文科学。而现代失格的宇宙就像火山灰那样，令人窒息地降落在各个地方。后现代起初出色地解构了现代平地的梦魇，最终却接纳乃至于强化了它们，因此，它的统观逻辑不仅没有迎来整合，而且，其整合目的被推迟了几十年。

在努力摒弃每个时代的畸变的同时，我们要尽量尊重其真理，因为它们都是关于人类潜能的真理。忽略以往的真理——无论是个体发展还是种族发展——恰恰是病变的本质特征。因此，整合方法（也是合理的方法）试图尊重和承认这些不朽的真理，并将它们融入意识发展的浪潮之中，因为它们都是关于我们当下的自性的真理。

从前现代的遗产中，我们学到了“存在和认知巨巢”，知道它是通向灵性的道路图——不是按照僵化的既定方式，而是作为流动的、“温柔的信仰”的形态形成场。这种古代智慧的不朽真理包括：现实和意识的层次（或维度）观点，从物质发展到身体，到心智，到灵魂，到灵性，同时，灵性作为整个显现世界的根基，完全地、同等地存在于所有这些层次之中。每个更高层次都超越并包含了它的前续层次，因此，这个巨巢是从尘土上升到神性的、充满越来越广阔的爱和慈悲接纳的子整体序，宇宙的每个角落都感受到了它的恩典、关爱或光明。

古代的智者们教导我们，正是由于现实是多层次的——有物质的、情绪的、心理的、灵性的维度——并非等着所有人去发现的单层次之物，所以，你必须**充分达到**你试图了解的客观层次。灵魂并不活跃于外在的物质世界之中，我们无法用显微镜、望远镜或感光片来观察它。如果你想观察灵魂，你必须转向内心，必须发展自己的意识和能力，以便察觉更深层次的自我，而后者会揭示更高层次的现实，即超越的深刻内在性：向内探索得越深，你就能进入越高的现实。

对整合心理学来说，这意味着我们应该努力尊重全部的意识范畴，从物质到身体，到心智，到灵魂，到灵性，而不管它们叫什么，外观如何，现代研究能够证实多少个层次（5 个、7 个、12 个或 20 个。承认相关多维度的丰富性比确定准确的数目更重要）。我指出了大约 16 个主要波，它们可以缩减成 9 ~ 10 个功能群（都标明在图表中），但所有这些分类法都仅仅是研究生命长河中从物质到心智，到灵性的众多波——它们是前现代智慧的最宝贵遗产——的不同方法。

对整合心理学而言，这也意味着个体最深的动力——衍生出所有其他动力的主要动力——就是通过自身的存在来实现整个巨巢，从而让个体充分认识到，他是灿烂地照耀世界的灵性的载体，是整个的世界。我们都是上帝——宇宙中每个行为的目的和根基——的儿女，只有当我们自身的“娘生面[①]”在每个黎明都迎接我们时，我们才能安心。

古代大师将这种大自在化为了永久的证悟，而非转瞬即逝的微光——永久的特征，而不仅仅是变异状态——从而给我们留下了卓越的灵修体系，这些体系都有个共同点，就是：它们帮助我们呈现我们自身的神性巨巢的更高层次，使我们加快通向神性的步伐。更完美的灵修则强调上升流——带领我们从身体上升到心智，到灵魂，到灵性，以及下降流——接受灵性的洞见，并通过肉身和蒙受祝福的尘世生活体现出来，从而将空性的超越性和内在性整合起来。

任何时候，只要我们现代人稍停片刻，进入静默之中，非常仔细地聆听，我们最深处的本质就会开始闪耀出微弱的光芒，引导我们接触到深刻的奥秘和内在的召唤，接触到超越时空的无限光明——我们被引向了无所不在的灵性世界，那是我们可敬先人中的最卓越者率先发现的东西。他们如此慈悲，给我们留下了通向那个无限世界的整体图，这个图名叫存有巨巢，是我们自身内在性的地图，也是我们自身灵性的考古学。

---

① 娘生面（original face），禅宗术语，指人心本具的真如佛性。

现代性的启示

我们从现代性中汲取的不朽真理就是三巨头（真、善、美）的分化和发展。[①] 随着普遍的意识模式从过去以来持续地成长和进化，因为进化在部分程度上受到了分化－整合的影响，巨巢的概念越来越在普遍的、文化的层面上分化和整合起来，而不仅仅限于少数几个先驱者。过去只有最贤明者才能理解的分化，如今变成了寻常的普遍观点。[②]

随着艺术、道德、科学的“三巨头”开始广泛地分化并变得明朗起来——我、我们和它；第一人称、第二人称和第三人称；自我、文化和自然；美、善、真——它们各自产生了各自的真理并互相井水不犯河水。现代性将这些分化离析成了分裂［因此，科学唯物主义能够（事实上也在）殖民着其他价值领域］，我们应该谴责这种病态的分裂，而非谴责分化所具有的自豪感，因为分化开创了许多东西：民主、女权主义、奴隶制的废除、生态科学的兴起，以及过去三十多年间全球人均寿命的延长。这的确非常值得自豪。

因此，我们从现代性中学到，巨巢的每个层次都需要被普遍地分化成四个象限（或三巨头）。我们也学习到，每个象限都在发展，因此，整合心理学需要关注任何个体身上呈现的这些发展。

对整合心理学来说，这意味着，人类可以达到的基本意识层次需要被谨慎地分化成各种发展线。众多不同的发展线或流（认知、道德、审美、情感、需求、认同、视角等）都会经过巨巢的层次或波（身体、心智、灵魂、灵性）。整合心理学需要描述任何特定个体身上呈现的所有不同波和流。

我们将这种全景图称为“整合式心理图”（见图 2、图 3）。当个体的

---

① 见尾注 15.1。

② 见尾注 15.2。

意识发展流进入越来越深的、越来越高的波中——从身体到心智，到灵魂，到灵性，从前习俗到习俗，到后习俗，到后－后习俗时，这种方法让我们能够非常笼统地探察到这些流，也让我们更容易识别任何“胶着点”——任何病变、断裂的支点、发展的失败、分裂的子人格、被疏远的意识侧面。通过更好地了解胶着点的成因和结构，我们就能更有效地治疗它们。尽管各种病变和疗法具有某些重要的差异（这是因为每个基本波的结构在性质上是不同的），然而，它们都尽力让意识察觉到了这个问题，因此，意识能够重新调整其子整体序结构，让自身的进化越来越深刻地发展，从前个人发展到个人，再到超个人，从潜意识发展到自我意识，再到超意识。

进化不会将我们与宇宙中的其余事物隔绝开来，相反，它让我们与它们联合起来。从尘土中创造鸟儿、从岩石中创作诗歌的宇宙之流，也从本我中创造了自我，从自我中创造了智者。每个象限中的发展都是按照那种模式体现出来的“创造中的灵性”，在越来越包容的巨大形态形成场中，通过“温柔的信仰”发生作用。这个宇宙的进化之流——这条爱欲的长河，在永远流动的爱中将人类和非人类子整体结合起来——事实上就是推动太阳和群星的爱。现代性的持久贡献——揭示了三巨头的分化和发展，让我们能够在许多波和流中追踪到这种不断发展的爱。

后现代性的启示

现代性对于价值领域的分化让后现代性准确地观察到，四象限是如何相互影响的。每个客观场景都有主观的和主体间的成分，每个子整体都有四个象限。世界不仅仅是客观的、右侧象限的事物，也具有内在的深度、意识、内在性以及宝贵的左侧世界。结构主义意味着意识不仅反映世界，也参与建构世界。语境主义意味着子整体是无限嵌套的。整合的无透视观意味着在全面的接纳中，必须包括尽可能多的视角。宇宙是无限子整体的——这是后现代主义的思想。

对任何整合研究来说，这意味着我们必须万分留心，确保现代性的重要分化在事实上被整合起来，不让三巨头四分五裂；不让微妙还原论悄悄渗透进来，产生平地整体论。任何研究意识的方法其实是 1–2–3 方法，包含并同等重视意识的第一人称、第二人称、第三人称叙事：意识流的第一人称（或现象）叙事是个体的直接体验（左上象限）；对那些事实的第二人称沟通置身于特定的语言结构、世界观和背景环境之中（左下象限）；第三人称科学描述则关注从大脑结构到社会系统的对应机制、系统和有形网络（右侧象限）。

这种“全象限”方法是通向真正的整合模式的第一步。第二步则补充了“全层次”方法，探索第一、第二、第三人称意识的发展阶段，换句话说，它探索了所有象限中的波和流、层次和线。[①] 这样做就产生了“全层次、全象限”的整合研究方法，跨越了众多领域：科学、历史、宗教、人类学、哲学、心理学、教育、政治、商业。

就个体而言，这样做产生的是整合心理学、整合疗法和整合灵修练习。

创造中的灵性已走向觉醒

如果这种“全层次、全象限”方法获得成功，我们就能接纳前现代性（全层次）、现代性（全象限）和后现代整合（全层次、全象限）的某些更持久的真理。

我写作本书的目的，不仅是要特别关注整合心理学，也想探索总体

---

① 见尾注 15.3。

上的整合办法，试图汲取前现代、现代和后现代观点的精粹（而不仅仅是现代思想流派中的精粹），同时摒弃那些极端主义者的谬见。显然，正如我在引言中所说，这种方法只能从最笼统的概括入手，有些人或许会说，这是很糟糕的概括，但如果我们想开始进行这种努力，就必须找个地方下手，因此我认为，这种方法并不赖。但是，本书的主要目的仅仅是抛砖引玉，而不是盖棺定论。

如果我们当真生活在“整合的无透视观”时代，那么，这些类型的整合努力就会越来越司空见惯。有些会更好，有些会更糟糕；有些是恰当的，有些是有害的；有些是真正整合的，有些是带倾向性的。但会有许多这样的尝试，我认为，所有这些尝试都有利于产生美丽的整合彩虹，如今，这道彩虹正开始照耀——无论它有多么短暂——整个世界。

事实上，这是统观逻辑时代的黎明，网络社会和后现代的、无透视的互联网地球村正在兴起。各种形式的进化开始觉知到了自身。“创造中的灵性”开始更广泛地觉醒。如今，宇宙进化正在形成全面接纳的理论和行为。这种爱欲会穿透你和我，敦促我们去包含、多样化、尊重和接纳。当爱欲将以前无关的事物联系起来，将奄奄待毙的碎片化世界整合起来，推动太阳和群星的爱就在推动着这样的理论，并且也会推动许多其他的理论。

有些人会说这些整合努力“有力地显示了无所不在的‘世界灵魂’的真正面目”，还有人会说这样做的时机已经成熟，但确切无疑的是：不够全面的努力正开始丧失其魅力，平地、碎片化和还原论也已不再那么吸引人。由于爱欲在我们身上（并通过我们）产生着微妙的奇迹，平地、碎片化和还原论蛊惑心灵的力量正逐日衰减。

如果我们相信人类无数时代的集体智慧，那么，我们或许就能说：

这种爱欲就是“创造中的灵性”，它起初将自身投入外界，创造了巨大的、具有各种奇妙可能性的巨大形态形成场（就是我们所知的“巨巢”）。

物质由它而开始；生命由它而持续；心灵由它而开始觉醒。随着这种“创造中的灵性”继续进行着进化游戏，它将自身分化成了真、善、美的模式。现在，这种“创造中的灵性”开始共同意识到了自身，随着它缓慢地将世界——这个世界已经忘记了如何去爱——的碎片结合起来，它开启了全面接纳的时代，包括：地球村、交际互联网、整合理论和网络社会。

同样，正是这种“创造中的灵性”写下了这本书，而让你阅读本书的也是这种“创造中的灵性”。从潜意识到自我意识，到超意识，伟大的游戏在持续进行，生命长河在不停流动，它所有壮观的水流都汇入了“一味”之海，绝没有真正的生灭得失。圣殿的屋顶上也只有这种水流声，此外别无它物。

图　表

图表 1a: 威尔伯相关

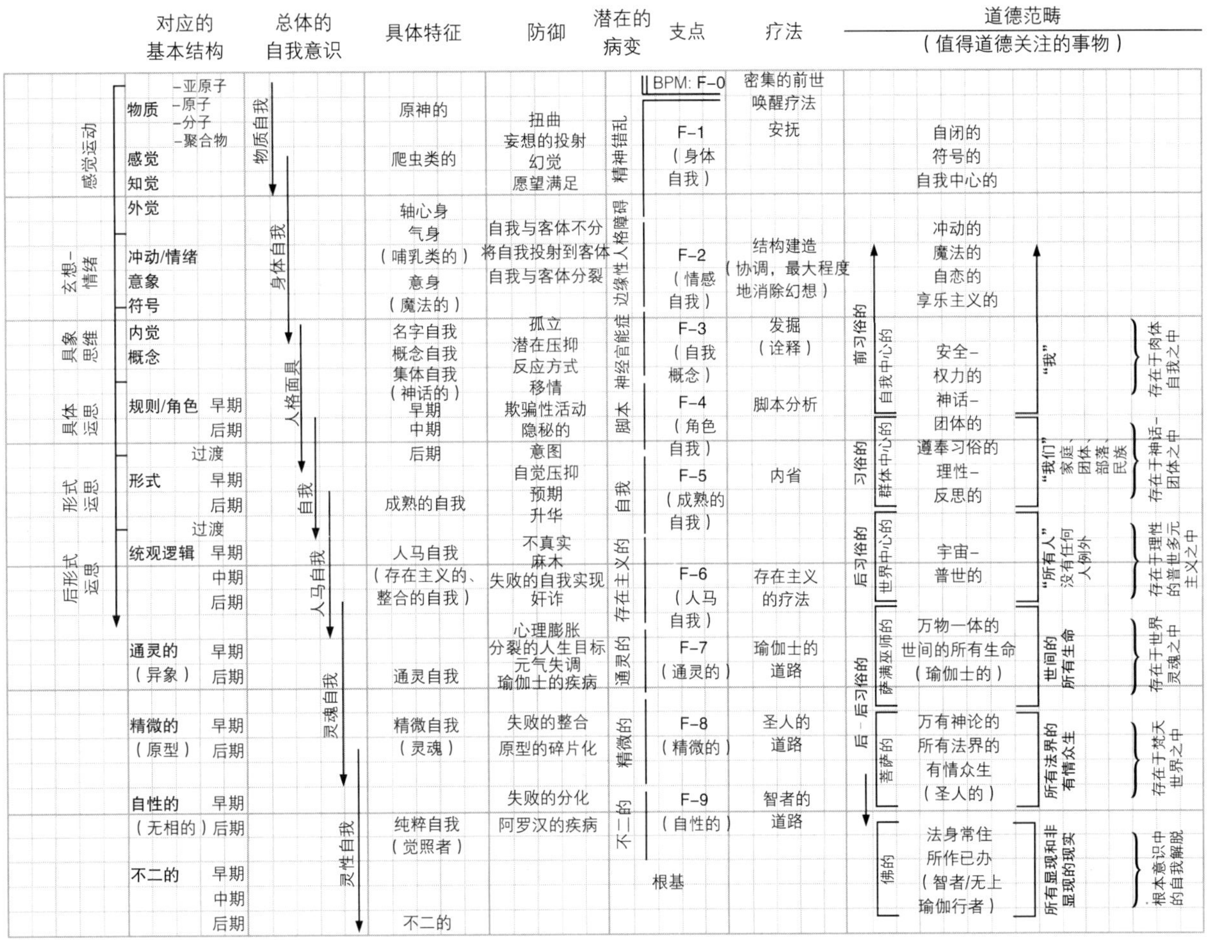
对应的基本结构
总体的自我意识
具体特征
防御
潜在的病变
支点
疗法
道德范畴
（值得道德关注的事物）
感觉运动
幻想－情绪
具象思维
具体运思
形式运思
后形式运思
物质
－亚原子
－原子
－分子
－聚合物
感觉
知觉
外觉
冲动/情绪
意象
符号
内觉
概念
规则/角色
早期
后期
过渡
形式
早期
后期
过渡
统观逻辑
早期
中期
后期
通灵的
（异象）
早期
后期
精微的
（原型）
早期
后期
自性的
（无相的）
早期
后期
不二的
早期
中期
后期
物质自我
身体自我
人格面具
自我
人马自我
灵魂自我
灵性自我
原神的
爬虫类的
轴心身
气身
（哺乳类的）
意身
（魔法的）
名字自我
概念自我
集体自我
（神话的）
早期
中期
后期
成熟的自我
人马自我
（存在主义的、整合的自我）
通灵自我
精微自我
（灵魂）
纯粹自我
（觉照者）
不二的
扭曲
妄想的投射
幻觉
愿望满足
自我与客体不分
将自我投射到客体
自我与客体分裂
孤立
潜在压抑
反应方式
移情
欺骗性活动
隐秘的
意图
自觉压抑
预期
升华
不真实
麻木
失败的自我实现
奸诈
心理膨胀
分裂的人生目标
元气失调
瑜伽士的疾病
失败的整合
原型的碎片化
失败的分化
阿罗汉的疾病
精神错乱
边缘性人格障碍
神经官能症
脚本
自我
存在主义的
通灵的
精微的
不二的
BPM: F-0
F-1
（身体自我）
F-2
（情感自我）
F-3
（自我概念）
F-4
（角色自我）
F-5
（成熟的自我）
F-6
（人马自我）
F-7
（通灵的）
F-8
（精微的）
F-9
（自性的）
根基
密集的前世唤醒疗法
安抚
结构建造
（协调，最大程度地消除幻想）
发掘
（诠释）
脚本分析
内省
存在主义的疗法
瑜伽士的道路
圣人的道路
智者的道路
自闭的
符号的
自我中心的
冲动的
魔法的
自恋的
享乐主义的
前习俗的
自我中心的
安全－
权力的
神话－
团体的
"我"
存在于肉体自我之中
习俗的
群体中心的
遵奉习俗的
理性－
反思的
"我们"
家庭、团体、部落、民族
存在于神话－团体之中
后习俗的
世界中心的
宇宙－
普世的
"所有人"
没有任何人例外
存在于理性的普世多元主义之中
后－后习俗的
萨满巫师的
万物一体的
世间的所有生命
（瑜伽士的）
世间的所有生命
存在于世界灵魂之中
菩萨的
万有神论的
所有法界的
有情众生
（圣人的）
所有法界的有情众生
存在于梵天世界之中
佛的
法身常住
所作已办
（智者/无上瑜伽行者）
所有显现和非显现的现实
根本意识中的自我解脱

图表 1b：威尔伯相关

	对应的基本结构		情感	“食物”层次（相关的交换/流）	性别认同	世界观：名称	世界观：总体特征	
感觉运动	物质	–亚原子 –原子 –分子 –聚合物	• 反应性	物质交换	• 形态遗传的既定事实			
	感觉		• 感觉	–食物		原始的	• 未分化的，原神的	
	知觉		• 理疗状态：	–劳动	• 无分别的			
	外觉		触摸，温度，快乐，痛苦			原始–魔法的	• 幻觉中的愿望满足，主客体不分，自我客体	自我中心的
幻想–情绪	冲动/情绪		• 原始感情：	情感交流	• 有分别的			
	意象		紧张，恐惧，发脾气，满足	–性	基本的性别认同	魔法的	• 自我中心的，咒语的，自恋的，魔法拥有者=自我	
	符号			–安全，				
具象思维	内觉		• 二级情感：	力量		魔法–神话的	• 受到挑战的全能自我，安全，自我的无限权能转移到了众神身上	
	概念		焦虑，愤怒，愿望，喜欢，安全	–归属感，				
				关爱	• 性别惯例	神话的（字面的）	• 形象–字面的神话，魔法拥有者=被神化的他者	民族中心的
具体运思	规则/角色	早期	• 三级情感：	心理交流				
		后期	爱，喜悦，沮丧，憎恨，归属感	–团体感	• 性别一致性	神话–理性的	• 将神话结构理性化，除去神话色彩，形式化	
		过渡		交谈	（规范）			
形式运思	形式	早期	• 四级情感：	–自我反思式的		理性的形式主义	• 静态的普遍形式主义	
		后期	普遍之爱，	交流			• 静态的系统/环境	世界中心的
		过渡	普世正义，关爱，慈悲，对整个人类的爱，			多元相对主义	• 多元系统，动态而多样的环境/历史	
后形式运思	统观逻辑	早期		–自主交流	• 双性化			
		中期	世界中心的无私精神		（超越了分别的）	整体论的整合主义	• 整合了多种语境，范式的，跨范式的	
		后期					• 辩证的；作为世界进程的发展主义	
	通灵的	早期	• 敬畏，狂喜，	灵魂交流		通灵的（萨满巫师的，瑜伽士的）	• 与世界进程融为一体，自然神秘主义，粗重世界的和谐	
	（异象）	后期	对所有物种的爱，慈悲	–通灵的异象				以神为中心的
				–神交	• 原型的性别合一			
	精微的	早期	• 极乐，法喜，			精微的（原型的，圣人的）	• 与粗重世界的女性创造者（creatrix）融为一体，神性神秘主义，精微世界的和谐	
	（原型）	后期	爱的天堂，圣洁的献身精神	–与神合一	（密宗）			
	自性的	早期	• 无限自由的解脱	灵性交流	• 超越性别	自性的（无相的，智者的）	• 与显现世界的源头融为一体，无相神秘主义，自性的和谐	
	（无相的）	后期		–神性认同				
			菩萨的					
	不二的	早期	慈悲	–霎哈嘉[1]		不二的（无上瑜伽行者的）	• 空色不二，灵性和世界进程，不二神秘主义	
		中期	• 一味					
		后期						

①霎哈嘉（sahaja）是印度瑜伽中的术语，本意是“自然而然、与生俱来”的意思。

图表 2a：其他系统的基本结构

	基本结构	休斯顿·史密斯的层次（平面）	普罗提诺	佛教的识	史坦·葛罗夫	约翰·巴蒂斯塔（John Battista）	脉轮	总体的存在巨链	詹姆斯·马克·鲍德温
感觉运动	物质 -亚原子 -原子 -分子 -聚合物 感觉 知觉 外觉	身体（人间的）	物质 感觉 知觉	（意识的层次） 1–5. 五官感觉	BPM：诞生于海洋中 肉体的	感觉 知觉	1. 物质	物质	前逻辑的
幻想－情绪	冲动/情绪 意象 符号		快乐/痛苦 意象		审美的	情绪	2. 情绪-性欲	身体	
具象思维	内觉 概念		概念 观点		心理动力的 弗洛伊德式的情绪业结（COEX）系统		3. 意图，力量		准逻辑的
具体运思	规则/角色 早期 后期	心智的（中间的）				认知		心智	
形式运思	过渡 形式 早期 后期		逻辑能力	6.意识（思考粗重世界的心智）		自我意识的	4. 团体感，爱 5. 语言-理性		逻辑的
后形式运思	过渡 统观逻辑 早期 中期 后期		创意理性		存在主义的死亡－重生（于海洋中）				外逻辑的
	通灵的（异象） 早期 后期		世界灵魂	7.末那识（高等心智）	星芒体的－通灵的		6. 通灵能力，眉心轮（异象）		超逻辑的
	精微的（原型） 早期 后期	灵魂（天堂的）	圣智	8.有漏的阿赖耶识（原型的）	人外的认同 原型的神 光明	和谐的	7. 顶轮 超越意识 光明（更高的声音脉轮，灭尽）	灵魂	
	自性的（无相的） 早期 后期				宇宙之心 超宇宙的空				
	不二的 早期 中期 后期	灵性（无限的）	太一	9.真如实相的不二意识	终极的	绝对的	（在实相中打开所有的脉轮）	灵性	

图表 2b：其他系统的基本结构

	基本结构		总体的存在巨链	奥罗宾多	喀巴拉	吠檀多 状态	吠檀多 身体	吠檀多 外壳层	威廉·提勒（William Tiller）	利德贝特（Leadbetter，神智学）	阿迪·达（Adi Da）
感觉运动	物质	-亚原子 -原子 -分子 -聚合物	物质	肉体的	国度轮	清醒	粗重身	1.物质的（食物所成身）	身体的	身体的	1.肉体
	感觉			感觉					以太体的	以太体的（微细身体的）	
	知觉			知觉							
	外觉		身体								
幻想-情绪	冲动/情绪			生命力-情绪的	奠基轮			2.情绪-性欲的（气所成身）	星芒体的	星芒体的（情绪的）	2.情绪身体
	意象										
	符号										
具象思维	内觉								m-1（低等心智）		
	概念			低等心智							
					凯旋轮/光辉轮						
具体运思	规则/角色	早期	心智	形象心智							
		后期						3.中等心智（意所成身）		心理的	
		过渡									3.低等心智 意志力 粗重心智
形式运思	形式	早期		逻辑心智（理性）		做梦	精微身		m-2（理性心智）		
		后期									
		过渡			华美轮					自性的（高等心智）	
后形式运思	统观逻辑	早期		高等心智（系统）							
		中期									
		后期									4.高等心智 通灵的开端
	通灵的（异象）	早期	灵魂（通灵的、精微的）	明心	恩慈轮/权能轮			4.高等心智（识所成身）			
		后期							m-3（灵性心智）		
	精微的（原型）	早期		直觉心	智慧轮/悟觉轮					佛的（明心）	5.超心理的 通灵的/精微的
		后期									
										宇宙灵性	
	自性的	早期	灵性（自性的、不二的）	超越之心	王冠	深度睡眠	自性身	5.大乐心（大梵福佑的身） 梵我（超越第四境）			6.无相灭尽，无分别智
	（无相的）	后期							灵性	单子/逻各斯	
	不二的	早期		至上之心	虚空 无限	第四境	第四境身				
		中期									7.俱生有
		后期		真智乐							

图表 3a：认知发展

出现的平均年龄		对应的基本结构		皮亚杰	康芒斯和理查德	库特·费希尔 层次	亚历山大（心智的层次）
		物质 -亚原子 -原子 -分子 -聚合物					
0~18 个月	感觉运动	感觉				1.单个感觉运动的组合	
		知觉		感觉运动	1a 感觉运动的行为	（3～4个月）	1.感觉运动
1~3岁	幻想-情绪	外觉				2.感觉运动映射	
					1b 判断性行为	（7～8个月）	
		冲动/情绪				3.感觉运动系统	2.普拉那-情绪-欲望
		意象		前概念		（11～13个月）	
		符号		前运思	2a 象征性行为	4.单个具象的组合	
3~6岁	具象思维	内觉		直觉（概念）	2b 前运思行为	（20～24个月）	
		概念		前运思		5.具象映射（4～5岁）	3.具象思维
7~8	具体运思	规则/角色	早期	具体运思-子阶段1	3a 原发行为	6.具象系统（6～7.5岁）	
9~10			后期	”　” -子阶段2	3b 具体运思		
11~12	形式运思		过渡	过渡[后期具体运思/早期形式运思（子阶段1）]	4a 抽象运思	7.抽象概念的组合（10～12岁）	
13~14		形式	早期	形式运思-子阶段2	4b 形式运思	8.抽象概念映射（11～15岁）	
15~19			后期	”　” -子阶段3			4.抽象思维
19~21			过渡	（过渡-后期形式运思/早期多重认知）	5a 系统的	9.抽象概念系统（19～21岁）	
通向	后形式运思	统观逻辑	早期	（多重逻辑-两重系统）	5b 元系统的	10.两重系统（24～26岁）	
↓			中期		6a 范式的		
[21~28]			后期		6b 跨范式的		
最早可能出现于 [28~35]		通灵的	早期				
		（异象）	后期				
							5.超验直觉
[35~42]		精微的	早期				
↓		（原型）	后期				
[42~49]		自性的	早期				6.本心
		（无相的）	后期				7.纯粹自我
[49~]		不二的	早期				8.梵我
			中期				
			后期				

图表 3b：认知发展

	对应的基本结构	总体认知线	帕斯科尔-莱昂	赫普·柯洛维兹	奥罗宾多尊者	帕特里夏·阿林	吉塞纳·拉博维奇-菲夫	简·欣诺特	迈克尔·巴塞基
感觉运动	物质 –亚原子 –原子 –分子 –聚合物	粗重的			肉体的				
	感觉								
	知觉		感觉运动的			感觉运动		感觉运动	
	外觉								
幻想-情绪	冲动/情绪				生命力 情绪的				
	意象								
	符号		前运思的			前运思		前运思	
具象思维	内觉								
	概念				低等心智				
							符号的		
具体运思	规则/角色 早期	粗重-反思的			形象心智	2a.低等具体运思		具体运思	1a.前形式的
	后期		后期具体运思的			2b.高等具体运思			
形式运思	过渡		早期形式运思的			3a.低等形式运思			
	形式 早期		形式运思的	形式的	逻辑心智（理性）	3b.高等形式运思	系统内的	形式运思	1b.形式的 2.过渡的后形式的
	后期		后期形式运思的						
后形式运思	过渡		前辩证的	系统		4a.后形式运思	系统间的	相对论的大统一理论	3.总体的高级的
	统观逻辑 早期		辩证的	总体系统	高等心智（系统）	4b–e.后期后形式运思（辩证的）	自主的		4.高级的
	中期		超验思维	一元观					辩证思维
	后期			↓					
	通灵的（异象） 早期				明心				
	后期	精微的							
	精微的（原型） 早期				直觉心				
	后期								
	自性的（无相的） 早期	自性的			超越之心				
	后期								
	不二的 早期	不二的			至上之心				
	中期								
	后期				真智乐				

图表 4a：自我相关阶段

	对应的基本结构	简·罗文格（自我阶段）	约翰·布罗顿（自我认识论）	苏利文、格兰特和格兰特（Sullivan, Grant, and Grant，自我整合）	支点（威尔伯）	詹尼·韦德	米歇尔·沃西布恩	爱利克·埃里克森
感觉运动	物质 -亚原子 -原子 -分子 -聚合物				F-0 胎儿期的深度通灵迹象	pre, peri, neonatal（可能是超验的）		
	感觉	前社会的自我中心的			F-1	1.反应性的	最初植入	信任VS怀疑
	知觉							
	外觉						身体自我	
玄想-情绪				1.自我与非自我的分化				
	冲动/情绪	共生的			F-2	2.天真的	原始的潜在压抑	自主VS羞愧和怀疑
	意象							
	符号	冲动的		2.渴求操控				
具象思维	内觉						心理自我	
	概念		0.自我在“里面”，现实在“外面”	3.力量	F-3	3.自我中心的		主动性VS罪疚和焦虑
		自我保护的	1.大人的心灵，幼儿的身体	a.规则“恪守良知的”				
具体运思	规则/角色 早期		2.幼稚的主观主义，身心被区别开来	b.规则“遵奉习俗的”				
	后期	遵奉习俗的			F-4	4.遵奉习俗的		勤奋VS自卑
形式运思	过渡	恪守良知的-遵奉习俗的	3.人格面具VS内在的自我					
	形式 早期	恪守良知的	4.二元论者或实证主义者，愤世嫉俗的，机械论的	4.早期个性化				认同VS角色混淆
	后期				F-5	5.成就/隶属于团体的		
后形式运思	过渡	个人主义的	5.内在的观察者，与自我区分开来	5.连贯性				亲密/孤立
	统观逻辑 早期	自主的		6.自我一致性			在超越中的潜在压抑	生成/停滞
	中期	整合的	6.对整合的自我的身心体验	7.相对论-整合	F-6	6.本真的		健全/绝望
	后期							
	通灵的 早期							
	（异象） 后期				F-7		灵性的新生	
	精微的 早期				F-8			
	（原型） 后期					7.超验的		
	自性的 早期				F-9			
	（无相的）后期							
						8.一元的	整合	
	不二的 早期							
	中期				不二的			
	后期							

图表4b：自我相关阶段

	对应的基本结构		主要的自我线	诺曼：神话阶段	诺曼：心理学阶段	舍勒（结构组成）	帕斯科尔-莱昂（自我发展）	卡尔·雅斯贝尔斯	鲁道夫·斯坦纳	丹·贝克（螺旋动力学）
感觉运动	物质 -亚原子 -原子 -分子 -聚合物			原神	原神的				肉体	
					爬虫类的融合					
	感觉			蛇	蛇的成长	有机体的生存	超越现象学自我或普通成人自我的自我发展阶段=先验自我（康德、胡塞尔）的阶段	存在主义现象学还原（或冥思）的层次类型		1.本能的
	知觉				蛇成为母亲				以太体	
	外觉		前额自我		愿望满足					
				伟大的母亲	魔法的	本能的影响				
幻想-情绪	冲动/情绪				母亲的乱伦				星芒体（情绪的）	2.魔法-泛灵论的
	意象				身体自我 自恋					
	符号			世界之父与世界之母的分离	恋父/恋母					
具象思维	内觉			巨龙之战	意识/潜意识	联想性回忆			感觉灵魂	3.权力争霸的
	概念			英雄的诞生	自我产生了强烈的本能					
具体运思	规则/角色	早期		母亲被杀死	阿尼玛的分化	实践能力				4.绝对论-宗教的
		后期								
		过渡		父亲被杀死	阿尼姆斯的分化					
形式运思	形式	早期							理性灵魂	5.个人主义-成就的
		后期		俘虏和宝藏	成熟的自我	创造性的灵性能力	1.存在主义的自我	1.以经验为依据的		
		过渡								6.相对主义的
后形式运思	统观逻辑	早期		转变	自我的整合		2.二元性的自我	2.概念的		7.系统的-整合的
		中期	深度通灵的（或灵魂）	↓			3.辩证的自我	3.短暂的	意识灵魂	
		后期					4.觉悟的自我（四维思考）	4.真正的冥思		8.全体的-整体论的
	通灵的（异象）	早期							灵性自我	9.珊瑚色
		后期								↓
	精微的（原型）	早期	觉照者（自性）						灵性生命	
		后期								
	自性的（无相的）	早期							灵性之人	
		后期								
	不二的	早期								
		中期								
		后期								

图表 4c：自我相关阶段

	对应的基本结构		苏珊娜·库克-格鲁特 视角		自我意识	特点	克莱尔·格雷夫斯（自我类型）	罗伯特·凯根	支点（威尔伯）	
感觉运动	物质 –亚原子 –原子 –分子 –聚合物								F-0	
	感觉									
	知觉			无	前社会的	自我中心的，未分化的	1.自闭的	0.与环境未分离的	F-1	身体的
	外觉									
玄想-情绪	冲动/情绪			无	共生的	混淆的，困惑的	2.魔法-泛灵论的			
	意象									
	符号		前习俗的	第一人称	冲动的	初步的自我标签化		1.冲动的	F-2	情绪的
具象思维	内觉						3.自我中心的			
	概念				自我保护的	基本的区分，概念		2.专横的	F-3	心理的：自我概念
具体运思	规则/角色	早期		第二人称	规则导向的	早期角色	4.群体中心的			
		后期	习俗的		遵奉习俗的	简单角色				角色自我，人格面具
形式运思		过渡		第三人称	自我意识的	内省		3.人际的	F-4	
	形式	早期			目的导向的	历史的自我	5.多元性的			
		后期			恪守良知的	多种角色	6.相对主义的/个人主义的	4.形式的-习俗的	F-5	自我（理性的，反思的）
后形式运思		过渡	后习俗的	第四人称	个人主义的	自我的相对性				
	统观逻辑	早期			自主的	作为系统的自我	7.系统的（整合的）			整合的：
		中期		第五人称	自我觉照的	作为建构物的自我		5.后形式的-个体间的	F-6	人马自我
		后期		第六人称	建构-觉照的	澄明的自我				
				全球的	全世界的	自我超越				
	通灵的	早期		宇宙的	宇宙的					
	（异象）	后期							F-7	灵魂：通灵的
	精微的	早期								
	（原型）	后期							F-8	精微的
	自性的	早期								
	（无相的）	后期							F-9	灵性：自性的
	不二的	早期								
		中期							不二的	不二的
		后期								

图表 5a：道德和视角的自我相关阶段

	对应的基本结构			科尔伯格（道德判断）	托伯特（行动-探究的层次）	布兰查德-菲尔德（社会情绪的发展）	基奇纳和金（反思判断）	迪尔德丽·克拉默尔（社会认知阶段）	威廉·珀利（自我观）
感觉运动	物质 –亚原子 –原子 –分子 –聚合物								
	感觉								
	知觉								
	外觉								
玄想-情绪	冲动/情绪								
	意象								
	符号		前习俗的	0.渴望魔力	1.冲动的		1.具体种类		
具象思维	内觉							1.未分化	
	概念					1.单个视角	2.表象关联		1.二元论的
				1.惩罚/服从					
具体运思	规则/角色	早期			2.机会主义者	2.二元论者-绝对论者	3.个人印象	2.先成说	2.早期多样性
		后期		2.天真的享乐主义					
形式运思		过渡	习俗的	3.他人的认可	3.外交家	3.多种结果	4.抽象概念	3.形式论/机械论	3/4.多样性
	形式	早期		4.法律与秩序	4.技术员	4.早期多元视角	5.相对主义 语境主义	4.静态的相对主义，多元主义	5.相对主义 多元主义 献身精神
		后期		4/5.过渡	5.成就者			5.静态系统	
后形式运思		过渡	后习俗的	5.优先权 社会契约		5.多元视角	6.早期综合	6.动态相对主义，语境主义	
	统观逻辑	早期			6.存在主义的		7.综合		6/7.早期
		中期		6.普世的 道德的	7.讽刺家（超验的）↓	6.整合的多元视角		7.动态辩证主义（将文化和历史系统整合成不断演变的社会结构）	8/9中期，后期
		后期							
	通灵的（异象）	早期	后-后习俗的	7.普世的 灵性的					
		后期							
	精微的（原型）	早期							
		后期							
	自性的（无相的）	早期							
		后期							
	不二的	早期							
		中期							
		后期							

图表 5b：道德和视角的自我相关阶段

认知阶段	对应的基本结构		特纳（Turner）/鲍威尔（承担社会角色）	谢里尔·阿蒙（美德阶段）		佩克（Peck，道德动机）	世界观（威尔伯）名称	世界观（威尔伯）总体特征	
感觉运动	物质 -亚原子 -原子 -分子 -聚合物								
	感觉		承担角色的层次和类型				原始的	• 未分化的，原神的	
	知觉								
幻想-情绪	外觉						原始-魔法的	• 幻觉中的愿望满足，主客体不分，“自我客体”	自我中心的
	冲动/情绪					无道德感的-冲动的			
	意象						魔法的	• 自我中心的，咒语的，自恋的，魔法拥有者=自我	
	符号		认同的						
具象思维	内觉		非反思的	前习俗的			魔法-神话的	• 受到挑战的全能自我，安全，自我的无限权能转移到了众神身上	
	概念					功利的-自我保护的			
具体运思	规则/角色	早期	认同的 反思的第三方		1.彻底的利己主义		神话的（字面的）	• 形象-字面的神话，魔法拥有者=被神化的他者	民族中心的
		后期	非反思的第三方		2.功利导向的利己主义	遵奉习俗的（非理性的-恪守良知的）	神话-理性的	• 将神话结构理性化，除去神话色彩，形式化	
形式运思		过渡	反思的交互的	习俗的	3.情感的亲密沟通				
	形式	早期			4.个性		理性的形式主义	• 静态的普遍形式主义	
		后期			4/5.主观的相对主义			• 静态的系统/环境	世界中心的
后形式运思		过渡	同感	后习俗的		理性的-无私的	多元相对主义	• 多元系统，动态而多样的环境/历史	
	统观逻辑	早期			5.自律				
		中期			6.宇宙整体论		整体论的整合主义	• 整合了多种语境，范式的	
		后期	社交的天才					• 跨范式的，辩证的；作为世界进程的发展主义	
	通灵的（异象）	早期					通灵的（萨满巫师的，瑜伽士的）	• 与世界进程融为一体，自然神秘主义，粗重世界的和谐	以神为中心的
		后期							
	精微的（原型）	早期					精微的（原型的，圣人的）	• 与粗重世界的女创造者融为一体，神性神秘主义，精微世界的和谐	
		后期							
	自性的（无相的）	早期					自性的（无相的，智者的）	• 与显现世界的源头融为一体，无相神秘主义，自性的和谐	
		后期							
	不二的	早期					不二的（无上瑜伽行者的）	• 空色不二，灵性和世界进程，不二神秘主义	
		中期							
		后期							

图表 5c：道德和视角的自我相关阶段

认知阶段	对应的基本结构		豪（道德特征）	罗尔斯（道德观点）	布尔（Buel，道德阶段）	皮亚杰	塞尔曼（角色采择）	吉利根（女性道德阶段的层级）	威尔伯的道德范畴（值得道德关注的事物）				
感觉运动	物质 -亚原子 -原子 -分子 -聚合物										自闭的 符号的 自我中心的		
	感觉												
	知觉												
	外觉												
幻想-情绪	冲动/情绪		肉体的								冲动的 魔法的 自恋 享乐主义的		
	意象					零规范的无律							
	符号				零规范的无律		0.自我中心的						
具象思维	内觉							自私的	前习俗的	自我中心的		"我"	存在于肉体自我之中
	概念		依赖力量的	权威的道德									
					他律		1.早期角色采择				安全-权力		
具体运思	规则/角色	早期				他律					神话-团体		
		后期	规则约束的		群律		2.反思性的角色						
形式运思		过渡		社团的道德			3.相互的角色采择透视主义	关爱的	习俗的	群体中心的	遵奉习俗的	"我们"家庭、团体、部落、民族	存在于神话-团体之中
	形式	早期	目标导向的								理性-反思的		
		后期				自律	4.个体角色	普遍关爱的					
后形式运思		过渡		原则的道德	自律		5.共生的互动		后习俗的	世界中心的		"所有人"没有任何人例外	存在于理性的普世多元主义之中
	统观逻辑	早期	价值导向的					层级的-整合的			宇宙-普世的		
		中期											
		后期											
	通灵的（异象）	早期							后-后习俗的	萨满巫师的	万物一体的 世间的所有生命（瑜伽士的）	世间的所有生命	存在于世界灵魂之中
		后期											
	精微的（原型）	早期								菩萨的	万有神论的 所有法界的 有情众生（圣人的）	所有法界的有情众生	存在于梵天世界之中
		后期											
	自性的（无相的）	早期											
		后期								佛的	法身常住 所作已办（智者/无上瑜伽行者）	所有显现和非显现的现实	根本意识中的自我解脱
	不二的	早期											
		中期											
		后期											

图表 6a：灵性的阶段

	对应的基本结构		哈兹拉特·伊纳亚特·汗（苏菲主义）	大手印（禅修阶段）	福勒（信仰的阶段）	威尔伯	安德希尔	赫尔米尼亚克（Helminiak，灵性发展）	芬克（Funk，与神性的联系）
感觉运动	物质 -亚原子 -原子 -分子 -聚合物		物质						
	感觉		植物		0.未有语言能力之前的	原始的			
	知觉		动物		未分化的				
幻想-情绪	外觉					原始-魔法的			
	冲动/情绪		俗人（肉体欲望）						性本能的
	意象					魔法的			前个人的
	符号			粗重心灵的想法和信仰	1.魔法的，投射转移的				
具象思维	内觉					魔法-神话的			
	概念		物质之人（世俗的利益）						
						神话-字面的（神话-团体的）	概念上的信心和信仰		
具体运思	规则/角色	早期			2.神话的-字面的				个人的
		后期						遵奉习俗的	
形式运思		过渡		正确的信仰	3.习俗的			恪守良知的-遵奉习俗的	
	形式	早期	审美之人（超越习俗）		4.个体的-反思的				心理学的
		后期				理性-普遍的		恪守良知的	
		过渡		基石	5.共同的信仰				创造性的
后形式运思	统观逻辑	早期		普遍的道德实践		整合-整体论的		慈悲的	
		中期	唯心主义的（普遍原则）		6.普遍化 ↓	（整体的）	冥想的启示	宇宙的	（整体的）
		后期							
				禅修					
	通灵的（异象）	早期	djinn[1]（天才）	道路：		自然神秘主义（萨满巫师的，瑜伽士的，粗重世界的和谐）	1.自然神秘主义（接纳生命之河的横向意识扩展）		自然神秘主义
		后期	显圣之心（国度轮）	1.专一瑜伽 粗重合一					
	精微的（原型）	早期	灵魂（天使的）	精微知觉 光明		神性神秘主义（光明，圣人的，精微世界的和谐）	2.形而上神秘主义 回忆前世（原型的） 光明 冥想-上帝之爱		原型的 有神论神秘主义
		后期	阿卡沙[2]-原型的 阿瓦[3]-神圣的光明						
	自性的（无相的）	早期	存在的统一-觉照	2.离戏瑜伽 灭尽 空性					
		后期	djabrut[4]-灭尽 无相			无相神秘主义（灭尽，自性的和谐）	3.上帝神秘主义 黑夜 合一		灵性，和绝对者的合一
	不二的	早期	真主的本质-绝对的	3.一味瑜伽 空色不二					
		中期	意识			不二神秘主义（常住意识）			
		后期	不二的	4.无修瑜伽					

① 伊斯兰教中的精灵。
② 阿卡沙（akasha），印度哲学术语，意指“天空覆盖之下”、“空间”或“以太”，是一种不可知型态讯息的集合体，被编码储存在以太之中。
③ 阿瓦（arwah），伊斯兰教义中的术语，近似于“灵魂”的意思。
④ 其义不详。

图表6b：灵性的阶段

	对应的基本结构		丹尼尔·布朗的跨文化冥想阶段	穆胡伊丁·伊本·阿拉比（冥思境界）	圣帕拉玛（St. Palamas）	传统的三摩地（无上冥修阶段）	无上瑜伽密：7个修习阶段	无上瑜伽密：意识层次	无上瑜伽密：外在的现象学特征
感觉运动	物质 –亚原子 –原子 –分子 –聚合物			矿物界				色（第1蕴）	（第1蕴化入第2蕴中）
	感觉			植物界				感觉（第2蕴）	海市蜃楼
	知觉								（第2蕴化入第3蕴中）
	外觉							知觉–冲动（第3蕴）	烟雾
幻想–情绪	冲动/情绪			动物界				情绪–意象（第4蕴）	（第3蕴化入第4蕴中）
	意象								萤火虫
	符号								
具象思维	内觉								（第4蕴化入第5蕴中）
	概念						①超越物质（粗重）世界	粗重心理意识（第5蕴）	忽明忽暗的酥油灯
具体运思	规则/角色	早期							
		后期		表面迹象					
	过渡								
形式运思	形式	早期	•初步练习					80种粗重心念（全部粗重意识）	持续放光的酥油灯
		后期		宇宙秩序					
	过渡								
后形式运思	统观逻辑	早期					②超越言语（精微）世界		
		中期		整合的观点		超心理的冥修意识	风大在中心消散		
		后期							
			•禅定加行		统观		③超越心理（自性）世界	（消除粗重意识）	
	通灵的（异象）	早期		神圣的才智					
		后期	•超越粗重感知		回忆前世			微细意识	皎皎秋月
				统观–整体			在心中	白色出现（光明）	
	精微的（原型）	早期	•精微感知	超越所有观点	神圣的光明	有分别三摩地	④有漏幻身		
		后期		神圣的光明		光明 神圣形式 原型形式		红色增加 极微细（自性）	秋日艳阳
			•光明	法喜					
	自性的	早期	•洞悟	觉照–整体	成圣	无分别–灭尽智	在心中下降		
	（无相的）	后期	•灭尽	灵知	无相觉悟	智–寂灭，涅槃		意识即将证悟时的黑夜（灭尽）	秋天夜晚幽深之黑暗
			•更深洞悟	万法归一		后–涅槃阶段：			
	不二的	早期				俱生–一味	5.真实的明光	明光	
		中期	•觉悟：a,b,c			俱生无修	6.修行者的合一		晴朗的秋天黎明
		后期				后–开悟：有	7.成就佛果	空性	

图表 6c：灵性的阶段

	对应的基本结构		总体的存在巨链	圣女大德兰（内在生命的7个阶段）	奇班（东正教）	圣狄奥尼索斯	帕坦伽利的《瑜伽经》	尼萨的圣格列高利（St. Gregory Nyssa）	亚历山大（超越冥想）
感觉运动	物质 –亚原子 –原子 –分子 –聚合物		物质						
	感觉								
	知觉								
	外觉								
幻想–情绪	冲动/情绪		身体						
	意象								
	符号								
具象思维	内觉								
	概念								
具体运思	规则/角色	早期	心智						
		后期				**简朴祈祷**（出声的）			
		过渡							
形式运思	形式	早期		1.谦卑 2.践行，祈祷 3.在生活中成为他人的表率	偶像（最初目标）		净化，节制，调息	罪之黑暗	
		后期							
		过渡				**心祷**（无声的）			
后形式运思	统观逻辑	早期			悔改（转向属灵的事物）				
		中期							
		后期					冥想 禅那 定境		
	通灵的（异象）	早期		4.静祷 最初的异象	无欲（超然、净化）	（净化）**静祷**（启示）		对上帝的信仰	
		后期							
	精微的（原型）	早期	灵魂	5.与神融合的祈祷（自我死去，灵魂新生）光明	圣光（光明）	**默祷**（合一）	微细感知 光明 向外发光	光明	
		后期			成圣（与神合一）				
	自性的（无相的）	早期				**合一祈祷** “美好的空寂”	与佛陀合一 灭尽（寂灭） 法云地	不可见的耀眼的黑暗	超验意识 觉照 永恒 更精微的合一意识
		后期		6.无念–空 7.神婚					
	不二的	早期	灵性			（**不知之云**）			
		中期							
		后期							

图表 7：各种各样的发展线

	对应的基本结构		两性关系（福琼，Fortune）	需求（马斯洛）	食物层次或关系交换（威尔伯）	典型体验（奇南，Chinen）	共鸣（本奈克）	性别认同（威尔伯）	情感（威尔伯）
感觉运动	物质	–亚原子 –原子 –分子 –聚合物	肉体的	生理的	物质交换			• 形态遗传的既定事实	• 消极
	感觉				–食品				• 感觉
	知觉		本能的		–劳动			• 无分别的	• 生理状态
	外觉								触摸，温度，快乐，痛苦
幻想-情绪				基本安全感					
	冲动/情绪		感情的		感情交换			• 有分别的基本的性别认同	• 原始情绪
	意象				–性				紧张，恐惧，大怒，满足
	符号				–安全感		不愿换位思考		
具象思维	内觉			安全感	力量				• 第二阶段的情绪
	概念				–归属感	1.表现			焦虑，生气，渴望，
					关爱		不能换位思考	• 性别惯例	喜欢，安全
具体运思	规则/角色	早期	具象心智的		心理交换				• 第三阶段的情绪
		后期		归属感	–团体			• 性别一致性（规范）	爱，喜悦，沮丧，憎恨
形式运思	过渡					2.反思	愿意换位思考		
	形式	早期		自尊	–交谈				• 第四阶段的情绪
		后期				3.表象	能够换位思考		博爱，宇宙正义，光爱，慈悲，对人类的爱，世界中心的无私精神
	过渡		抽象心智的			4.实用			
后形式运思	统观逻辑	早期		自我实现	–自我反思的交换/流	5.解释		• 双性化（超越了分别的）	
		中期							
		后期							
						6.调谐			
	通灵的	早期			自发交换/流				• 敬畏，狂喜，对所有众生之爱
	（异象）	后期	具象灵性的	自我超越	–灵魂交流				
				↓	–通灵的–统观	7.觉悟		• 原型的性别合一（密宗）	
	精微的	早期			神交	↓			• 慈悲，无限自由
	（原型）	后期			–与神合一				
	自性的	早期	纯粹灵性的		灵性交流			• 超越性别	• 解脱，菩萨的慈悲
	（无相的）	后期			–神性的同一				
	不二的	早期			–梵我合一				
		中期							• 一味
		后期							

图表 8：各种各样的发展线

对应的基本结构			普遍的发展波（霍华德·加德纳）		艺术（威尔伯）	麦尔文·米勒（Melvin Miller，中间层次的世界观）目的论的	无目的论的	反目的论的
感觉运动	物质	–亚原子 –原子 –分子 –聚合物						
	感觉				感觉运动（最初的美学影响）			
	知觉							
	外觉							
玄想-情绪	冲动/情绪				情绪的-表达主义者（感受-表达）			
	意象		前习俗的	事件建构				
	符号			类比映射	魔法的想象			
具象思维	内觉			数字映射	（例如旧石器时代的壁画，梦中的想象，超现实主义者）			
	概念			记号系统				
				象征成熟期				
具体运思	规则/角色	早期			神话的-写实的（例如具象的宗教艺术，圣人画像）			
		后期	习俗的	规则		神话的-有神论的		
	过渡			管制			禁欲主义	机械论
形式运思	形式	早期		掌握技能	透视的			
		后期	后习俗的	自我批评	自然主义的，经验主义的-表现主义的，印象主义，概念的，形式的	人本主义	怀疑主义	虚无主义
	过渡			相对主义				
后形式运思	统观逻辑	早期						
		中期		自我与文化的整合	无透视的	和谐的有神论	存在主义	泛神论
		后期			立体派，抽象			
			后-后习俗的		象征主义			
	通灵的（异象）	早期			梦幻现实主义，通灵的，知觉的			
		后期						
	精微的（原型）	早期			原型的			
		后期			例如唐卡，巴克谛表现主义者			
	自性的（无相的）	早期						
		后期						
	不二的	早期			不二的（例如禅画）			
		中期						
		后期						

图表 9a：社会进化与文化进化

	对应的基本结构		主要时代（威尔伯）文化的	主要时代（威尔伯）社会的	哈贝马斯（时代）	琼·休斯敦（G. 赫尔德，G. Heard）	哈贝马斯（稀缺资源）	时代	兰斯基（技术–经济生产方式）
感觉运动	物质	–亚原子 –原子 –分子 –聚合物							
	感觉								
	知觉		原始的						
	外觉							旧石器时代	简单的狩猎和采集
幻想–情绪	冲动/情绪			采集社会	原始的				
	意象			部落	男性家庭化	前个人的狭隘意识	征服自然（人身安全）		
	符号		魔法–哺乳类的	有组织的狩猎	魔法–泛灵论的			中石器时代	成熟的狩猎和采集
具象思维	内觉				部落血缘关系				
	概念			种植社会	前习俗的法律			新石器时代	简单的种植
			魔法–团体的	村庄	神话的	原始个人的			
具体运思	规则/角色	早期		农耕社会	习惯法		法律安全	青铜时代	成熟的种植
		后期	神话–团体的	早期国家	早期国家		（法律和秩序）		简单的农耕
		过渡		发达的农耕社会	神话–理性的	半个人的			
形式运思	形式	早期	神话–自我的	帝国	帝国			铁器时代	成熟的农耕
		后期		工业社会	理性–反思的	个人的	价值观	启蒙时代	工业的
		过渡	理性–自我的	民族/国家	民族–国家				
后形式运思	统观逻辑	早期		信息社会	后习俗的法律		意义	全球化时代	信息化的
		中期	整合–人马的	地球的	世界公民	后个人的			
		后期	每个时代的最卓越者	全世界的	全球的				
	通灵的（异象）	早期	萨满巫师						
		后期							
	精微的（原型）	早期	圣人						
		后期							
	自性的（无相的）	早期	智者						
		后期	无上瑜伽行者						
	不二的	早期							
		中期							
		后期							

图表 9b：社会进化与文化进化

	对应的基本结构			社会文化的（威尔伯）	尚·盖普瑟	泰勒（社会的组织层次）	杰·厄利	罗伯特·贝拉（宗教系统的发展）	杜安·埃尔金的时代（意识）
感觉运动	物质 –亚原子 –原子 –分子 –聚合物								
	感觉								
	知觉								
	外觉		原始的		原始的			原始的	1.原始人（契约意识）
幻想–情绪	冲动/情绪			采集		S_1–家庭，氏族，子群			
	意象			部落			1.部落的狩猎魔法的		
	符号		魔法的		魔法的			古老的	2.狩猎–采集（表层意识）
具象思维	内觉								
	概念		神话的	种植		S_2–部落，领土的	2.种植，村庄，神话		
				村庄	神话的				
具体运思	规则/角色	早期		农耕				历史的	3.农耕（深层意识）
		后期		早期国家		S_3–神权帝国	3.帝国，神祇和英雄		
形式运思		过渡	理性的	发达的农耕	心理的			现代早期的	
	形式	早期		帝国			4.中世纪的		
		后期		工业的		S_4–民族的	5.现代的，民主，个人主义	现代的	4.城市–工业的（动态的）
		过渡		民族	整合–无透视的				
后形式运思	统观逻辑	早期	人马的	信息业的		S_5–超民族的			未来：
		中期		全球的			6.全球意识		5.全球和解（反思的）
		后期					↓		
	通灵的（异象）	早期							
		后期							
	精微的（原型）	早期							6.全球纽带（海洋的）
		后期							
	自性的（无相的）	早期							7.全球创造性（流动）
		后期							
	不二的	早期							8.全球智慧（整合的）
		中期							
		后期							

图表 10：尤尔根·哈贝马斯

	对应的基本结构			个体认同	交往的层次	对美好人生的看法	有效范畴	伦理
感觉运动	物质 –亚原子 –原子 –分子 –聚合物							
	感觉							
	知觉							
	外觉							
玄想–情绪	冲动/情绪							
	意象							
	符号		（身体自我）	自然认同	行动和行动的后果			
具象思维	内觉							
	概念							
具体运思						1.基于服从的享乐主义	自然和社会环境	天真的享乐主义
	规则/角色	早期						
		后期	（人格面具）	角色认同	角色	2.基于交换的享乐主义		
形式运思		过渡			规范系统	3.明确的道德观/首属群体	主要相关者的群体	
	形式	早期				4.明确的道德观/次属群体	政治社区中的成员	特定的秩序
		后期				5.公民自由，法律自由	所有的法律相关者	理性的
		过渡	（自我）	自我认同	原则			自然法
后形式运思	统观逻辑	早期				6.道德自由	所有单个的人	形式主义伦理学
		中期	（人马自我）			7.政治自由	世界公民组成的整个人类	对话中的普世伦理
		后期						
	通灵的（异象）	早期						
		后期						
	精微的（原型）	早期						
		后期						
	自性的（无相的）	早期						
		后期						
	不二的	早期						
		中期						
		后期						

图表 11：詹姆斯·马克·鲍德温

	对应的基本结构		逻辑模式（意识层次）	心灵的客体	二元性	审美阶段	宗教阶段	伦理层次
感觉运动	物质	-亚原子 -原子 -分子 -聚合物						
	感觉		前逻辑的	感官	无二元论的，泛灵论的			
	知觉							
	外觉			记忆	当下VS永恒			
玄想-情绪	冲动/情绪					无	身体的	无二元论的
	意象						自发的	-投射的
	符号			幻想	内在VS外在		（魔法的）	-外在的
具象思维	内觉							必然性
	概念		准逻辑的	游戏		游戏		
具体运思	规则/角色	早期		实在的	心灵VS身体	自发的		
		后期					智力的	二元论的
		过渡		分辨是非的念头	自我VS非自我		伦理第一阶段的	-相对主义的
形式运思	形式	早期	逻辑的		真理VS谬误	反思的	伦理第2阶段的	-工具性的
		后期						
		过渡				↓		
后形式运思	统观逻辑	早期	外逻辑的	道德的	好VS坏		审美的-宗教的	伦理的
		中期					直觉性	-理想的
		后期						-通用性
	通灵的	早期	超逻辑的	审美的	全善的			
	（异象）	后期			（非二元论的）			
	精微的	早期						
	（原型）	后期						
	自性的	早期						
	（无相的）	后期						
	不二的	早期						
		中期						
		后期						

尾 注

本书尾注与正文的交互参考采取了如下形式：例如，“尾注 1.5”表示第一章的尾注 5。而《威尔伯全集》中的参考卷册则标注为“全集 1”、“全集 2”等等。

第一部分

1. 如果想要了解方向性概括的重要性以及本人所做的方向性概括，请参考《性、生态学和灵性》第二版引言；另可参见杰克·克里腾顿为《灵性之眼》撰写的前言。

第一章　基本的层次或波

1.1　读者会看到，我对传统主义者有大量强烈的批评意见，但他们的著作是不可或缺的起点。

1.2　根据我们对层次的定义，我列出了 16 种基本结构（用黑体字表示），如果算上子层次的话，就共有 30 种；如果按功能群来分类的话，我通常会列出 9 ~ 10 个（即：感觉运动的、情绪 – 性欲的、具象思维的、具体运思的、形式运思的、统观逻辑的、通灵的、精微的、自性的、不二的）。随着后文的介绍，它们的意义将会变得越来越明显，读者也就会知道，这些不同的数字为何都是合理的。我认为，我们划分阶段的标准首先取决于经验的、现象的证据，证据越丰富，我们的阶段概念就越明确（如果想要了解“阶段”的含义和判断证据，请参见《意识的转化》的引言）。图表中列举的大约16种基本结构/阶段都是基于3000年以来的冥修经验的书面报告，并参考了最近的心理学研究成果。但它们始终都有待于修改和完善。

1.3　休斯顿·史密斯在《被遗忘的真理》中指出，在大传统中，意识的层次（或自我的层次）有时会和现实的层次（或现实的平面）区分开来，我也认同这种区分。然而，出于多种因素，应该将两者都视为存有巨巢每个层次上的存在与认知侧面。换句话说，认知的基本结构（意识/自我的层次）和存在的基本结构（现实的平面/世界）是密不可分的，除非特别说明，否则“存有巨巢的基本结构或基本层次”指的就是两者。休斯顿·史密斯也运用同心圆的比喻，来同时包含客观的层次和自我的层次。但是，必须区分两者的原因在于：我们在随后的讨论中将会看到，自我的某个特定层次会遭遇到不同的客观层次，因此需要将它们保留为两个不同的变量。然而，在现代叙事中更多地强调认识论成分而非本体论成分是有价值的，我会在后文中予以讨论。

1.4　这类似于大乘佛教阿赖耶识的概念，即“集体的藏识”，它在每个人身上都存在，据说储藏着自我和他人所有前世经历的记忆痕迹（习气），也就是说，它不仅是集体的，也是超个人的，包含有情众生的；在我的理论系统中，它介于低自性层次和高精微层次之间。据说，在更高的禅修阶段，修行者可以接触到这种超个人意识，从而有助于摆脱狭隘而有限的个体自我认同。因此，在大乘佛教看来，阿赖耶识：（1）是存在于所有人身上的、真实的超个人领域，是现实；（2）然而，大多数人很少能够自觉地接触到它，这种自觉接触仅仅是种可能性；（3）作为集体的藏识，随着越来越多的阿赖耶识被共同累积起来，它处于不断的发展和变化之中；（4）因此，它的真实轮廓始终会与人们的体验共同发展，而绝不是既定的、不变的模式或永恒的原型；（5）即便它始终在发展，但在任何特定时间，任何直接感受到那个领域的个人都能够摆脱个体的局限；（6）因此，这个在不断进化和发展的精微世界并不意味着，它在任何特定时候都不能带来超个人的解脱。

当然，最终的解脱据说甚至需要超越这种精微形式或阿赖耶识，进入无相或自性（然后是不二）世界中去。只有自性世界才是不会变化和发展的“基本”层次，因为它是完全无相的。但是，甚至不二世界也会在某种程度上向前发展，因为它是自性空（它不会发展）和整个显现世界（它会发展）的合一。

在我看来，这种观点（它是对佛教观念的重新建构）比永恒不变的原型模式观更加准确。（全集 2 的引言部分对这个话题进行了更充分的讨论。宇宙的部分特征仍然必须被视为原型，但远远少于长青哲学通常所想的。）我认为，现存的所有子整体在部分程度上都是这种不断发展的记忆或习惯。在目前的讨论中，读者需要记住：更高的层次本身仍然在进化，因此，它们是巨大的潜能，而不是既定的绝对存在，但是，这并不妨碍它们帮助我们摆脱更低世界的束缚。

1.5　见艾略特·杜茨奇《吠檀多不二论》。顺便说一句，我在两种——广义和狭义的——层面上使用“精微领域”这个字眼。广义地说，我认同金刚乘佛教和吠檀多：物质是粗重的世界（即：气所成身，意所成身，识所成身，或生命的，心理的，最初超心理的）；狭义地说，“精微”这个词仅仅指全部精微世界的最高范畴，其含义取决于具体语境。

1.6　总体而言，所有的心理学和社会学流派都会采用“结构”这种说法，而这个术语不仅仅是由各种结构主义流派狭义地给定的概念。《牛津社会学词典》在定义“结构”时，认为它“松散地适用于任何重复模式”。《企鹅心理学词典》的定义是：“有组织的、有模式的、相对稳定的构造。”我特意将“结构”定义为整体模式，大致等价于“子整体”。关于我与结构主义流派的表面联系，请参见文集 2 的引言。

我已经大体介绍了 6 种 /3 组结构：层次 / 线、长久 / 暂时、深层 / 表面。我在正文中解释过第 1 组（他们是存在于基本层次和发展线中的结构）。长久的结构是指那些出现以后就会持续存在并充分发挥其功能的结构，但它们却会被纳入更高的结构之中（认知结构基本上就是这种类型）。相反，暂时的结构往往会被随后的阶段所代替（例如，自我阶段和道德阶段）。基本结构大体上是持久的结构，而发展线则大体上是暂时的结构。所有这四类结构都有深层的（世界性的）结构和表面的（地方性的）结构（尽管我如今通常称它们为“深层特征”和“表面特征”，以免和乔姆斯基的说法混淆起来；而且，深层和表面的范围是可以变化的：深层特征可以是某个群体、家庭、部落、氏族、社区、民族、所有人类、所有物种、所有生命共同具备的特征。因此，“深层”并不必然意味着“世界性的”，它可能意味着“和其他人共有的”，要通过研究探索来决定这个群体有多大，可能是几个人，也可能是真正世界性的。大多数研究表明，我在图表中介绍的所有基本结构和大多数发展线，都具有某些世界性的深层特征。）本人著作的评论者往往将深层结构和基本结构混淆起来，将暂时结构和表面结构混淆起来，毫无疑问，这在部分程度上源于我表述得不够清楚。但是结构的这 6 种分类（层次 / 线、长久 / 暂时、深层 / 表面）采用了截然不同（但彼此重叠）的分类标准。

1.7　关于不二状态的本质，请参见尾注 9.18。如果我们划分出大约 20 种基本结构和 4 种主要状态，就会有多达 80 种不同类型的灵性体验；但这仍然非常粗糙，因为有许多不同的状态类型（或子类型）。当然，个体可以了解到的基本结构取决于他本人的发展层次（处于魔法层次的人能够具有通灵的、精微的、自性的或不二的高峰体验，但他们只会从原始的或魔法的角度来诠释这些体验，而无法站在神话的、理性的或人马的角度）。就状态而言，个体可以具有任何更高状态的高峰体验，但这些状态还没有成为长久的结构，例如，当个体发展到通灵层次时，他们不再具有通灵的高峰体验，因为他们能永远接触到通灵的世界（但他们可以拥有精微的、自性的、不二的高峰体验）。

1.8 处于任何发展阶段的人几乎都能在高峰体验中自发地（或在睡眠期间自然地）体验到通灵的、精微的、自性的、不二的状态。但是，促成并诠释这些体验/领域的，必然是体验者当时所处的发展阶段。即便高峰体验自身“完全瞥见”了这些超个人领域，也会同时（或此后很快）由个体主观的、主体的结构来予以解读和表达（也就是说发生在前运思的、具体运思的、形式运思的或统观逻辑的结构之中）。因此，超个人领域的完整轮廓就被这些较低结构的局限性所过滤或削弱了，有时甚至会被扭曲掉（例如，前运思：自恋和自我中心主义，无法换位思考；具体运思：形象－字面思维，原教旨主义的，民族中心的；形式运思：往往理性地与自然和世界保持着距离）。

只有当个体长久地发展到通灵层次（也就是说，具有通灵层次的长久基本结构）之时，他对通灵领域的体验才可能不再受到扭曲（对精微的、自性的、不二的领域来说也是如此：只有当它们变成意识中的基本结构或业已实现的模式以后，我们才能真实地体验到它们）。长久地觉醒到通灵世界的人，不再具有通灵的高峰体验，就像我们在谈到普通成人时不会说：“他们具有语言上的高峰体验”，因为他们长久地习惯于语言的世界了。同样，所有的更高领域都能成为长久的现实。当然，处于通灵层次的个体仍然能够具有更高领域——精微的、自性的、不二的领域——的高峰体验，但这种体验同样会在部分程度上受到限制或扭曲（直到长久地成长到这些更高层次为止）。处于精微层次的个体（也就是说，精微世界不是成为短暂的高峰体验，而是成为长久的基本结构或意识中已经实现的模式）能够具有自性和不二世界的高峰体验。以此类推，直到“主体长久”（subject permanence）为止。这里所说的“主体长久”指的是：持续而长久地意识到粗重、精微和自性世界的观照者，此时，所有更高的领域——此前仅仅作为暂时的高峰体验和非常状态而被意识所接触到——都变成了长久的特征和结构。觉悟者仍然能接触到精微和自性的层次（因为他仍然会睡眠和做梦），正是出于这个原因，精微和自性层次此时也可以被正确地称为长久的基本结构，但是，甚至在它们继续生成的时候，我们也能始终觉察到它们。

1.9　形式运思之前的个体发展通常是不成问题的，但此后的个体发展则要依靠自己。如果想更深入地了解这种观点，请参阅《来自伊甸园》、《普世的神》和《意识的转化》。想要了解作为宇宙习惯的子整体，请参阅《性、生态学和灵性》。

1.10　此处所说的年龄段通常仅仅适用于基本结构（和认知结构）。自我相关阶段（例如，认同、道德、需求等）出现的年龄因人而异，大不相同。充分发展到形式运思阶段的青少年可能处于第二、三、四等道德阶段。其阶段仍然按照相同的顺序出现，但出现时间各不相同。基本/认知结构是大多数其他发展的必要非充分条件，鉴于所有四个象限（第二部分会介绍这四个象限）中的多种因素，这些其他发展的出现时间大不相同。

1.11　图表中也列出了每个功能群的基本结构（例如，“感觉运动”功能群包括物质、感觉、知觉、外觉等基本结构；“玄想–情绪”功能群包括冲动、原始情绪、意象和符号；“具象思维”功能群包括符号、内觉、概念、早期规则；等等）。

我也将许多基本结构细分成了早期、中期和后期。大多数研究者采用“早期”和“后期”；少数研究者倾向于“低等”和“高等”；我本人倾向于“低等”和“高等”（在《阿特曼计划》中就是这样用的），因为证据表明，在大多数情况下，子阶段其实是长久的结构，被纳入并吸收到了随后的结构中（它们是长久存在的子整体，而不是短暂的、转瞬即逝的状态），因此，“低等”和“高等”的说法更恰当。不过，鉴于几乎所有人都采用“早期”和“后期”，因此，尽管我会同时采用两者，但我通常会跟随潮流，只是心中并没有忘记这种限定条件。

1.12 我所说的“后形式”有两种涵义：1. 超越形式运思之后的首个重要阶段，亦即统观逻辑；2. 超越形式运思的所有层次，这取决于语境。在本节中，它指统观逻辑。

第二章 发展线或流

2.1 霍华德·加德纳对多元智能所作的重要研究揭示了相对独立的一些发展线，我受益于他的许多重要概念。加德纳也最先使用了“波”和“流”这两个术语，让我受益匪浅。我强烈推荐加德纳的全部著作。图表 8 中总结了加德纳对部分普遍发展波（各种流是通过它们向前发展的）所作的研究。想要更深入地了解他所作的重要贡献，请参阅《灵性之眼》。

也许，如今认知科学的主流理论是模块理论：认为大脑 / 心灵是由许多独立的、不断发展的模块所组成的，包括语言、认知和道德。这些模块在很多方面都非常类似于我所说的相对独立的发展线或流，然而却具有两个重大的局限性。模块完全是用第三人称的“它 – 语言”描述的，因而忽略了（或者甚至激烈地否认了）第一人称的现象学现实（正文将会对此作出解释，模块属于右上象限）。而且，模块理论家激烈地否认说，没有任何类型的超验自我或意识合一。然而，根据他们自身的理论和资料来看，个体能够意识到这些模块，事实上有时候还能够超越它们。如果你能超越某个模块，你就不仅仅是个模块。

2.2 科尔伯格和阿蒙辨别出了三种不同类型的阶段模式：渐成的（如埃里克森）；软阶段（如罗文格、凯根、珀利、吉利根、福勒）；硬阶段（如皮亚杰、科尔伯格）。现存的大多数阶段模式都是软阶段模式。我们可以补上“微阶段”模式，以此来描述那些能够伴随个人获得的新技能或新特性而重复出现的发展阶段。除非特别指明，否则，我采用的“阶段”这个术语都包含了上述四种模式。我所谈到的所有发展层次和线都表明，它们属于这个或那个阶段概念。与此同时，图表中展示的总体发展空间表明：硬阶段在部分程度上是可靠的，那些硬阶段本质上就是巨巢中的基本波。

第三章　自我

3.1　我将第一人称的自我称为“自我意识”，第三人称的自我称为“自我系统”，两者都依赖于第二人称的、辩证的、主体间的情境。可参见《灵性之眼》。

3.2　在“我－我”到“主格我（I）”到“宾格我（me）”到“所有格我（mine）”的连续集中，罗文格的“自我”——她通常定义为清醒的自我概念和自我观念——恰恰介于近端自我和远端自我之间，也许可以称为“主格我 / 宾格我”。它是个体的自我，因为它能够立刻成为知识的客体，从而被传达给他人。我在近端自我中通常包含了这个“主格我 / 宾格我”，但是全部要点在于：这个标准在发展中是不断变化的，每个“主格我”都会成为“宾格我”，直到无限为止（参见《灵性之眼》）。读者如果想更多地了解罗文格的观点，请参阅苏珊娜·库克－格鲁特的主要著作《成人的超越和成熟思想》和康芒斯的《成人的发展》。

3.3　更确切地说，自我具有许多重要的功能：在（近端）自我中产生了**认同**（将各种元素融合起来，产生了自我意识）；**意志**（自我在本质上渴求良善）；**主体间性**（自我在本质上是社会的、辩证的自我，渴求正义和关爱）；**审美理解力**（个体在本质上渴求美）；**新生**（自我会不断扬弃其体验，以便建构自我）；**认知**（自我在本质上有能力面对客观的世界）；**整合**（自我需要将意识的功能、模式、状态、波和流整合起来）。这基本上是功能性的不变量，因此，图表中很少列出它们，因为图表关注的是变化的元素，但是，在任何整合心理学中，自我及其功能都绝对是至关重要的。

3.4　佛教徒有时会提出异议，认为我忽略了佛教的“无我”（anatta）观念，但我事实上采用了大乘佛教中关于自我和达摩（dharma）的相对真实性的教义，而我在这里讨论的是相对真实的自我系统的功能。我赞成龙树菩萨的见解，认为小乘佛教的自我观是不完满的、不合逻辑的。《性、生态学和灵性》第二版（全集 6）第十四章注 1 对这个话题进行了广泛的讨论。也可以参阅本书第八章中的“自我及其病变”一节。或参阅《意识的转化》，以便更深入地了解自我的相对真实性，以及自我发展不完善所导致的病变。

第四章　自我相关流

4.1　当我说到“排他性认同”时，我指的是：近端自我的重心主要是某一个总体的功能群（如第八章所说，这产生了对应的自我发展支点）。如果每种基本波不发生病变的话，它就会超越并包含其前续波，因此，说自我排他性地认同（例如）形式运思，也就是说，整体的自我包含所有不高于形式运思（含形式运思在内）的基本波。具体说来，这往往意味着，近端自我是围绕着形式运思而组织起来的，而远端自我则囊括了不高于形式运思的所有层次（从感觉运动到具体运思）。当自我的重心转向统观逻辑之时，形式运思就变成了远端自我的一部分，而近端自我则围绕着统观逻辑组织起来。巨巢的整个形态形成场都可以以此类推。

4.2　三条最重要的自我相关发展线是自我认同线（如罗文格）、道德线（如科尔伯格）和需求线（如马斯洛）。我以前简短地将它们称为“自我阶段”，但是现在，我用“自我阶段”仅仅指自我认同，或发展的近端自我线（如罗文格、埃里克森、凯根），用“自我相关阶段”、“自我相关流”或干脆用“自我流”来表示所有的自我相关发展线（近端自我、道德、需求等）。

4.3　有些阶段观念（如罗文格）关注的是水平变化的“时期”（season），而不是垂直转变的阶段。埃里克森的更高阶段将两者含糊地搅和在了一起。我在图表中大致介绍了它们。

4.4　葛罗夫的研究运用了迷幻药和全息呼吸法等技术，其著作《宇宙的游戏》概括了其研究成果，也可以参考《自我发现之旅》、米歇尔·沃西布恩的《精神分析学眼中的自我、动态根基和超个人心理学》，以及詹尼·韦德的《心灵的改变》。

顺便提一句，因为我在《灵性之眼》中对《心灵的改变》发表了部分批评意见，许多人就猜测我不认同其中的大多数观念，事实并非如此。我发现韦德在接纳博姆的脑全息理论时犯下了某些错误（尽管韦德认为我在阅读时比她更认同这种理论），但这是次要的问题。我的主要批评意见是，我发现她的模型基本上是两阶段模型，而非三阶段模型。但这在任何时候都非常容易纠正，她只需要明确说明，她所阐释的每个层次的不同特征可能实际上是相对独立的线，不仅在多种环境中如此，在单个的环境中也是如此。除了这一点（和对我著作的少数误解）之外，她的模型很好地概括了最近大多数意识发展观的研究成果，涉及了大约 8 个自我和意识进化的基本层次，我在自我相关流的图表（图表 4a）中列出了它们。最近批评意识发展观的人们可以好好地研究这本书，因为它指出，这些批评者也许没有接触到最近的研究成果、证据和理论。想要更多地了解葛罗夫、沃西布恩和韦德，请阅读《灵性之眼》。

4.5　人们经常问我，我如何看待斯坦纳的著作。尽管我非常尊重他的开创性贡献，但我发现他所阐述的细节并没有什么用。我相信，最近的主流研究成果提供了更好的、更准确的前个人和个人发展图景，而冥修传统则提供了更精确的超个人发展图景。所以，人们只能惊叹于他提出的众多高瞻远瞩的观念，他的总体构想是感人的，臻于人类想象力的极限。

4.6 见 D. 沙福尔（Shaffer）《社交和人格发展》（1994 年）第 423、424、435 页。这并不是说，男性和女性在某些人生境遇中并不具有独特的“不同态度”，而是说，男性和女性在很多情境下往往会采用不同的态度来说话。我将这种研究总结为：男性在转变过程中往往注重协调能动性，而女性则注重合群性；男性在转变过程中往往更注重爱欲，女性则更注重“基督之爱”（见《性、生态学和灵性》第二版）。但我也强调过，巨巢的基本结构和众多自我阶段本身是中性的，并不偏向于任何性别，刚才提到的研究成果也支持这种观点。男性和女性也许会采用不同的态度来引导大子整体序的基本波，但这绝不意味着他们不会面临相同的波。

4.7 这并不是说，科尔伯格的模型就囊括了各种文化的相关道德问题，而仅仅是说，他所阐释的这些阶段被证明是普遍性的。道德不仅仅是道德推理，还包括道德感情和动机，科尔伯格的模型没有很好地谈这些东西（也无意谈它们）。

4.8 尽管我在与丹 · 贝克的谈话中得知，他非常乐于接纳超个人状态和结构的观点。

4.9 詹尼 · 韦德仔细地研究过格雷夫斯，认为橙色（成就）和绿色（归属感）不是两个不同的层次，而是蓝色（循规蹈矩）面对的两种不同选择；因此，橙色和绿色都可以直接发展到第二层思维（本真的）。基于这种观点，这本书希望橙色和绿色都能采取第二层视野。

与此同时，螺旋动力学和总体的发展研究表明，许多哲学争论其实与更好的客观看法无关，而是与这些争论的主观层次有关。任何橙色的客观证据都无法说服蓝色的神秘信仰者；任何绿色的纽带都无法影响橙色的进取心；任何青绿色的子整体序都无法消除绿色的敌意——除非个体乐意通过意识发展的动态螺旋，不断向前发展。因此，“跨层次”的争论很少能够得到解决，各方通常都会觉得没有受到关注和理解。这也提醒第二层思想家们寻找办法来温和地或巧妙地推动这个螺旋。

我在本书中说绿色往往会极力阻止第二层思维的出现，我所指的，当然是第一层的全部文化基因都阻止第二层意识的出现。科学唯物主义（橙色）激烈地还原第二层结构，试图将所有的内在阶段都还原成客观的神经元网络。神话的原教旨主义（蓝色）往往会觉得第二层思维试图颠覆其既定的秩序，因此勃然大怒。自我中心主义（红色）完全意识不到第二层思维。魔法（紫色）则用咒语镇住了它。

绿色指责第二层意识是专横的、僵化的等级制的、家长制的、排斥性的、压迫人的，充满了种族歧视和性别歧视。换句话说，它进行了多元主义的批评，这种批评不断发展，并正确地指向了前绿色观念（尤其是蓝色和橙色，它们往往对绿色提到的各种罪行负有责任），然后却错误地、不恰当地将这种前绿色批评瞄向了后绿色发展，这也许是出于好意，然而却指错了方向（它通常曲解了黄色和青绿色建构物，第二层思想家们迅速地指明了这一点。）

绿色是过去30年文化研究的主角。绿色的多元相对主义明显地放大了文化研究的标准，包含了许多以前被边缘化的人群、观念和叙事。在试图矫正社会的失衡并避免排他性行为方面，它富有敏锐度和关注度。民权和环境保护的那些初步创新举措应该归功于它。对蓝色和橙色文化基因的哲学、形而上学、社会实践和科学，它提出了有力的、令人信服的批评意见，指明它们往往是排他性的、家长制的，充满了性别歧视和殖民主义色彩。

与此同时，尽管绿色对这些前绿色阶段的批评非常有用，它也试图将其枪口转向后绿色阶段，并带来了最不幸的后果。绿色在勇敢地反抗蓝色僵硬的社会等级制度时，也谴责所有的第二层子整体序——这使得绿色极难（甚至往往不可能）向前发展，进入更整体的、整合的－无透视的意识结构中去。

在大多数自我相关图表中，你可以看到从神秘绝对主义到理性形式主义的转变，这种转变会经历多元主义和相对主义（绿色）的阶段，然后发展到整合主义和整体论（黄色和青绿色）的阶段。绿色文化基因有力地挑战了蓝色和橙色绝对主义，却误认为所有的共相和子整体都具有相同的层级，这通常会将它牢牢地束缚在第一层思维之中。

然而，正如螺旋动力学所指明的，正是从健康的绿色中，第二层思维才会出现，因此我最近著作中的大部分内容都转向了绿色，并偶尔会进行争论，以便借此让绿色更广泛地看待自己的前提。总体而言，这些争论让我不讨绿色的喜欢，但促进了交流，这是委婉客气的态度无法做到的。（我在 20 多年里著述的 12 本著作中，都始终是委婉客气的，没有任何惹人争议的内容。我的第 13 本书《性、生态学和灵性》则引起了争议——正如皮吉女士所说——“我试着做个好人。”）。辩论腔调的利与弊，如今我仍然还不清楚（见全集 7 的引言）。但是，其意思是极其明白易懂的：为了让绿色跳跃到第二层的多维空间，也许需要考虑如下因素：（1）按照绿色多元主义的看法，所有的系统都受到语境的约束，将这个观念充分展开就是——所有的多元性和相对性因此也受到了语境的约束：它们自身具有更广阔、更深刻的语境，这些语境将它们结合成了更大的系统——因此，应该承认这些更大的系统，然后着手勾勒出将它们全部结合起来的这些普遍的 – 整合的语境。（2）系统会随着时空发展，因此，要描述这种变化和发展。（3）要做到这一点，只有将层级包含在层级之内（因而形成子整体序）。如果能实现这一点，在意识发展的持续进化过程中，就能认可并吸收绿色的重要贡献。绿色不会消失，也不会受到否定，而是被包含进来，并变得更加丰富。

就螺旋动力学而言，我对它仅有的小小保留意见就是，它并没有充分地包含意识状态，以及更高的、超个人的意识结构；它是两阶段模式的例子，而不是三阶段。也就是说，它没有足够敏锐地觉察到经验表明的事实：在同一个例子中，不同的发展线可以处于不同的层次，不仅某个人能够在这种境遇下采用红色文化基因，那种境遇下采用橙色文化基因，而且，个体在同一种境遇下可以同时处于橙色认知和红色道德层次。最后，螺旋动力学没有充分地区别持久和暂时的结构（见全集 7 的引言）。在私下的谈话中，我认为贝克乐意接纳所有这些看法。

贝克也正在将四象限融入螺旋动力学模型中去，他认为这有助于更充分地区分他所说的健康文化基因和病态文化基因（第二部分介绍了四象限）。贝克写道："象限有助于区分积极和消极的文化基因。它们也以图表的形式表明，为何如此多的改变注定会失败。如果孩子们被从黑帮泛滥的街区带走，安置在培训项目丰富的环境中，以完善其内在发展，此后，如果他们受到遗弃，回到旧时的"我们"和"它们"象限——它们对新发展层次是有害的——他们往往会变得更糟糕。在创造健康的系统之时，象限提供了缺乏的元素。"

系统理论也是健康 / 病态文化基因的一个例子，它用到了黄色 / 青绿色的文化基因，却通常陷入平地之中，仅仅认可"它 – 语言"所描述的外在系统，而没有同时承认"我 – 语言"和"我们 – 语言"所描述的内在阶段（见图表 5、6、7）。系统理论自身因而是第二层思维不完全的、有限的平地表现形式。（因此，螺旋动力学中列举的部分第二层思维的例子其实是病态的或不完满的文化基因。）我认为，贝克基本上赞同这种观念，其新著反映了这些小小的变化调整。（如果读者想要了解绿色多元主义最近 30 年来的文化研究成果，请参阅我的《婴儿潮》一书和全集 7 的引言）。

所有上述看法的要点在于，每种文化基因——现存的每种意识层次和波——的健康对整个螺旋和意识的总体序列来说绝对是必不可少的、有益的。即便世间的每个社会都充分建立于青绿色的文化基因之上，这个社会的新生婴儿在刚开始时仍然处于第一阶段，是浅褐色的，具有感觉运动的本能和知觉，然后必须进化和成长，经过紫色的魔法、红色和蓝色的神话、橙色的理性、绿色的网络，然后进入黄色和青绿色的统观逻辑。所有这些波都具有重要的任务和功能，它们都需要被接纳和融入到后续波中，每种波都不能绕开，贬低每种波都会对个人和社会产生严重的后果。首要的任务是整个螺旋的健康，而不是优先疗愈任何特定的层次。毫无疑问，个体的最高层次和个体当前的主导层次都是越高越好，但是，只有第二层意识才能考虑到整个螺旋的健康。

4.10　参考里索和哈德森的《九型人格的智慧》，以及 H. 帕尔默（Palmer）的《九型人格》。当我们在第八章谈到子人格时，这意味着子人格可能是任何类型的，处于任何基本层次，是名副其实的自我多元社会！然而，它们都会受到近端自我的引导，这让持续不断的意识流具有了体验的一致性，尽管这种一致性偶尔也会被打断。

第五章　现代性是什么？

5.1　就四象限而言，数字“四”并不具有魔力，我当然没有将它具体化。四象限仅仅是现实所作出的某些最简单区分的产物：内在的 / 外在的，和单数的 / 复数的。但是，也有许多——甚至无穷多——其他重要的维度。人们觉得四象限很有用的原因仅仅在于：因为平地甚至都不重视这些简单的区分，因此较之于单向度的人类世界，四象限就变得极其复杂了。

四象限（或三巨头）甚至是内含于日常语言中的现实，承认第一人称（我）、第二人称（我们）和第三人称（它）的视角，因此，举个例子来说，个体天然地容易认识到艺术、道德与科学之间的差异，并在任何全面的世界观中包含所有这三者。

第六章　前现代与现代的整合

6.1　想更深入地了解这个话题，请参见全集 4 的引言。

6.2　如果想了解这个连锁大系统，请参阅泰勒的《自我的起源》；如果想从现实的系统观点出发去了解启蒙运动时代的信仰，请参阅洛夫乔伊的《存在巨链》；如果想了解系统理论、微妙还原论以及它们与启蒙运动的渊源，请参阅《性、生态学和灵性》第二版（全集 6）。

6.3　前现代性缺乏多元主义和语境主义，可参阅第十三章；想更深入地了解这个话题，可参阅全集 4 的引言和我的《婴儿潮》。

第七章　某些重要的现代先驱者

7.1　在图 8 中，我在左上象限仅仅列出了少数整体波，但是，我认为，我们可以在这些象限中探索所有的层次，了解它们的相互约束和影响，从而形成更整合的、全面的模式。参阅第十四章。

7.2　如果想了解意识的状态 / 结构与有机体 – 大脑的状态 / 结构之间的关联，请参阅韦德的《心灵的改变》、奥斯丁的《禅宗和大脑》、亚历山大和兰格尔的《人类发展的更高阶段》、瓦雷里 · 亨特的《无限的心灵》、大卫 · 查尔姆斯的《清醒的心灵》、拉夫兰等人的《大脑、符号和体验》。注意，根据拉玛那 · 马哈希尊者的看法，即便是完满的灵性自我实现，也与右胸侧有着对应的物理共振（换言之，每个左侧事物不管有多么崇高、脱俗与超越，都有右侧的对应物）。

关于传统的身心问题，第十四章给出了更全面的说明。我们在此处参考图 8，也许可以得出几点看法。左侧世界笼统地指“心灵”，而右侧世界则笼统地指“身体”。它们最终是不二的，但只有当意识层次从因果阶段发展到不二阶段，这种不二才能得以实现，此时，身心问题不是被化解了，而是消失了，被视为无知、愚痴和执迷的产物。除此之外，我们无法满意地解决身心问题（参见《灵性之眼》的第三章和《万物简史》)。这种不二观并不是改头换面的哲学一元论，因为这种不二只有在超心理的、超哲学的领域才能实现，无法下降为心理概念而又不产生二律背反和悖论（参见《灵性之眼》的第一、二章）。拙著对这种不二作出了指示性而非描述性的阐释（见《灵性之眼》第三章、《性、生态学和灵性》第2版）。

除了不二觉悟，我们可以相对地说，所有四个象限都是彼此交互影响的，它们会彼此生成并彼此制约。不仅个体的心灵和意识（左上象限）会与个体的身体 – 大脑 – 有机体（右上象限）交互影响，它们同样会与集体文化意识（左下象限）和集体社会机构（右下象限）交互影响。

因此，这种观点既非一元论的，又非二元论的。它并不认为身体和心灵是某个根本实体的两个侧面，因为无相的实体并不具有侧面［它是全部观念的空性（shunya)］，所以它不是一元论的。它不是精神物理学的同一性，因为这些侧面仍然具有相对真实的、不可被还原的区别。它也不是传统的互动论，因为尽管这些象限是相对真实的，它们仍然属于虚幻的世界，因而互动论并不是终极的道。

如今，“化解“身心问题的主要形式基本上就是各种类型的、新兴的唯物主义、功能主义、联结主义和自创生理论，所有这些理论都是微妙还原论（将左侧事物还原成右侧的动态系统）。其中的许多理论都是整体论的、层级式的、联结主义的、新生的，掩盖了下述事实：它们仍然是外在的整体论，而非内在的整体论（即便将它们整合起来也是如此）。甚至在它们自称为“非还原论的唯物主义”——它们用这个词来表示“非粗糙还原论的”，而不是“非微妙还原论的”——时也是如此。只要记住四象限交互影响的事实，就能最好地抵制这种微妙还原论的趋势。参见我的“意识的整合理论”［1997年《意识研究期刊》第4册第1篇，收入全集7;《性、生态学和灵性》第二版（全集6）第十四章注1;另可参见本书第十四章]。

7.3　科尔伯格提出的道德发展的第6阶段是个理想的极限，但不是真实的阶段。证据证明了他谈到的前5个阶段，迄今为止，这5个阶段基本上是跨文化的、普遍性的、非相对性的。参阅本书第四章“异议”章节。

7.4　鲍德温的“合一意识”是粗重世界的合一或自然神秘主义（通灵的层次）。它没有辨别出原型的神秘主义、精微意识、清醒梦或有余依三摩地（所有形式的神性神秘主义或精微层次的神秘主义）；也没有辨别出无相意识（自性的），因而无法达到纯粹的不二状态（空色不二）。当意识与自然的合一没有辨别出无相的灭尽状态时，它就往往是通灵层次的、粗重的宇宙意识，或自然神秘主义。然而，它是真正的、深刻的超个人体验。

识别某种“合一体验”是粗重世界（自然神秘主义）、精微世界（神性神秘主义）、自性世界（无相神秘主义），还是真正不二的意识（法界诸色与纯粹空性不二），最简单的办法就是观察意识在做梦和深度睡眠中的本质。如果作者在清醒时谈到某种合一体验，它通常就是粗重世界的自然神秘主义。如果那种合一体验持续进入到做梦状态，从而使作者谈到清醒梦，以及与内在光明和外在粗重自然的合一，它通常就是精微世界的神性神秘主义。如果意识持续进入到深度睡眠状态，从而使作者意识到自性充分存在于情绪、做梦和深度睡眠这三种状态之中，它通常就是自性世界的无相神秘主义（第四境）。如果那种无相的自性随后与所有世界的色——从粗重到精微到自性——合二为一，那就是纯粹的不二意识（超越第四境）。

许多自然神秘主义者、生态心理学家和新异教徒们将粗重世界的、清醒状态的天人合一视为最高的合一，但它只是4个主要三摩地或神秘合一状态的第一个。因此，我们不能将生态心理学的“深层自我”与禅宗的“本来面目”、大圆满的“阿底瑜伽”（Ati）、吠檀多的“梵－我”之类混淆起来。这些区别也能帮助我们弄清楚海德格尔和福柯等哲学家的观点，他俩谈论的都是与自然的神秘合一，通常都是深刻的、真正的、粗重世界的合一体验（化身），但不应该将它们与禅宗或吠檀多混淆起来，因为后者实现了自性的无相状态（法身、无余依三摩地、禅那三摩地，等等），然后进入到了纯粹的不二合一（真如身、超越第四境），与所有的世界（粗重的、精微的、自性的）融合起来。许多作者将化身与真如身混淆起来，忽略了介于两者之间（例如报身和法身）的重要内在发展领域。

第八章 灵性考古学

8.1 如正文所述，状态非常重要，但是，如果要促进发展，它们必须成为结构 / 特征。平面和领域是重要的，但不能不加批判地将它们视为独立的本体论现实，而应该视为具有感知能力的多个自我的共同产物。因此，最简单的总结就是：个体发展涉及波、流和自我，但不能以任何方式否定其他因素的重要性，包括状态、平面、许多的变态分层（heterarchical）过程和模式。

8.2 在我看来，巨巢的基本结构同时也是认知与存在（认识论与本体论）的层次。出于本书中谈到的原因（亦即，现代性极力排斥本体论，而只承认认识论），我往往会将基本结构称为“基本的意识结构”（或“基本的意识层次”），但我们不应该忽略它们的本体论状况。通常来说，长青哲学将前者称为意识的层次（或自我的层次），将后者称为存在的领域或平面（或现实的层次），并认识到两者是密不可分的。因此，正如休斯顿·史密斯在《被遗忘的真理》中所说，意识的身体层次对应于存在的世俗领域和平面；意识的心智层次对应于存在的中间领域和平面；意识的灵魂层次对应于存在的天堂平面；意识的灵性层次对应于存在的无限平面

（见图表 2a）。既然它们是彼此对应的结构（意识层次 VS 存在的平面），我在巨巢的基本结构或基本层次的概念中就同时包含了两者。

然而，有时区分它们是有用的，因为自我的既定层次能够体验到现实的不同层次或平面。在分析认知模式时，我经常作出这种区分（见《灵性之眼》第二、六章，《普世的神》第八章），在本书中讨论艺术的形式时也会这样做。而且，在个体发展学中，结构会发展，但平面却不会（自我在发展中会经历既定的现实平面或层次）；然而，在宇宙的退化和进化 / 种族发展学中，平面 / 领域也会发展，或从本原向前发展并回归本原（因此，我们不能说，平面完全没有显现出发展，它们牵涉到灵性，并从灵性开始发展。可参考尾注 1.4 了解平面自身共同进化的方式）。但是，通常说来，自我的某个特定层次能够和不同的客观层次在不同程度上交互影响，因此，我们需要将这两者（结构和领域）当成独立的变量。

因此，举个例子来说，正如我在《眼对眼》中所指出的，意识能够将注意力转向物质平面（利用其认识论方面的肉眼）、中间平面（利用其认识论方面的心灵之眼）或天堂平面（利用其认识论方面的冥修之眼）。物质、中间和天堂平面都是本体论的层次。在《眼对眼》中，我用术语“可感知之物”（sensibilia）、“可理解之物”（intelligibilia）和“可超越之物”（transcendelia）（换言之，就是这些平面或领域的客体）来称呼它们。肉眼、心灵之眼、冥修之眼是认识论的层次，对应于（并揭示了）可感知之物、可理解之物、可超越之物的本体论平面。（当然，这里仅仅采用了巨巢的三层次简单模型，如果我们采用五个层次，就会有 5 个存在的平面和 5 个对应的意识层次，以此类推。在我的系统中，由于我常常采用 7 ～ 9 个总体意识层次，所以就会有 7 ～ 9 个总体现实领域或平面。）

但是，请注意：仅仅采用意识层次，你就基本上能够得出相同的结论（因为存在和认识是那些相同层次的正反两面）。你可以说，心灵能够探究中间领域，或者你干脆可以说，心灵能够探究其他心灵。你可以说，心灵能够探究天堂领域，或者你干脆可以说，心灵可以探究精微层次。它们表述的意思基本上是相同的，只要你意识到，自我（或意识）的任何既定层次能够将注意力转向存在的任何层次（或现实的任何平面）。换言之，这两个独立的层次系统可以被表述成“意识的层次探究存在的平面”；但是，只要我们了解了相关的对应关系，它们也可以被表述成“意识的层次探究意识的其他层次”。

我通常采用后面这种表述方式，这纯粹是因为，如我所说，它绕开了饱受现代性置疑的本体论推断。前现代哲学是不折不扣的形而上学（换言之，它假定超验现实的所有不同平面、层次和领域的本体论存在是毋庸置疑的），而现代哲学主要是批判性的（换言之，它探究思维主体的结构，置疑思维客体的本体论地位），因此在这个问题上提供了迫切需要的批判态度（尽管它批判过头了，有时甚至抹杀了感觉运动以外的任何认知客体）。

长青哲学传统（和纯粹的形而上方法）的严重问题在于：它们在讨论本体论层次（平面或轴）时，往往会觉得它们是既定的，独立于这些领域的观察者之外，从而错过了现代和后现代的大量研究成果，不知道文化背景和社会结构深刻地影响了所有这些领域的观念（换言之，长青哲学没有充分地区分四象限）。鉴于所有这些原因，简单地将平面说成完全独立的认识论实体是很成问题的，也正是出于这个原因，我往往更多强调认识论方面而非纯粹本体论方面。

这导致某些批评家声称我完全忽略了存在的平面，但这显然是错误的。正如刚才所说，我常常将平面明确地称为“范围”、“领域”、“范畴”，并将尘世、中间和天堂这三个主要平面的现象称为“可感知之物”、“可理解之物”和“可超越之物”（我也将它们称为物理 / 生理圈、智力圈和神性圈，然而，这些领域可以被细分为至少十多个层次）。诚然，我往往会侧重于意识的结构 / 层次，但我也经常说，某个层次可能和其他层次相互影响，从而保留了这两个独立的层次系统。因此，举个例子来说，在《眼对眼》第六章和《普世的神》第八章的图表中（它们展示了5个主要的认识模式：感觉的、经验的－分析的、历史的－诠释的、曼荼罗的[①]、灵性的），意识的结构/层次位于左侧，存在的结构/层次（或现实的平面/领域）位于右侧，这两个独立的层次系统被作出了明确的区分。在本书中讨论艺术的形式时，我也会这样做。

加上我们对意识状态的了解，意识层次和存在平面的概念就给我们提供了三维模式（换言之，有三个独立的变量）。自从写作《普世的神》（1983年）以来，我就始终在阐释这种三变量模式。最近，阿兰·康芒斯提出了相似的模式。这个模式有很多可取之处，但是，在我看来，它也有某些重要的问题。参考尾注12.12。

大多数时候，在不必区分意识的层次和存在的平面时，我会尽量使用能够同时包含两者的术语（例如身体、心智、灵魂和灵性），我不言自明地使用基本结构或基本层次来表示两者，以免进行这种复杂的讨论。在有必要区分它们时，我通常会称平面为“领域”、“范围”、“世界”，其具体称呼则取决于语境。

8.3　任何发展模型所面对的问题在于：你必须在每条线（道德、认知、情感、需求）的某个特定层次上发展到什么程度，然后才能在这条线上进化到下个更高的层次？研究往往表明，为了让下个层次得以出现，需要实现某条线的每个主要层次的整体能力，我在图4中表明了这一点。9种基本波被画成了九个同心圆的横截面。它们不是“梯子上的梯级”，图14只是巨巢同心圆（图1）的横截面，表示呈层级式出现的波，各种发展流的发展都会相对独立地经过这些波（这些呈层级式出现的波或层次是图2的心理图的纵轴）。换言之，图14表示各种发展线（道德、情感、

---

① 参见本书第九章“审美”一节的注释。

认知、需求，等等）的基本层次，这些层次跨越了整个意识范畴，从身体到心智，到灵魂，到灵性。既然各种线能够相对独立地发展，那么，整体发展就不遵循线性的顺序。但是，此处的问题在于：在任何单条发展线中，某个特定层次必须发展到什么程度，才能让这条线上的下个阶段/层次得以稳定地产生？

以统观逻辑为例，我画出了四个子阶段，将之称为a、b、c、d。我用子阶段a和b来表示统观逻辑的基本能力：能够接受多元视角，并证实某种后习俗的、普遍性的整体论意识的存在。这种基本能力对更高的稳步发展是必不可少的。而子阶段c和d则是统观逻辑专业化的极度发展，例如：能够思考两重系统，以及三重系统（康芒斯和理查德称为“范式的”和“跨范式的”思维，参见图表3a、尾注9.1、尾注9.27），它们并不是更高发展所必须的。很可能佛陀和基督都具有a和b的能力（菩萨的宏愿和黄金法则都需要多元视角），但他们也许不具有c和d的能力。当然，许多人进化到了更高的发展阶段，与此同时却并不具有思考三重系统的复杂能力。简而言之，阶段a和b代表后习俗意识和多元视角。如果超个人阶段想要成为稳定的特性而非短暂的高峰体验，那么，阶段a和b就是更高发展（超个人的、灵性的）的必要要素。但是，c和d是专业化的发展，并不是必要的。

对任何流中的基本波来说，这个结论同样适用。a和b子阶段是更高发展的必要前提和/或组成部分。感觉运动的发展需要某种能力（a和b），但是，个体不必成为奥运会运动员（c和d），诸如此类。（同样，过去的圣人和智者也许根本不具备极度发展的统观逻辑，但是，那些对世界履行黄金法则和菩萨宏愿的人具备的统观逻辑能力，显然能够让他们超越统观逻辑，并继续向前发展。）

图14表明基本波本身往往是长久的结构，每种波会继续存在，并能够无限地加以实践和发展。个体能够拓展和深化其体能、情商、智商和

统观逻辑等能力（换言之，个体在每种基本波中都能发展 c 和 d 乃至于更高的子阶段）。

另一方面，大多数发展线都不是长久的结构，而是短暂的结构。它们仍然遵循“超越并包含”的原则，每个阶段都具有某些基本能力，而这些能力会被融入后续阶段之中；但是，当某个阶段实现了自身的目的以后，它自身就不再作为独立的功能而继续存在了（例如，处于第五道德阶段的个体不能同时利用第一道德阶段的功能），但是，处于统观逻辑阶段的个体能够（而且也确实会）同时利用所有更低基本波的功能，诸如感觉运动和情绪 - 性欲）。但是，同样的总体发展原则仍然是适用的：每个阶段需要具备某些总体能力，才能让下个阶段稳定地产生。

在许多情况下，这种能力是后续阶段得以产生的必要非充分条件。尽管各种理论层出不穷，但更高阶段得以产生的确切原因，或者相反，

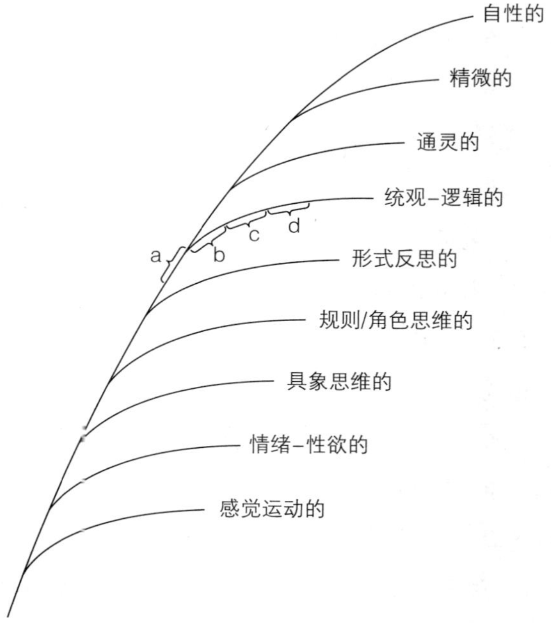

图 14　基本波及其下个阶段

任何线出现发展停滞的确切原因，仍然没有被了解清楚（最可能的解释涉及多种综合因素，我们可以在四象限中各自列出几个因素：个体的体质因素、个体的家庭教养、个体的内在性格、社会制度、人生经历、生活史、文化背景、文化价值观、文化激励/阻碍等等。）至于某个基本波的哪些特征是a、b、c，在大多数情况下，只有经过经验检验才能知道。

8.4 在《阿特曼计划》一书中，我为自我界定了如下阶段和年龄段：早期自我（4 ~ 7岁）、中期自我（7 ~ 12岁）、后期自我（12 ~ 21岁）。这些阶段和年龄段的划分如今仍然是合理的，但是，问题在于：不同的理论家按照上千种不同方式在使用“自我”这个词，让我们很难指定其定义。心理学文献会谈到“早期自我核心（early ego nuclei）”、“身体的自我”、“冲动的自我”、“心理的自我”、“成熟的自我”、“统合的自我”等等。考虑到心理学文献的常规用法，我通常以3种不同方式来使用“自我”这个术语：（1）自我是任何个人（或前额）阶段的自我意识或“主体感”，从物质自我到身体自我，到理性自我；（2）自我是更狭义地奠基于形式－理性－反思能力之上的个体自我，我也称之为“成熟的自我”；（3）自我通常是独立的自我意识或自我紧缩（self-contraction），包括身体、心智和灵魂。我在《阿特曼计划》中所说的早期自我，如今也被改称为自我概念（或概念自我，F-3）；中期自我（F-4）通常被我称为人格面具或团体自我（在《阿特曼计划》中，我用“团体自我”表示社会化过程的最初起点，但是，既然社会化过程要等到规则/角色思维出现时才真正变得无比重要，我如今使用“团体”或“神话－团体”来表示整体的规则/角色思维、其世界观以及F-4时的自我——遵奉习俗的角色自我或人格面具）；而后期自我（F-5）通常被我称为“成熟的自我”。我如今最常用的所有术语都列在图表1a中。只要明确说明我们想要表达的发展时期，其中任何一个术语都仍然可以被接受，在任何一个具体的语境下也是如此。

8.5 有1 ~ 2名理论家对人马自我和统观逻辑提出了“致命的批评

意见”，即：“我们不疑理性自我阶段（F–5）的整合能力，或者至少跟威尔伯对它的看法不同。它要么没有充分地将身心整合起来，从而违背了‘超越并包含’的发展逻辑；要么它确实将身心充分整合起来了，但人马自我（F–6）却是多余的。”

这种批评意见来源于对抽象哲学概念的运用，而没有利用具体的心理学研究成果。人并非只有身体和心灵，因此我们并不只有两种选择：整合它们或者不整合它们。这些批评者所说的“身体”，其实由 5 ～ 6 个层次组成（例如：感觉、知觉、外觉、冲动、情绪），而他们所说的“心灵”，也由大约 5 ～ 6 个层次组成（意象、符号、概念、规则、形式的、统观逻辑）。超理性的、超个人的层次（通灵的、精微的、自性的）都超越了它们。

如果我们认可这种更完满的存有巨巢，而不是简单化的“心灵”和“身体”，问题就不会产生了。每个层次自身都实现了大量的整合——每个层次都遵循“超越并包含”的原则。形式－理性层次（其整合能力受到这些批评者的置疑）超越并包含（整合）了多种具体运思、多种不同视角、多种角色、可逆运算和交互观点，是卓越非凡的整合结构。形式运思结构已经很整合了，但研究表明，后形式认知（亦即统观逻辑，批评者们认为其存在是多余的）甚至更加整合。后形式认知超越并包含（整合）了许多形式运思、思维体系和元系统观念（例如，康芒斯、理查德、阿林、费希尔、帕斯科尔－莱昂、欣诺特等人的工作）。形式和后形式阶段的证据都非常充分。但是，如果你的发展阶段仅仅包含身体、心智及其整合，你就会将它们都忽略掉。

这对每个上述阶段的自我来说同样如此。等同于角色思维的自我就是人格面具；等同于形式思维的自我就是成熟的自我；等同于统观逻辑的自我就是人马自我。如图表 3a–b 和 4a–c 所示，大量证据都支持所有这些认知阶段和自我阶段。同样，如果你的发展序列中只有身体、心灵及其整合，这些认知阶段和自我阶段也会被你忽略掉。

这些批评面对的难题似乎恰恰在于：由于除了病变之外，每个阶段都超越并包含了其前续阶段，每个阶段都显示出了相对更强的整合能力，因此，“整合”实质上是个变数，其潜在能力在每个层次上不断增加。但是，盖普瑟、诺曼、吉利根、罗文格等人的研究成果也认为某些特定阶段是真正“整合的”，他们之所以这样称呼他们所研究的最高层次，往往并不是因为较低的层次完全缺乏整合能力，而是因为这个最高层次具有最强的整合能力（由于除了病变之外，每个层次都是超越并包含的，所以，更高的层次就具有更多的整合能力）。

因此，我经常引用罗文格对布罗顿的最高阶段（等同于人马阶段）的概括：“身体和心灵都是整合的自我的体验。批评者因此误以为此前的阶段（理性自我）缺乏身心的整合，这是个奇怪的观点，但事实上，根据研究结果本身来看，仅仅意味着理性自我比人马自我具有相对更少的整合能力。”

当然，每个层次的整合能力都有其局限性，这就是该层次本身的局限性。在形式－理性层次，其局限性在于形式系统的内在抽象本质，这往往将它们与其他领域隔离开来（即便这些系统与前续阶段相比，已经整合了许多东西）。许多研究者认为，这些局限性本身会随着统观逻辑的发展而被超越，这是因为：在通向更高整合能力的过程中，统观逻辑开始采取多元主义的、语境主义的、相对主义的立场，因而能够包含尚未被形式理性包含在内的领域。在每个阶段，我们都能看到超越并包含（病变当然是个例外，而病变之为病变，恰恰是因为它没有超越并包含，而是否认与压抑、固着与阻止）。

最后，少数批评者认为，根据传统的存在巨链来看，并不存在等同于统观逻辑和人马阶段的事物。相反，如图表所示，几乎每个深刻的巨链理论家的观点（普罗提诺的“创造理性”、奥罗宾多的“高等或整合心智”、盖普瑟“整合的－无透视观”等等）都与统观逻辑或更高理性具有某种相似性。由于自我能够等同于巨链上的任何层次，我就将该层次的自我称为人马自我。如果你采用完整的巨链，而不是简单的 5 层次或 7 层次概括，就不会产生这种批评意见了。

8.6 因此，早期自我发展和自我病变的这三个总体层次仅仅是多因素病源的一个构成因素。它是个重要的因素，但复杂的病源还包括：气质、体质因素、性格类型、主要的行为模式、独立的防御机制、人际关系、环境等其他重要因素（可以参阅斯通恩在《人格的畸变》中描述的五要素模式、马斯特森和克莱因的《自我的失调》、诺克罗斯和格德弗里德的《精神疗法整合入门》）。而且，左上象限的多要素方法不仅很重要，而且它们需要和右上象限的要素（神经结构、神经递质、脑波状态、精神药理学等）整合起来（例如，迈克尔和摩尔的《神经生物学的发展》、哈里斯的《发展的神经精神病学》），此外也需要和右下象限和左下象限的社会、文化因素整合起来（例如，布罗顿的《心理学发展的批判理论》，以及迈克尔·科尔的杰作《文化心理学》）。

正如伦曾维格与豪嘉德在《发展心理学的前沿》（1996 年）中所说："当个体发展的精神病理学关注亲子互动时，很少有人真正试图将遗传因素、神经递质传递模式、神经科学方法整合起来，迄今为止，这种整合在最常见的发展性神经病理学文章或著作中仍然相对较为罕见。为了避免受到误解，我们乐意强调自己正在关注发展神经病理学中的相对失衡，我们认为这种失衡受疾病发展的社会心理模式影响，而非更多地受生物学因素的影响。然而，非常坦率地说，我们认为，最好能**将所有这些层次整合起来**。遗传因素在正常发展和病态发展中的重要性是不容置疑的，神经生物学因素对性格（例如，凯根在 1994 年的研究成果）、情绪（例如，艾克曼和戴维森在 1994 年的研究成果）、个性发展（例如，德普和柯林斯的研究成果，待出版）和精神病理学现象（例如，布雷斯林和温伯格在 1990 年的研究成果，科卡罗和墨菲在 1990 年的研究成果，格瑞斯在1991的研究成果）的关键影响是不证自明的，有些人甚至说是根深蒂固的。大脑、情绪、行为和环境的有效整合，代表着众多心理学（尤其是认知心理学与人格心理学）领域中尤为活跃的研究领域。简而言之，发展精神病理学无法忽略这些进展和新兴的研究方法。”伦曾维格和豪嘉德很好地强调了左上、右上和右下象限中的某些特征，然而却很少关注左下象限，并忽略了所有象限的所有更高层次。然而，这本书和其他类似书籍表明，研究者们在心理学和心理治疗中越来越关注更整合的方法。

也可以参阅J. 诺克罗斯和M. 格德弗里德编辑的杰作《精神疗法整合入门》。

8.7　丹尼尔·斯特恩在《婴儿的人际交往圈》等书中主张：称这些早期阶段为“未分化的”是不妥当的，因为：即便最早期阶段的婴儿意识也表现出了某种区分和分化的能力。不过，后续发展表现出了更多的这种能力，因而，相比而言，我们仍然可以正确地说，这些最早期阶段是相对未分化的。

8.8　如果想深入地了解前四个支点的防御机制，请参阅乔治·瓦兰特的《自我的智慧》。

在图表1a中，早期阶段的防御（F-1 ~ F-3）主要基于精神分析的自我心理学、客体关系理论和自体心理学。中间阶段的防御（F-4 ~ F-6）主要基于交流分析、认知疗法、归因理论、构念理论、角色理论和符号互动论。而更高阶段的防御（F-7 ~ F-9）则来源于存在主义和冥修传统。另可参阅《意识的转化》。

简德林的“可感意义”——介于身体感受和心理概念之间的地带——就是阿利提所说的“内觉”，我将它作为图表中的一种基本波。作为联结身体感受和心理想法的纽带，内觉可能会通向情绪阴影。人们往往将简德林的“可感意义”和人马意识混淆起来，然而，“可感意义”基本上是哺乳类的层次（也就是说，它是位于身心分化以前的，而不是超越身心分化的）。在我看来，这种混淆源于没有充分意识到统观逻辑所具有的全景意识中的认知成分。内觉意识在本质上是人马意识（它超越并包含了此前的所有结构）的组成部分，但不是后者的主要特征。关于内觉感受在精神疗法和冥想中的作用，请参阅《一味》中8月12日和9月10日的词条。

8.9　参阅《意识的转化》、《万物简史》和《灵性之眼》。约翰·罗文（John Rowan）的《超个人》很好地讨论了所有几个支点的病变和治疗，该书仅有的不足之处是偶尔将神话层次和精微层次混淆起来。这种混淆源于前/超错误（将前理性与超理性混淆起来，因为两者都是非理性的——或者类似地将前形式与后形式、前习俗与后习俗、前个人与超个人等混淆起来，参阅《眼对眼》）。罗文本人也觉察到了这种混淆，并在随后的著作以及《超个人》的新版后记中纠正过来了，罗文将新版的后记给我看了，我引用如下：

当我在1991年写完本书时，它堪称一本极具开创性的著作。我试图将大量独立的资料组织成连贯的故事，而在这样做时，我过于简化了某个问题。

就是我对“超个人”的定义问题。在本书中，我始终将超个人等价于精微阶段（亦即灵魂阶段）。我之所以这样做，是因为我想非常清楚地表明，这是超越人马之上的阶段，是治疗师们最经常运用并与治疗最相关的阶段……

这完全没有问题，也是非常有道理的。但问题在于我认为：自性和不二阶段在某种程度上不是超个人的。它们当然是超个人的，它们就像精微阶段那样是相当超个人的，并在超个人心理学文献中受到了远远更多的研究和关注……

但与此同时，我认为强调精微层次的重要性是正确的。在超个人心理学文献中，它受到了过分的低估和忽略……

然而，我在此处不得不表达一个重要的保留意见，就是：研究精微层次的人们往往相当容易犯前/超错误。由于前个人和超个人都是意象丰富的，人们往往非常容易从此处滑向彼处，而不曾意识到这种变化。

精微层次及其价值的最杰出支持者约瑟夫·坎贝尔也在这个领域存在着严重的混淆之处，将这种“后形式的精微”层次和“前形式的”神话层次习惯性地混淆起来，似乎认为两者是相同的……

我们可以从中得到的启发是，如果像约瑟夫·坎贝尔那样博学多闻的人都会犯下这种“前/后”错误，那些孤陋寡闻的人无疑更容易这样了。我在拙著中也犯下了这种错误，将处于神话层次上的实践者与大多数时候真正处于精微层次上的实践者混淆起来。我希望在日后纠正这个错误，在此处预先作出说明。

8.10　超个人心理学和疗法的优秀入门书籍包括：唐纳德·莫斯编辑的《人本主义和超个人心理学》；斯科顿等人的《超个人精神病学和心理学教科书》；弗朗西斯·瓦甘的《神圣事物的内弧和阴影》（此书尤其值得阅读）；西穆尔·布尔斯泰因的《超个人精神疗法的临床研究》；阿萨鸠里的《心理综合学》……

8.11　行为疗法甚至能够帮助人们体验到他们所逃避的事物。顺便提一句，阿利提在《心灵内部的自我》中指出，经典的行为主义主要关注外觉层次的认知。现代认知行为主义则主要关注 F-4 ~ F-5 的言语行为。换句话说，整合理论能够充分地接纳行为主义的不朽洞见，并在同时摒弃其还原论色彩。最后，当我说意识是可以治疗的时候，包括了治疗的过程；意识要变得稳定且无所不在；意识要渗透到问题中去。

8.12　参阅约翰·罗文的杰作《子人格》，也可以参阅瓦特金斯的《自我状态》。在我看来，每种子人格都是潜意识或无意识的“主体我”、消极分裂的近端自我的侧面，但意识仍然会与之结合。每种子人格会嵌入意识之中或得到其认同（被视为隐匿的“主体我”），具有自身的意志、欲望、冲动等等。子人格的本质基本上取决于它在分裂时所处的层次（原始的、魔法的、神话的，等等）。这些“小主体”都是自我隐藏的侧面，但这些侧面尚未转化成客体，被释放、去认同化、反嵌和超越，因此，它们会让意识绕着其轨道运行。

每当近端自我认同某个基本波，自我就嵌入那个波中：首先是物质的自我，然后是性欲的 / 情绪的自我，随后依次是概念的自我、角色的自我、反思的自我、整合的 / 本真的自我、灵魂的自我、灵性的自我，每个自我都层级式地超越并包含。当每个“主体我”被超越后，它就成为了“客体我”的组成部分。［例如，感受身体（the feeling body）是 F–2 时的近端或“主体”自我，随着近端自我继续向前发展，它就仅仅成为“我的身体”，或远端自我或客体我的组成部分。］

当“主体我”的侧面被分裂，意识却仍然认同它们时，就产生了分裂的子人格。因此，它们成为了无意识的主体，而非无意识的客体，具有自身的道德、世界观、需求等等（这取决于子人格在分裂时所处的层次）。在我看来，这是区分压抑和超越的关键所在。也就是说，当近端的主体自我被转化成远端的主体自我之时，这时就是分裂（或压抑）；当近端的主体自我被转化成远端的客体自我之时，这时就是超越。在前者中，主观认同 / 执着（或自我感）仍然存在但被掩藏起来了（成为无意识的主体）；在后者中，主观认同消失了，无意识的主体变成了有意识的客体，然后能够得到整合（超越并包含，而非分裂或压抑）。治疗需要将隐藏的主体转变成有意识的客体。

8.13　低层次的子人格基本上是**前语言的**［原始的，爬虫类的，魔法的（左上象限）；爬行动物的 / 脑干，古生哺乳类的 / 大脑边缘系统（右上象限）］；中间层次的子人格是语言的［神话的，角色，形式的，后形式的（左上象限）；大脑新皮质（右上象限）]；更高层次的子人格是**超语言的**[基本是是精微的（左上象限），θ 状态（右上象限）]。每种子人格都以不同的方式产生影响：前语言的子人格往往呈现为冲动和没有表达出来的强烈欲望；语言的子人格呈现为言语或无声的叙事；超语言的子人格呈现为光明、更高认知，超验的情感（包括狂喜和无边痛苦）。

任何意识层次上的分裂成分会从单侧面的子人格发展成复杂的子人格，再发展到成熟的子人格，每个层次都具有更大的复杂性。

这类似于葛罗夫的业结系统（COEX）的概念。任何子人格都包含有 1 个或多个情结，这些情结可能具有层次性，能够从当前的层次（例如说，F–5 或理性的层次）后退到更早的层次（神话的，魔法的，原始的），甚至后退到临产的母体（F–0），有些人认为甚至还可以后退到前世的经历（可以参阅《普世的神》，以便更多地了解情结的层次）。同样，有些子人格包含着试图（从通灵的、精微的、自性的、不二的世界）“下降而来”的新特质。

8.14 原型在各种文献中具有若干不同的、非常含混的含义。我既用它指神话的形式，偶尔也指精微世界的形式。在柏拉图和普罗提诺等人那里，其原义是精微世界的形式（退化的最初形式），但荣格学派开始用它指神话的形式（进化的某些最初形式），我们无法彻底消除这种混淆。如果想充分了解这个话题，请参阅《眼对眼》和《灵性之眼》。

无论如何，大多数神话原型——如简·波伦在《每个人身上的神祇》中指出的——仅仅是具体运思阶段的角色自我。它们是前形式的，而不是后形式的。它们本质上不是超个人的，正是出于这个原因，尽管许多人提出相反的主张，对这些神话角色的治疗通常属于 F–4 的治疗。我认为这一治疗是 F–4 治疗的一种有效形式，经常建议进行这一治疗，但它并不直接或必然在超个人状态或意识结构中出现，然而，在消除这个层次的病变后，这一治疗就能像任何良好的治疗那样，使人更可能向更高的超个人阶段成长。

这种荣格学派的疗法会偶尔在超个人意识中出现，这是因为，将这些神话角色客体化的过程往往涉及觉照（Witness），而后形式的觉照——而非前形式的神话角色——其实是超个人的。我个人认为，阿萨鸠里的心理综合学和哈米德·阿里的“钻石途径”（Diamond Approach）以及通常的观照冥修（毗婆舍那、禅宗等等）在这个特定的问题上更加有效。

8.15　约瑟夫·坎贝尔在《简明版荣格读本》第22页很好地概括了常见的荣格学派疗法：“简而言之，荣格职业生涯中这项核心工作的根本成果就是，首先，由于神话的原型或规范在人类社会中并不少见，它们在本质上表达的既不是当地的社会环境，也不是任何个人的独特经历，而是共同的人类需求、本能和潜力（在这里，“共同的”或“集体的”并不必然意味着超个人的，仅仅相当于说：人人都有10个脚趾头，如果我能感受到自己的脚趾头，这种经历并不是我所独有的。换言之，神话原型仅仅是后期前运思和早期具体运思心灵的部分深层特征，因此是这些层次的基本形式，这些层次本身没有内容，需要由特定的文化或个人予以充实）；其次，在任何特定民族的传统中，当地环境提供了意象，原型内容通过这些意象展现出来，支持这种文化的神话；其三，如果个人的人生和思维方式大大背离了人类的规范，就可能出现失衡的病态状况，产生神经官能症、精神病、类似于神话碎片的梦想或幻想；其四，要最好地诠释这些梦想，就应该将它们与类似的神话形式进行比较（由神话予以引申），而不是回溯到受到压抑的婴幼儿记忆（将其生平予以还原），因此，个体就能在集体人文环境的镜子中看见自己被去个性化。换句话来说，其目的在于区分（并整合）这些神话形式和角色。荣格的许多拥护者将这些前形式的神话角色直接等同于后形式的精微结构，在我看来，这就不幸地将前形式与后形式混淆起来了（如果想了解“原型”的含义及其前/超混淆，请参阅《眼对眼》和《灵性之眼》）。但是，不管如何诠释，神话的分化－整合的效果仍然基本是相同的：意识接纳并超越神话的原型结构，从而可以继续向前发展，摆脱这些原型的无意识魔力。荣格将这种分化－整合称为个体化。

8.16 精神分析、客体关系理论和自我心理学越来越意识到治疗形式的范畴可以到达并包含 F–5。作为例子，我在图表中包含了 J. 吉多的观点（出自他的著作《超越诠释》、《临床精神分析的进展》、《忧郁与怀旧》），他很好地囊括了所有前五个支点及其不同的病变和疗法。

各种水平分类——例如九型人格——也可以用来阐释个体采取的防御机制。每种类型的人格在穿过不同的支点时，会采用自身典型的防御机制和应对策略。如第四章所言，如果能将这些水平分类和垂直支点结合起来的话，将会卓有成效。

8.17 当然会有许多的重叠之处和大量例外，但总体而言，萨满巫师 / 瑜伽士的方法关注的是粗重世界和粗重身心的能量流（体现为自然神秘主义），最终通向自觉轮（sahasrara，也就是说，能量流或能量从首个脉轮流向头顶的第 7 脉轮）。圣人的方法探索的是通灵和精微世界的内在深度，通常从第 4 ～ 5 脉轮开始，随后进入自觉轮，再进入无数更加“内在而超越”的、具有可听见的光环和光明的光音天（体现为神性神秘主义），并在最终偶尔达到纯粹的无色定。智者的方法探索的是自性世界的纯粹空性（体现为无相神秘主义），并常常通过这种纯粹空性彻底消解任何形式的主 / 客体二元论（包括自我与上帝之间的二元论），重新恢复不二状态。无上瑜伽行者的方法涉及不二神秘主义，这种不二神秘主义经由个体在永在瞬间的每个举动得以不断实现。参阅《来自伊甸园》、《性、生态学和灵性》、《一味》。

8.18 我在这里简单地谈谈身体疗法。在 60 年代和 70 年代初期，罗尔夫按摩治疗法之类的身体疗法似乎都针对人马阶段或个人的、后形式的、身心的整合；此后，其中的大多数方法都显然致力于前形式的肉体与情绪。这不是说肌体治疗是无益的，恰恰相反，尽管它不太重要，却是更基本的（见《性、生态学和灵性》第二版）。各种身体疗法——包括举重、饮食疗法、罗尔夫按摩治疗法、肌体治疗、身体工作，迄今为止它们直接关注的是肉体与情绪层面的身体（F–1 ~ F–2），这都非常重要，是整合疗法的地面或基石。但对后形式的人马整合（例如，达到罗文格的自律和整合阶段）来说，统观逻辑也必须被包含进来并得到强化，但很少有身体疗法会这样做。

同样，大多数以"身心"治疗自诩的疗法——例如生物能学和聚焦疗法——基本上关注的是身心未曾分化的面向，而不是超分化或真正整合的面向。也就是说，当这些"身心"疗法从身体维度转向心理维度时（从"气所成身"转向"意所成身"），它们关注的层面是生命力 – 情绪的能量、内觉的可感含义、本能的心理学，属于 F–2 ~ F–3 的范畴。其重心仍然是我感受到什么，我如何才能清楚地表述这些模糊的有机整体。这些疗法通常并不关注世界中心层次的道德意识和 / 或超个人启示（人马或更高阶段）的具体问题，当然，如果这些问题自行出现，大多数身心治疗师会关注它们。但是，肌体治疗的主要关注点仍然是内觉，而非统观逻辑（见图表 1a）。不过，我认为，作为基石来说，各种身体工作对整合疗法的所有后续阶段（从心智到灵魂，到灵性）仍然是必不可少的。

8.19　在进化之流中，我们可以追溯宇宙发生学、群体发生学、个体发生学和微观发生学的发展。宇宙发生学指的是物理域（physiosphere）的发展通过远未平衡的系统，达到生命形式的临界点，种族的发育成长由此开始，而个体的发育成长也在其中展现出来。从严格意义上说，宇宙、群体和个体三者的生成发育过程并不相同，只是形成它们的基本子整体在创造性地产生以后，会按照无数种方式组织起来，因此，随后的发展会遵循以前的选择模式。因此，笼统地说，个体成长过程重现了种族成长过程，种族成长过程重现了宇宙成长过程——每条线上的每个子整体都超越并包含了其前身。

微观发生学是发展线在各个瞬间的演变过程。通常说来，微观发生学重现了个体的形成过程。因此，举个例子，处于形式运思阶段的个体在看到一棵树并向我谈起它时，会按照下述微观发生学的大体顺序：首先是对树的感觉，然后是对树的知觉，再产生树的意象。情感因素会影响到他对树的意象（愉快的/不愉快的），这个人会寻找系列词语（符号和概念）来描述这棵树，这些概念产生于具体运思和形式运思的认知空间之内，处于特定的文化背景之中（比如说，语言是英语而非意大利语），高速运转的前意识记忆力会寻找合适的词汇，而这在部分程度上是出于主体间交流和相互理解的愿望。所有这些因素加起来，让这个人向我说："我看见了一棵树。"

这种微观发生学顺序重现了这个人自身的个体发生学顺序（从感觉到知觉，到冲动，到意象，到符号……）。如果我仅仅发展到具体运思阶段，我的微观发生学过程就会终止于具体运思阶段；如果我发展到精微阶段，我的微观发生学过程就会继续进入精微阶段，这棵树不再被视为、被直接理解为透视空间中的外在物体，而是灵性的光辉显现。总体来说，微观发生学会重现个体发生学，个体发生学会重现种族发生学，种族发生学会重现宇宙发生学：从物质到感觉，到知觉，到冲动，到意象，到符号，到概念，到规则，到形式运思……到我当前与存有巨巢相应的任何层次。就此而言，当这个人向我说"我看见了一棵树"时，宇宙的全部历史都包含在这句简单的话中。

并非所有的意识过程都是"从底朝上的"，许多是"从顶朝下的"，也就是说，许多过程都从我当前（或更高）的层次开始，然后沿着巨巢的层次下降。当我具有某种创造性幻想（例如，通灵层次）时，我也许会将这种幻想向下解读为统观逻辑，或艺术表达方式，乃至于简单的意象或符号；我也许会在实现这种幻想时，首先将它转化成明显的行为，从而将它具体化：也许是某种新发明，某种新建筑风格，某种新的人际交往方式，创造某部小说，等等。（在微观发生学中，意志力就是透过较高意识阶段来影响较低意识阶段的后退性活动。）在微观发生学的进化中，意识上升到你所处的最高阶段；在微观发生学的退化中，意识会从你当前所处的最高阶段下降到较低阶段。两者都很重要，都体现了某种可变标准：你越发展，两者能够跨越的范畴就越广泛，直到最后，在不二觉悟中，它们真正能够跨越整个宇宙。

8.20　不幸的是，许多新时代运动中的新范式思想家们所说的“深度”，其实是进化发展线上的低等事物，而不是那条线上更深刻的事物。

8.21　在个体主观的**结构、状态和领域**这个标准三变量（或“三维”）模型中，我们需要补上不同的大脑状态（右上象限）、文化价值观的类型和层次（左下象限）、社会制度的模式（右下象限）。这样，我们就得到了6个独立的变量，每个变量都可能被扭曲或发生病变，这随后又影响到其他所有变量。三变量模型识别出了第二阶段和第三阶段，六变量模型则识别出了第四阶段。

8.22　最流行、最简单的关系治疗方式包括家庭治疗和群体治疗。广义的关系治疗还包括更高的灵性关系。

第九章　若干重要的发展流

9.1　我们已经谈到，近端自我既是个常值函数，也是一条发展流。它是各种函数变量（认同感、意志、新陈代谢、导航、防御、压力调整、整合等）的系统，也会在巨巢基本波上经历自身的发展（通常被概括为9个支点）。作为整合的引导者，自我负责平衡并整合个体的所有层次、线和状态。在本章中，我们只关注某些比较重要的发展线。

9.2　但是，具有更大深度的个体变得越来越少（进化产生了更大的深度、更小的跨度）。较高阶段自身包括了所有的较低阶段，因此，较高的子整体自身变得越来越重要，越来越具包容性（细胞包含分子，而分子又包含原子）；但是达到较高阶段的个体越来越少（跨度变小：细胞的数目比分子少，分子的数目比原子少）。对人类及其意识发展阶段而言，这并不是说只有少数人能够达到较高阶段，仅仅表明：他们必须首先经过较低阶段。（因此，达到较低阶段的个体在总数量上始终超过了达到较高阶段的个体，这纯粹是因为成长始于较低阶段，但成长能够继续向前，因此每个处于较低阶段的个体在理论上都能达到较高阶段。）原子不能成为细胞，但前习俗的个体可以成为习俗和后习俗的个体。

尽管我有时会有“以神为中心的”和“神性圈”来指整个超个人领域，但我更偏爱“灵性中心的”或“灵性圈”这样的术语，以免和神话阶段的有神论混淆起来，如前所述，后者几乎始终是民族中心的。神话阶段的神 / 女神据说是普世的，所有人都能得到救赎——但前提是，你必须信奉那个特定的神 / 女神。

9.3　我严格地将基本结构的需求和自我需求区分开来。基本结构的需求（或简称为基本需求）涉及（在个体发展中形成的）基本结构的稳定功能。基本需求包括物质交换（食物、水、取暖）；生理交换（尤其是呼吸、性、生命冲动①）；心理交流（沟通、符号和意义系统的交流），等等。正如《来自伊甸园》和《普世的神》所言，每个基本结构（或巨巢中的基本波）与世界上具有类似结构发展层次的其他子整体存在着关系系统，其存在依赖于这些关系交换（每种作用都是相互关系中的作用），因此，这种依赖性被内感为需求。

自我需求同样如此。不同的是，基本需求持续存在（源于基本结构的长久性质及其功能关系）；自我需求则基本上是过渡性的、暂时的、属于特定阶段的，只有当自我处于某个特定意识层次时才持续存在。马斯

---

① 见第十一章“早期阶段”一节的注释。

洛的需求层次（除开生理学层次以外）就是个经典的自我需求层次。罗文格的自我发展动力也是如此。因此，自我会从冲动性需求转向安全需求，再转向习俗需求，最后转向自律的需求，每次在转向之时，更高阶段的需求往往会取代此前阶段的需求。例如，在自律阶段，个体不会同时具有大量的冲动性需求，因为这些冲动性需求被超越了（除开固着、子人格分裂等情况以外）；然而，这时较低层次对应的基本结构（意象、符号、概念）仍然完全存在，并能充分发挥其功能，因为它们是存在阶梯上的基本梯级，而不是自我攀登这些梯级时形成的短暂副产品。因此，这些基本需求仍然存在，并继续发挥其作用（对食物、呼吸、符号交流之类的需求）。

因此，总体来说，个体的全部动力包括迄今为止出现的所有基本结构的需求（例如，食物、性、符号交流、与神的交流），它们是由近端自我对某个特定意识基本结构或层次的排他性认同而产生的。我在“食物层次”的图表中包含了这两种主要的需求类型，它们都是个体需要在各个层次上进行关系交换的结果。

在标准的动力理论中，通常将“行为倾向”（T_B）描述为驱动力、期望和价值的产物（$T_B=D\times E\times V$）。例如，我到冰箱中找东西吃的倾向，取决于我有多饿（D，越饿的话，我就越可能这样做）；我多么期望自己能够在冰箱中找到食物（E，也许我知道冰箱中没有很多食物。我越是期望冰箱中有食物，我就越可能这样做）；以及冰箱中食物的价值（V，如果我知道冰箱中只有沙丁鱼而我又讨厌沙丁鱼的话，那会怎么样呢？我越喜欢冰箱中的物品，我就越可能这样做）。

因此，在我看来，在任何特定的时刻，整个行为是所有基本的自我驱力、满足它们的期望以及赋予它们的价值的总和。最后的结果就是非常复杂的动力微积分，跨越了意识的全部范畴。

意识发展的完满目标，就是让基本结构抛弃任何排他性的自我意识，从而让基本需求不受独立自我感所产生的需求的影响。当基本结构从独立自我的永恒心理投射中解放出来，它们就能回到自然的功能关系中：吃饭而不将食物当成宗教，交流而无意支配他人，互相认可而不谋求自我利益。在攀登巨链上的阶梯之时，疏离世界和被世界疏离的独立自我消失了，完全消除了其自我需求，从而只剩下简单而自发的基本需求，以及它们轻松地发展出来的各种关系："饥来吃饭困来眠。"自我回归到了自性，所有的自我需求都被满足了，然后被抛弃了，只剩下了基本需求，但与其说基本需求是需求，毋宁说它是个交流网络，是灵性与世界的关系。

9.4　我有时将"世界观"和"世界空间"等同起来，尽管严格地说，前者更多地指世界空间的认知结构；而世界空间自身则包括各种类型的文化环境、背景和实践，其中有些是非推理的、前认知的。

9.5　参阅《性、生态学和灵性》第二版第十四章注 17，其中广泛地讨论了主体间世界空间形成的主观意图，并批评了忽略这个事实的众多理论。

9.6　我没有将图表 8 中的例子区分成（创作艺术品的）主观层次和（艺术品所描绘的）客观层次。两者都包含在图表中，然而读者需要作出恰当的区分。例如，魔法阶段描绘的感觉运动世界是旧石器时代的艺术，透视理性描绘的感觉运动世界是经验现实主义和自然主义的艺术；神话阶段描绘的精微世界是写实的宗教艺术，心理自我阶段描绘的艺术是魔幻现实主义的艺术，诸如此类。

9.7　我在最宽泛的意义上使用"美学"这个词，用来指任何领域中个体对表现形式的直接领悟。这种广义的美学非常类似于广义的经验主义：感官的经验主义、心理的经验主义、灵性的经验主义。随着现代性的分化，康德之后的大多数西方哲学家都决心将灵性视为主体间道德（左下），而并不认为真正的灵性也涉及个体的亲身体验、彻底经验主义、直观现象学以及（所有这些意义上的）美学领悟力（左上象限）。对伟大的冥修传统而言，灵性体验是对直观意识形式的直接而“内在”的领悟，它会从粗重形式发展到精微形式（最终成为无相自性），以及越来越精微的（美学）形式。灵性也涉及这些形式在道德、伦理、僧伽、论述方面的主体间共享，但它不能被还原为纯粹的道德律令（与康德相反）。

在更狭隘（和更传统）的意义上，我用“美学”这个词来指人们对愉快的、美好的、崇高的形式的领悟能力；关于美与丑的主观判断；整个艺术圈、艺术作品和艺术批评。美是子整体的深度，或者说灵性的透明度。艺术是指具有框架的所有事物。

9.8　也就是说，从两阶段模型发展到三阶段模型。为了方便起见，我将自己的全部工作分为四个总体阶段。第一阶段是浪漫主义的（“重新获得善”的模式），假定意识序列会从潜意识发展到自我意识，再到超意识（或从本我到自我，再到上帝），认为更高的阶段就是回归或重新获得最初失去的潜能。第二阶段更具有明确的进化或发展特征（“善不断成长”的模式），意识序列会按照发展阶段或层次演变。第三阶段在这些发展层次上补充了发展线，也就是说，许多不同的发展线（例如认知、意志、情感、道德、心理、灵性等）会按照相对独立的方式经过整个意识序列中的基本层次。第四阶段给每个 / 条层次和线补充了四象限——主体的（意图的）、客体的（行为的）、主体间的（文化的）、客体间的（社会的）——的概念，结果就形成了或者说至少在努力形成全面或整合的哲学。这本书无疑是第四阶段的成果。想要了解这些阶段，请参阅《灵性之眼》和《一味》。

9.9　事实上，即便是粗重认知线，它在发展中也会变得越来越精微：感觉运动认知是对物质环境的感知，具体运思认知是对环境的思维活动，形式运思认知是对观念的思维活动，因此，形式运思认知已经在很大程度上涉及了精微感知。然而，这种感知的最终所指仍然是粗重领域中的客体和活动，因此，我将形式运思纳入粗重认知线中。统观逻辑能够同时指向粗重领域和精微领域，因而可以被视为这两条线的重要组成内容。在粗重认知线中，统观逻辑通常是最高的、最后的阶段；在精微认知线中，它是过渡阶段，其前是以太体的、星芒体的、幻想和想象的，其后是通灵的异象、精微的原型，以及中高级的冥修状态。

许多研究精微发展线的心理学家——例如荣格学派、简·波伦（Jean Bolen）、詹姆斯·希尔曼（James Hillman）——通常在精微线上将前个人的较低层次和超个人的较高层次混淆起来，并产生了不幸的后果。例如，詹姆斯·希尔曼仔细研究了精微线上前个人的、想象的层次，但始终将它们混同于这条线上的后形式层次。不能仅仅因为理论家们研究梦想 / 意象 / 幻觉，就认为他们必然会研究那条线上的较高层次（例如，有余依三摩地或超验觉悟）；他们通常研究的是精微线上较低的、前个人 – 个人的层次（他们研究的多半是哺乳类、以太体 / 星芒体的外壳、气所成身、意象 / 符号、前形式的神秘幻想等等，却往往将其误称为“灵魂”）。精微线上的所有这些层次都很重要，但不能因此将它们混淆或等同起来。

9.10　在粗重、精微和自性线之外，我还补充了“不二线”来描述胎儿期、围产期（怀孕 28 周到产后一周）、少儿期、成年期、后形式三摩地的状态 / 特征以及完全不二境界的发展情况。我们之所以纳入这条不二发展线，是因为：就像其他认知线那样——它们都是基于清醒、做梦和深度睡眠等**自然状态**的存在（因此所有人都能体验到它们）——这条不二线也是基于自然的既定事实，亦即自然之心或本初之心，它们是有情众生始终具有的不二之心。

不幸的是，大多数浪漫主义理论家都将不二线的较低层次和较高层次混淆起来，从而认为：接触到那条线的较高层次其实就是重新接触（或重新获得）那条线的较低层次。与其说这种混淆源于前 / 超谬误（浪漫主义拒不承认这一点，此处也不打算就此作出批评），毋宁说源于某种“重叠谬误”（collapsing fallacy）。也就是说，仅仅因为主客体合一的状态能够产生整体感，所有的合一状态都被等同起来，因此，较高层次和较低层次的合一状态都被重叠成了某个单一的“根基”。从而，每当出现合一状态，我们都会认为，这肯定是由于接触或重新接触到了那个根基，然而，事实上，不二线自身会经历许多迥然不同的发展波。但是，如果它们被重叠，那么，每当出现主体和客体的融合，我们都会认为，这是那个“单一”根基的作用，从而，这种被称为“根基”的抽象事物就会被具体化，成为所有不二状态的源头。（沃西布恩典型地体现了这种重叠谬误，大多数浪漫主义理论家也都是如此。我认为他们也犯下了各种各样的前/超谬误，但那是个完全不同的问题，与此处的批评无关。）

就像其他认知线和状态那样，不二线和状态自身只有随着后形式的、后－后习俗的持续发展，才成为了永久的特征。然而，所有四个领域（通灵的、精微的、自性的、不二的）都可以被描述为相对独立的认知线，并可以向后追溯回最初的阶段。

9.11　这样理解认知线之间的关系还有个好处，那就是：比如，它让精微认知可以**伴随着**粗重认知而开始发展，而不完全是在粗重认知**之后**才发展起来。在粗重－反思认知线中，如我所说，最高阶段涉及各种类型的统观逻辑。用康芒斯和理查德的理论来说，粗重认知线的最高层次涉及元系统的、范式的、跨范式的思维（牵涉到系统、两重系统和三重系统）。我认为这是对的，但这并不意味着，能够思考三重系统就是发展到通灵的、精微的、自性的世界的必要前提（如果它们都是单条线上的连续阶段，那也许会是如此）。为了让总体意识发展永远进入更高的领域，无疑需要统观逻辑的某些基本能力，但跨范式思维几乎是粗重认知线上的非凡成就，当不同个体的总体发展进入超个人领域时，他们可能具有这种思维，也可能不具有。如果我们认为粗重认知线、精微认知线和自性认知线在某种程度上是平行的，我们就更能认同这个事实。

但这并不是说，在总体发展中可以绕过粗重、精微或自性认知，也不是说，那种顺序发展丧失了其意义。首先，没有证据表明，个体可以明显地绕过粗重、精微或自性世界，只有在某些极端的情况下，某些阶段并不是更深入的发展所必须的。其次，任何发展线上（或发展线之间）的不平衡都会导致病变。从某些方面来说，精神分裂症就是个经典的例子，当个体缺乏粗重认知的基础而迷失于精微认知之中时，就会导致这种疾病。其三，自我最强大的的动力就是整合自身结构中所有不同的发展层次和线，而不平衡的发展（过多的精微认知、过少的粗重认知）被认为是重大的自我失调。其四，最高的发展观是不二的，或者说是将所有三个重要领域整合起来，包含健康的粗重意识、精微意识和自性意识，其中每个领域的重大缺陷都显然会阻碍平衡的整合。

因此，即便各种流能够相对独立地经过巨巢上的各种波，但真正整合的发展仍然需要有意识地实现所有这些重大层次的层级式演变，并让自我充分适应每个层次。

9.12　自我和所有自我相关线都能按照这种方式建构起来，（道德、视角、驱动力等等的）粗重的、精微的、自性的和不二的发展流都能相对独立地发展。然而，必须明确地强调，实际上，独立发展流的数量——如果存在的话——只能通过深入的研究成果揭示出来。自我渴望整合的首要驱动力，以及整体的层级式发展的必要性，阻碍了各种线（认知线、自我相关线等等）完全独立地发展。其中许多发展线都是其他线的必要非充分条件，而所有这些线都在某种程度上被自我系统所约束（参阅《灵性之眼》）。尽管我们可以从逻辑上推演出其中的少数关系，但大多数关系只能取决于深入研究的成果。最近，若干超个人理论学家提出了这种模型（即三阶段模型），但他们只是空口说这些模型是对的。我认为，它们在某种程度上是对的，但究竟有多对，这只能靠研究来说话。

9.13　在这个存在三条主要自我线（自我、灵魂和自性）的总体结构中，我所说的“前额的”或“自我”包括了粗重和粗重－反思领域的所有自我阶段（亦即身体自我、人格面具、自我和人马自我）；“灵魂”包含了通灵和精微的领域；“自性”包含了自性和不二的领域。由于我假定这些特定的独立发展线是以自然状态的粗重、精微、自性和不二意识为基础的，因此，我认为它们是四条/个独立的认知线和自我阶段。（在正文中，我将自性和因果视为同一个）。

在粗重领域内，各种自我阶段尽管在形成以后会有重叠之处，但在大体上仍然是按照层级式的方式形成的（从身体自我到人格面具，到自我，到人马自我），研究也持续而充分地证实了这一点。伴随着这些发展，灵魂和自性通常能够以独立的方式发展（我在正文中也会谈到），而它们在多大程度上体现了发展（而不仅仅是状态），它们也就在多大程度上顺应了自身发展流（所有这些发展流都内嵌于存有巨巢中）的层级式结构。

9.14　这些事物都是大多数发展心理学家无法测量的，因此，他们往往只意识到了前额自我的发展。

9.15　纯粹超越的自性或觉照者自身并不发展，因为它们是纯粹的无相空性。然而，对这种自性的了解却会发展，我所说的这条线的发展就是指这个意思。

9.16　由于统观逻辑被视为巨巢上的某个总体波，这是否意味着，在总体的意识进化中，为了稳定地发展到更高层次，我们需要统观逻辑的某种总体（而非极不寻常的）能力呢？的确如此，我非常坚信这一点。为什么呢？因为，如果没有统观逻辑的话，无论是黄金法则，还是菩萨宏愿，我们都无法了解。如果你首先不能接纳所有众生的视角，你就不能真诚地发愿度化他们，研究者们都认为，这是统观逻辑的能力。我们不是在谈论统观逻辑的非凡发展（例如跨范式思维），而仅仅是后习俗的、世界中心的、接纳多元世界的常规能力。没有全面的统观逻辑作为根基，更高层次（通灵的、精微的、自性的、不二的）就只能成为短暂的变异状态，而不能成为永久的现实。而具有普世性和整体性正是这些更高状态的本质，出于这个简单的原因，如果前额发展不具有那种整体视角（亦即，统观逻辑），这种状态就无法永远地融入到自我中去而不发生扭曲。只有当统观逻辑成为永久的能力之时，更高的层次才能成为永久性的现实。

注意，在传统中，尽管人们认为有情众生都具有灵性，但只有人类才能完全觉悟到那种灵性，例如，在佛教中，即便是男女天神（或精微世界中的任何众生）都不能获得完满的证悟。那么处于自性无分别三昧境界的人也不能获得无上觉悟。（因为他们寻求自己的涅槃和解脱，而不关心他人，因而不是菩萨。）换句话来说，即便我们在精微线上取得了非凡的进步（就像男女天神那样），或者，即便我们在自性线上取得了非凡的进步（就像辟支佛或遁世的自性成就者那样），我们仍然无法获得完满的证悟。为什么呢？因为我们的发展不是整合的，没有同样接纳粗重的、精微的、自性的世界。只有当意识在这三个世界都觉醒过来，我们才会乐于造福有情众生，从而履行菩萨的初心本愿（“众生无边誓愿度”）。只有粗重世界中的统观逻辑能够了解粗重世界中的有情众生，因此，如果没有统观逻辑，就没有最终的证悟。当然，个体能够在精微线和自性线上取得非凡的进步（就像天神和辟支佛那样），但如果没有全面的接纳（包括统观逻辑），个体就不能获得正等正觉，成为完满的证悟者。

现在来简单地谈谈统观逻辑。作为一种基本的结构，它具有自己的次子整体，包括所有此前的基本结构：感觉运动、情感、幻想、形式和后形式的存在，在理想状态下，它会整合所有这些东西。这不是说统观逻辑不具有幻想、情绪或规则，而是说它将所有这些东西包含在自身更广阔的空间之中，从而让它们能够成长到更高的层次。康芒斯、理查德、费希尔、欣诺特往往强调统观逻辑的认知成分（以及它的极度发展），而巴塞基、帕斯科尔－莱昂、拉博维奇－菲夫、迪尔德丽·克拉默尔则更多强调其辩证、统观、整合能力。阿瑞提（Arieti）强调说，统观逻辑整合了初级和次级过程——幻想和逻辑——因此能够具有很高的创造性（“神奇的综合”），尚·盖普瑟则强调“整合－无透视观”这一结构的透明性、整合能力和多元视角。在我看来，所有这些见解都是从不同角度对统观逻辑作的重要概括。

就像各种认知能力那样，统观逻辑能够将任何象限中的任何层次当成其客体，从而形成迥然不同的看法。首先，我们来谈谈象限。当统观逻辑审视右下象限时，就会形成各种各样的动态系统理论，包括：控制论、混沌理论、社会自创生理论、复杂理论，它们都聚焦于客体间的互动网络，以及存在与发展的动态模式。将统观逻辑运用到右下象限的人类特征时，就会形成社会系统科学（如帕森斯、默顿等人），强调社会互动的物质模式、生产力以及生产关系的重要性和影响力（其代表包括孔德、马克思、兰斯基、卢曼）。

当统观逻辑审视右上象限时，就会形成单个有机体的系统观点，认为意识是层级式整合而成的器官和神经元系统的突创特征。这种突创论或联结主义观也许是当今认知科学的主导模式，在阿尔文·斯科特的《通向心灵之阶》中得到了精要的概括，这个“阶梯”据说就是产生意识的层级式突创特征。所有这些突创特征和网络（包括所有极具影响力的自创生模型）都涉及以第三人称“它－语言”描述的客观系统，而塔特（Tart）研究意识状态的系统方法时，对意识也怀着类似的、客观主义的看法。我并不是说这些观点是错的，而是说它们至多仅仅关注到了1/4个问题。我本人也运用这些方法和结构主义方法（它们都是研究意识现象的右侧象限方法）；但我要重申的是，我们也必须采用第一人称的、左侧象限的、现象学的方法来研究意识本身，也就是说，通过内省和冥想来直接经验性地探究意识（见第十四章）。为了方便起见，我有时会用结构性术语（例如具体运思、形式运思）来称呼左侧象限的部分层次，但这些术语仅仅指那些只能被第一、二人称术语观察和描述的可感知事件。参阅全集 6 的《性、生态学和灵性》第 2 版（尤其是第四章和第十四章），以及《意识研究期刊》（1997 年第 4 期）中“意识整合方法”的第 71 ～ 93 页。

当统观逻辑审视左下象限时，就会意识到文化环境和背景的巨大作用，认识到相互理解的意义，大力关注话语论述（discourse），并大致了解诠释学。运用这种方法的代表人物包括：海德格尔、汉斯 – 格奥尔格·伽达默尔、查尔斯·泰勒、狄尔泰、库恩等。

顺便说一句，对主体间语义场（左下象限）中的这些文化或主体间所指，如果我们从其物质能指——书面语、口语、语法和句法（右下象限）——的外在结构方面加以理解，尤其是如果将这些能指和任何指示物割裂开来的话，就会形成各种各样的后现代后结构主义，包括福柯的知识考古学（话语 / 档案的语法）、福柯的谱系学（权力 / 知识的客体间结构）、德里达的文字学（对书面能指链的研究）。它们都是研究左下象限现象的右下象限方法，如果仅仅运用这些方法，就会破坏任何真正主体间的世界，并通过“践言冲突”否定任何现存的指示物。我当然不是说这些方法是错的，而是说它们仅仅关注某一个象限（在此处的例子中，它们试图运用右下象限方法来阐释左下象限的现象，这些方法走得太远，否定了左下象限自身的存在，就此而言，它们最终犯下了微妙还原论的错误），从而声称自己拥有最终的话语权，导致其观点最终站不住脚（可以参阅《灵性之眼》第五章注释 12，了解所能、所指、语义学和句法学的整合符号学）。

当我们将统观逻辑运用到左上象限时，亦即当统观逻辑向内审视自身所处的世界时，可能就会产生若干种情况。首先，就像任何基本结构那样，个体具备了统观逻辑能力，并不表明他在生活中就会站在统观逻辑的意识层次。这就好比说，某个人能够在认知层面上达到形式运思阶段，但其自我仍然可能处于第一道德阶段。因此，个体可以在具备统观逻辑的同时，仍然处于自我和自我线发展的任何较低层次，比如第一道德阶段、冲动的自我、安全需求等等（如前所述，基本结构是其他发展的必要非充分条件）。因此，个体可能处于自我、道德和灵性发展的极低层次，同时却仍然是个伟大的系统理论家（他们将统观逻辑运用到外部世界，却不运用到自己身上）。正是出于这个原因，仅仅学习“新范式”并不必然会改变某个人，而许多“整体论的”方法也丝毫没有涉及内在的转变（参阅《一味》和《婴儿潮》）。

只有当这个人的自我——近端自我的重心——从具体运思（此时是遵奉习俗的自我或人格面具）发展到形式运思（此时是后习俗的自我或成熟的自我），再到后形式统观逻辑（此时是人马自我，或者相对整合的、后习俗的、完整的、自律的、存在主义的自我）时，只有发生这种内在的垂直变化时，统观逻辑才真正直接运用到了这个人自己身上。他的道德意识因而是后习俗的、世界中心的；他的需求是寻求自我实现的；他的世界观是普遍整合的；他即将发生更长久的转变，进入超个人的世界。

同样，我们可以将统观逻辑运用到任何象限中的任何主要层次（或领域）。正如正文所说，我通常将这些领域简化为身体、心灵和灵性（或者前个人的、个人的、超个人的）。在自身所处的象限（左上象限）中，统观逻辑可以俯视身体、平视心灵、仰视灵性。俯视身体就等同于审视任何右侧象限，因为它们都是物质的，此时我们得到的就是系统理论。平视其他心灵就等同于审视它自身在左下象限中所处的层次，此时我们得到的就是诠释学。仰视灵性——或者，换个说法，获得灵性的高峰体验——就会进入更高的世界，并按照统观逻辑自身的结构来诠释这些世界，从而产生我所说的“曼荼罗”[①] 理性（参阅《眼对眼》）。

9.17 整个的意识发展能够完全绕过精微领域吗？我觉得不能。某些

---

① 见本书第九章“审美”一节的注释。

理论家认为，众多传统（例如禅宗）在其冥修实践中都没有探索精微领域，但仍然获得了自性 / 不二的证悟。因此，精微领域作为阶段来说并不是必需的（或者说可以完全跳过）。但事实上，这仅仅表明：从某种程度上来说，我们可以绕过对精微领域的探索，但不能绕过精微领域本身。

例如，整个精微领域包括做梦状态，即便是完全觉悟的人也会继续做梦，但他们在梦中仍然保持着正念（例如清晰或澄明的梦，参阅《一味》）。换句话来说，他们在精微领域能够永远保持清醒。从某种程度上来说，他们可以不再有意而深入地探索这个领域，并将此作为通向觉悟的方式，但他们不能跳过精微领域本身，也不能否认精微领域变成了觉悟者意识中长久的基本结构。

结果可能就是（对那些强调自性和不二法门的修行流派来说尤其如此），人们在很大程度上放弃了对精微领域的深入探索，转而大力探索自性和不二发展线。但这些人既然会继续做梦，那么，精微领域无疑就仍然存在。然而，当自性观照的力量变得越来越强大时，它就会在清醒状态中持续存在，并进入到做梦状态之中；因此，尽管这些人并没有刻意探索精微 / 梦境领域，但他们事实上将它客观化了（从而超越了它并将它包含在意识之中）。探索精微领域的法门从某种程度上来说被撇开了，但精微领域自身却在长久的更高发展过程中被超越并包含了，并始终如此。被包含的精微领域也是自我向整合发展的内在动力的一部分。因此，在全面的意识发展中，精微领域是个体完全发展的一个长久阶段和结构。想要了解这个话题，请参阅《性、生态学和灵性》第 2 版（尤其是第七章）。说某个人“跳过了”精微领域——即便真有这种可能（事实上是不可能的）——就无异于说，他没有完成整合式发展。

第十章　灵性

10.1 “后形式”和“后习俗”这两个术语之间存在着重要的差异，

前者通常指认知结构，后者则指自我相关阶段（比如道德）。因此，在认知线中，发展会从前运思进入具体运思，再进入形式运思，这条线上的更高阶段则被称为“后形式的”。严格说来，“后形式”这个术语适用于超越形式运思的所有认知发展阶段，包括更高的个人层次（比如统观逻辑），以及更为超越的认知阶段（通灵的、精微的，等等）。然而，在本书中，“后形式”通常仅仅指统观逻辑（因此，我们应该将更为超越的认知阶段称为“后－后形式的”。不过，其具体含义取决于上下文）。

这些认知发展（前运思、具体运思、形式运思、后形式）是相应的自我相关阶段（如自我认同、道德、角色采择等）——通常从前习俗层次发展到习俗层次，再发展到后习俗层次（涵盖了个人领域的最高发展阶段，即人马阶段）——的必要非充分条件。少数研究者（如科尔伯格、库克－格鲁特、韦德、亚历山大）认为，自我相关阶段也能够继续进入真正的超个人阶段，此时，相应地，我们应该将它们称为“后－后习俗的”（我在本书中就是这样做的）。

然而，你可以看到其中的语义困境。各种文献对于如同使用这些“后”术语并没有达成共识。我自己在使用时尽量保持一致，但要准确地理解每个词的含义，必须联系其上下文。

10.2　这样定义的问题在于：如何定义一条独立的灵性线而不利用其他的发展线（如情感、认知或道德）？换句话说，如果你说灵性是爱的能力，那么，爱（或情感）就已经是一条独立的线了，因此，如果你希望灵性成为某种不同的事物，成为一条独立的线，你就不能用爱来定义灵性。同样，你不能说灵性涉及觉察、认知、道德、慈悲、无私、自我意识或驱动力，因为它们自身已然是独立的发展线了。换言之，我们很难创造出某条独特的、完全“灵性的”发展线。

例如，詹姆斯·福勒提出，“信仰”会经历 5 ～ 6 个发展阶段，但他的实验结果几乎无法和科尔伯格区分开来，这导致许多理论家怀疑，他俩完全是在做相同的事情，福勒并没有补充任何新内容。然而，我认为，福勒的信仰阶段是合理的、独特的发展线（因为它们其实是有益的结合，我会在后文谈到），但它并没有指明这种定义涉及的难题。我也指出（在《灵性之眼》中），“关怀”（蒂利希[①]将灵性定义为“终极关怀”）或许也能被视为独立的灵性发展线，除我之外，还有许多人（如鲍德温）的定义也是如此。但不管如何，根据定义，它们都会呈现出阶段性的发展。

然而，当大多数人将灵性当作独立的发展线时，他们所说的灵性，其实是其他发展线的合成物，人们可能经常就是这样来体验“灵性”的，因此，这是个非常合理且重要的做法。例如，福勒的信仰阶段就是道德、角色采择能力和世界观的合成物。如前所述，我认为这是个完全合理的做法，而且极其常见。图表 6a–c 中列举的几乎所有理论家都采用了这种合成式方法，即便他们关注的是更具体的问题（例如冥修体验、与神性的联系，诸如此类）。这种合成式方法很重要，因为这些图表列举的所有例子都表明，这些合成物在发展阶段序列中作为功能群都在不断发展。换言之，图表 6a–c 中显示的灵性特征无疑都表现出了层级式的阶段。

10.3　布兰克在其系列著作（比如《自我心理学》、《自我心理学续集》、《超越自我心理学》）中总结了 100 年以来关于自我发展的精神分析理论和研究成果，认为自我通过不断催生新的体验来建立结构。这也契合了皮亚杰对结构主义（和内在行为观点）的研究工作。如果要我来重述这种观点，那就是：混乱的体验流——起始于早期阶段，并受到冲动、眼前享乐和强大的情绪洪流的支配——被自我缓慢地“新陈代谢”或演变成体验和意识的更稳定模式（或完整结构）。这些完整结构让自我产生了更包罗万象的、更完整的波，从而不再沉溺或执着于较低的波。因此，短暂的体验被“新陈代谢”，产生了长久而完整的变化。我认为，在将短

---

① 蒂利希（Paul Tillich，1886—1965），美国新教神学家，著有《系统神学》等书。

暂的高峰体验和变异状态转变成意识的持久特征和结构时，也发生了同样的过程，正是出于这个原因，我始终将“新陈代谢”作为自我的一个主要特征。

第十一章 有童年灵性吗？

11.1 罗格·沃尔西在广泛地研究了人类幸福这个课题之后，否认了这种童年伊甸园的观点，指出很少有研究支持这种观点：“这是关于童年乐园的神话。”父母们能够证实，婴儿很多时候都在哭啼。

11.2 如果想简要地了解童年的高峰体验，请参阅 E. 霍夫曼发表在《人本主义心理学期刊》（1998 年第 1 期）第 109 ~ 120 页的文章《童年的高峰体验》。

这确实表明，很难将童年的高峰体验称为真正意义上的“灵性”体验。例如，正如我在正文中谈到的，如果处于早期前习俗道德阶段——此时无法换位思考——的某个儿童具有高峰体验，他会以自我中心的、自恋的方式表达出来。无法换位思考意味着无法真正地关心其他人，或对其他人怀着真正的爱（只会将其他人当作充满自恋的自我的延伸，仅此而已）。缺乏关爱的儿童究竟会有多少灵性呢？不管那种达到“高峰”的灵性世界有多么真实，它必然立刻就会被主体当时所具备的心理结构（认知、道德、自我等）吞噬和笼罩，研究证实，其中的大多数结构都是前习俗的。这并不排斥其他类型的灵性道路（参阅正文第十二章），但它确实表明，在诠释童年灵性时，我们必须非常谨慎。

同时，我们也必须注意到，关于婴幼儿灵性体验的所有证据几乎都来自那些“回想”其早期经历的成年人。这种证据的严重问题（尽管我认为并不致命）在于：如果没有大大地倒退回前语言状态（这种状态甚至无法用语言表达出来），大多数这种“回忆”都来自于成年人已经具有的、不可逆转的心理结构，因此，这些结构所具有的能力（例如换位思考的能力）就被“溯回投射”（罗格·沃尔西就是这样说的）到了童年状态之中，因此，童年时光就错误地呈现出了奇妙的流动性和更高的成人能力，而事实上当时根本就不是这么回事。正如贝克和吉尔所说，“社会环境与自我的变化必然会产生视角的变化，正是这种特有的变化导致人们很难或无法回忆他以前的行为、观点和感受。从新的视角来重新诠释事物时，他就无法准确地描述过去，因为他在回忆时的观念已经发生了变化，这会歪曲他的感知和记忆。”

而且，正如正文所举的例子，用录像记录了孩子们经历的重大发展里程牌，他们却对此毫无感受，这些“溯回投射”丝毫都不会让人察觉到它们在起着作用。“回忆”童年高峰体验的人们常常采用透视主义的方法来描述童年：对他人的角色很敏感、接纳他人的世界观，如此等等，但对那个年龄段的儿童的大量研究结果却根本无法证明他们拥有其中的任何能力。而且，即便早期童年乃至婴儿期的回忆是真实（例如，在我8个月大时，母亲生了重病），它们往往也只是感觉运动的印象，我们能够运用成人视角予以重建并添油加醋。

我的看法就是，无论童年高峰体验状态中“瞥见”的某些世界有多么真实，它们都只能通过我们目前实际上具有的结构（语言的、认知的、道德的，等等）来予以诠释和表达，这并没有否认“童年灵性”的存在，但确实将这个问题变得非常复杂。

11.3　参阅《灵性之眼》。要了解这种观念，请参阅T. 阿姆斯特朗在《超个人心理学期刊》（1984年第16期）发表的《童年的超个人体验》。注意，他列举的大多数例子都是独白式体验（前习俗的），再次表明我们很难称它们是“灵性的”。

11.4　注意，这些“了不起”的潜能并不是婴幼儿阶段自身所具有的，而是来自其他更高领域的残存印象。因此，在觉悟状态中再次体验到的，不是婴幼儿的结构本身，而是实际的更高领域。因此，认为婴幼儿自身便是“太初乐园”的浪漫主义观点是极其错误的。

11.5　请参阅《灵性之眼》第六章，此处充分讨论了这个话题，并批评了沃西布恩的浪漫主义观点，指明其观点奠基于重叠谬误的基础之上。

11.6　需要强调的是，这种深度通灵自我或精微灵魂（它们可能存在于婴儿期）不是自性或不二的自我，也不是充满觉悟的自我或太初本原，而仅仅是在证悟以前不断变化的独立自我意识的过渡层次。浪漫主义对这种独立自我意识大唱赞歌是毫无道理的。

11.7　然而，此时的儿童通常无法表达这种“远距离观察”能力，这也许是出于我在尾注 11.2 中所概括的原因（他们还没有形成能够进行这种表达的前额结构）。因此，发展学家所说的任何实验都无法显现出这种“深度通灵”的意识。然而，韦德总结出来的富有争议的少量证据表明，这种深度通灵意识呈现出 U 形发展轨迹，和某些精微线所体现出来的 U 形发展特征（如图表 4b 所示）基本上是相同的。然而，如正文所说，这不是纯粹的深度通灵体验，因为它此时所属的结构仍然是前习俗的、自我中心的。只有在完全并长久地实现了深度通灵状态以后［这发生在通灵阶段（或 F–7）］，灵魂自身才能开始闪耀出未曾减弱的、未曾遮蔽的光芒。

第十二章　社会文化演变

12.1　要想了解我对长青哲学、传统的存在巨链以及传统主义者的大量批评意见，请参阅《一味》的 6 月 5 日词条；全集 2、3、4 的序言；《灵性之眼》的第一、二章；《性、生态学和灵性》第 2 版（全集 6）的大量词条。

12.2　若想全面讨论这个话题，请参阅《来自伊甸园》、《性、生态学和灵性》第 2 版以及《万物简史》。我在此处讨论的是集体进化，个体能够按照自身的英勇努力而向前发展（通常在微群体中）。

12.3　或者说，萨满巫师也许仅仅处于魔法层次，却对精微世界具有短暂的高峰体验。如果萨满巫师的发展超越了随机性的高峰体验，开始有能力深入这些短暂的精微体验，即便他的独特自我仍然属于魔法结构，这也表明，按照我们对不同类型认知线的讨论，萨满巫师在精微线上展现出了发展，即便其粗重线仍然是前形式的、魔法的。在两种情况下，在诠释精微领域时，它都被扭曲成为前习俗的、自我中心的/权力的（见正文的讨论）。但我仍然保留了正文中介绍的下述可能性：至少表明某些萨满巫师的前额发展进入到了后习俗领域，这无疑是可能的，并至少起源于旧石器晚期和中石器时代（如果像哈贝马斯、多伯特、纳奈－温克勒所说，有证据表明采集社会中的某些个体发展到了形式运思阶段，我觉得没有理由不相信少数人能够发展到后形式模式）。

12.4　要了解左下象限，社会系统理论仍然是必不可少的。塔科特·帕森斯（和罗伯特·默顿）的著作广为人知，仍然非常了不起。我尤其要推荐杰弗里·亚历山大（《社会学的理论逻辑》，四卷本；《二十讲》）和尼可拉斯·卢曼（尤其是《社会系统》）的杰作。

12.5　在过去几十年中，自由派学者通常都假定，各种进化论必然会将各种人群边缘化，因而会妨碍他们获得每个人与生俱来的自然自由。然而，越来越明显的是，自由也许最好被定义为达到意识序列中的每个层次的自由。只有通过成长、发展和演变才能达到这些层次，因此，那些逃避进化的自由派学者反而让他们想要保护的所有人无法获得自由。

12.6　康芒斯认为我在《来自伊甸园》中认为“阶段是可以跳过去的”，显然，他没有意识到我谈到的每个时代都是指其平均水平，而不是绝对水平；也没有意识到：许多变异状态（或高峰体验）可以在所有阶段中实现（正文和尾注 12.7 解释了这两点，也可以参阅全集 2）

康芒斯因此认为，意识的三维模型在很多方面无法跟我的三变量（结构、状态和领域，康芒斯则称为“结构、状态和平面”）模型区分开来。他认为，他的模型考虑到了这三个变量，我的则没有，因此，他用他的模型来纠正我的模型的缺点，然而，他在很多方面不过是重述了我的模型。我并不是指责康芒斯借用了我的模型，我相信他基本上是独立地构建了他的模型。我感到遗憾的是，康芒斯坚决认为我没有关注结构、状态和领域，这极大地误解了我的著作。

至于康芒斯所阐述的这种三变量模型，尽管我理解他对它的情有独钟，但我认为它存在着某些缺陷。但总体来说，我认为它很好地丰富了这个研究领域。

首先来谈谈其缺陷。在我看来，康芒斯所谈到的状态和结构，让状态和结构的概念变得模糊了。康芒斯没有意识到某个特定的状态（例如服用迷幻药、清醒、做梦）能够包括许多不同的结构（例如，清醒状态能够包括魔法的、神话的、理性的结构），却说某个特定的结构支持许多不同的状态（这种情况极少发生，例如理性结构往往并不支持醉酒状态、做梦状态、冥想状态等）。

状态和结构的这种混淆导致他同样误解了吠檀多和大乘佛教系统，因为这促使他将外壳 / 层次和身体 / 状态混淆起来了。例如，在其著作第六章的表格 1 中，他认为吠檀多阐释了 5 个层次和对应的 5 种身体，但吠檀多其实只阐释了 5 个层次和 3 种身体。因为正如我在本书正文中所说的（见本书第一章），精微身（对应于做梦状态）其实支持 3 个层次（或结构）。换言之，由于康芒斯认为一种结构能够接纳多种状态（大多数时候恰恰相反），他并不知道，在吠檀多中，一种状态支持好几个层次 / 结构 / 外壳，这让他误以为吠檀多阐释了 5 种（而非 3 种）身体。例如，他说“其后就是精微身，又被称为 vijnanamaya kosha（识所成身）……”但事实上，精微身被称为 sukshma-sharira，它支持识所成身、意所成身和气所成身，换言之，这种状态 / 身体支持 3 种层次 / 结构。例如，sukshma-sharira 是做梦状态和中阴状态的载体。因此，正确的观点是：一种状态能够支持好几个层次 / 结构 / 外壳，这与康芒斯的说法恰恰相反。

当康芒斯将吠檀多与大乘佛教的三身系统（法身、报身和化身）进行比较时，就证实了这种混淆。他说：“最高的是法身，或真如身。这个法身等同于超验现实，并对应于吠檀多的自性层次。其次就是报身或受用身，类似于吠檀多的自性层次和法喜层。最后是化身或应变身，对应于肉身。将这个三身系统和吠檀多进行比较，我们就会发现缺失了好几个层次或外壳。”（第125页）但事实上什么都不缺。康芒斯再次混淆了身体/状态和层次/结构。正如无上瑜伽密的讨论表明（见本书第十章），大乘/唯识体系有9个意识层次/结构（前五识、意识、末那识、阿赖耶识、清净识）。如果我们将前五识视为一个层次，就是五个层次，这和吠檀多是完全相同的。而且，佛教的三身类似于吠檀多的3种身体（粗重身、精微身、自性身），它们各自与清醒、做梦和深度睡眠状态有着明确的关联。由于混淆了层次/结构和状态/身体，康芒斯将大乘佛教的三身与吠檀多的5个层次进行比较，认为大乘佛教缺少了数个层次。他没有分别比较两者的5个层次和3个身体，所以并不知道，这两种思想体系对层次/结构和状态/身体的总体看法是相同的。

当然，只要前后逻辑连贯的话，人们可以自由地定义“结构”和“状态”，康芒斯在这个问题上花了很多心血，我认为，他在用新颖的方式艰难地探索某些非常重要的问题。但我认为，这种常见的混淆始终存在于他的模型之中，因此，在我看来，按照他的模型，人们很难理解我、盖普瑟和奥罗宾多的著作。最终，他将我的模型中的基本结构等价于跨越这些结构（包括世界观）的独立发展线。他因此消除了盖普瑟的结构（及其世界观）和我的基本结构之间的差别，无法区分我俩所阐释的不同发展线。因此，康芒斯似乎觉得，我所说的结构仅仅指狭义的盖普瑟结构，而对我来说，“结构”这个术语是指任何层次或线上的任何稳定模式。因此，我谈到较低层次的世界观（例如原始的、魔法的、神话的，其理论根据不仅仅来自盖普瑟，也来自皮亚杰、维纳、科尔伯格、诺曼等人），并指出发展能够继续进入更高层次（比如通灵的、精微的），康芒斯就此作出了错误的结论：我将盖普瑟的结构和吠檀多的平面等价起来了，然而意识是有序列的（自我的层次 / 结构、现实的层次 / 结构），而盖普瑟仅仅关注了少数中低级层次的部分发展线。

将“结构”与狭义的盖普瑟结构等价起来（康芒斯在其自身的模型中往往就是这样做的）意味着：对康芒斯来说，他的“结构”止步于盖普瑟的整合层次，因此，在我看来，康芒斯的模型中并没有真正的超个人结构（他的模型中只有更高领域的状态），这让他无法解释任何超个人层次 / 外壳的长久结构性发展。

康芒斯说他之所以需要这样做，在部分程度上是因为我的“线性”模型无法解释混合体验（例如神话层次的精微状态体验）。他显然忽略了我在《普世的神》（1983 年版）中对这种现象进行的深入讨论，我在该书中概括的网格［存在四种状态（通灵的、精微的、自性的、不二的），每种状态都可以通过四种结构（原始的、魔法的、神话的、心理的）来予以诠释］非常类似于其著作第九章表 4 中提出的网格。在这两个维度或变量（结构和状态）之外，还有一个事实，那就是：某个层次的主体能够从其他层次（领域或平面）出发，来看待某个客体（不同的认知模式和艺术模式等就是这样）。这样，我们就得到了 3 个基本各自独立的变量（结构、状态和领域），我在 1983 年以第二阶段为起点的模型中就包含了这 3 个变量（这 3 个变量仍然是第三、四阶段所固有的）。我丝毫都不介意康芒斯采用与这 3 个变量类似的模型来解释意识及其发展的许多特征，令我感到遗憾的是，他认为我的模型缺少这些变量。

简而言之，我认为，如果关注存有巨巢的基本结构、流、状态、自我和领域 / 平面，我们就会得到一个多维模型，并能解释康芒斯的模型假设所试图解释的全部问题，而在解释的时候，也不必像康芒斯那样偶尔误解东方思想体系，并将状态和结构混淆起来。而且，我的完整模型将所有这些变量置于四象限之中，但这似乎被康芒斯完全忽略了，尽管他也谈到了《性、生态学和灵性》。

然而，我要再次重申的是，康芒斯在用自己的方法探索某些非常重要的问题，我认为我们具有大量的共同点。然而，他没有非常全面地了解我的著作，因此，读者应该谨慎地对待他对我的著作发表的意见。

12.7 少数批评者认为，这种区分（普遍和成熟）意味着阶段被跳过去了（亦即，如果全部的常见阶段是原始的、魔法的、神话的、理性的、通灵的、精微的、自性的、不二的，那么，处于魔法文化中的个体又怎么能能够具有通灵体验而不跳过某些阶段呢？）。这个问题很容易解答，我现在来谈谈其众多原因：（1）普遍模式仅仅意味着平均值，有许多个体可能位于这个平均值以上或以下。我们知道，哈贝马斯认为，即便在采集社会，少数人也已经具备了形式运思能力。因此，我认为，如果说少数人甚至走得更远，具有了后形式认知能力，这完全是合理的［尤其是当这种认知处于最早期的超个人阶段（通灵阶段），并且这些个体又是萨满巫师时］，因此，阶段没有被跳过去；（2）即便更高的结构发展方式并非如此，还有两个内在机制能够让最成熟模式大大地超越普遍模式，而不跳过其中间阶段。其中有个机制就是高峰体验的存在。我们已经看到，几乎每个人或每个发展阶段都能具有各种类型的超个人高峰体验（通灵的、精微的、自性的、不二的）。萨满摄魂的总体特征有力地表明了通灵/精微层次上的高峰体验的存在，这并不妨碍任何阶段。（3）如果某个萨满巫师能随意获得这些高峰体验——证据表明这偶尔会发生——就表明这不仅仅是随机性的、自发性的高峰体验，而是精微线上的发展，正如我们在第九章所说的假设，这是可以和粗重线上的发展并行发生的，因此，阶段没有被跳过去。

所有这三个理由都解释了阶段为何没有被跳过去。要么个体正在经历这些阶段（如原因 1），要么个体在经历这些阶段时，其他平行事件也发生了（如原因 2 和 3）。即便某个萨满巫师在前额线上处于第三道德阶段，并在精微线上再三获得了通灵的高峰体验，如果他要在道德上继续向前发展，也必须经过第四、第五等道德阶段。没有任何证据表明，某种深刻的高峰体验能够让我们跳过或绕过这些前额阶段，无论这一高峰体验有多么深刻。（变异状态也许能加快前额阶段发展的速度，但没有任何证据表明我们能改变那些阶段；《灵性之眼》对这个问题进行了大量的研究。）

上述三个理由丝毫都不违背这些事实，在每种情况下，我们都不能真正跳过任何线上的阶段。但某条线或平行线和（或）状态会出现更高的发展。

12.8　就此而言，萨满巫师是最早掌握身体狂喜能量的人（米西亚·伊利亚德对萨满教的经典定义就是“狂喜法门”），是最早的瑜伽士，他们利用这些能量和变异状态进入天界和冥界。

约瑟夫·坎贝尔在《世界神话的历史地图》（*Historical Altas of World Mythology*）中讲述了也许属于最早的原始昆达里尼体验，它与最早的萨满摄魂很可能存在着相通之处。“激发 ntum[①] 的最佳方式就是催眠舞蹈（trance dance）。持续地绕圈而舞会激发舞蹈者的魔法能力，让他们觉得魔法能力是五脏中的物质。女人们唱着歌，男人们则说：‘唤醒我们的心灵吧’，最后，他们心中的 ntum 变得热烈高昂。‘男人们说它（ntum）从脊柱上升到他们的头顶，这个过程极其强烈，征服了他们，让他们丧失了知觉。’”

随后的瑜伽发展和演变更深入地探讨了这些早期的瑜伽迷幻状态。

---

① 哈佛大学南亚系教授 Michael Witzel 在其文章《北部和南部欧亚的萨满教：变更意识的特殊方法》中，多次提到 ntum 催眠舞蹈是非洲南部布须曼人的一种传统舞蹈，ntum 则是布须曼人信仰里人体内的一种力量或“热力”。

我相信，这些“ntum 体验”向我们展示出了精微发展线早期阶段（尤其是通灵阶段）的例子。后来的瑜伽法门更深入而详尽地探讨了这条精微线（亦即整个“报身”），但这些萨满摄魂显然传承自早期昆达里尼通灵阶段的摄魂法门。

12.9　参阅《来自伊甸园》。随后的瑜伽法门汲取了萨满迷幻术的成分，并加以完善和超越。萨满巫术自身仍然是通向通灵领域的强大工具，少数现代意识研究者认为它在这个方面很有用。迈克尔·哈纳的著作尤其值得一读。

第十三章　从现代性到后现代性

13.1　区分艺术、道德与科学就是区分我、我们和它。区分我和我们意味着个体具有不能被集体、国家和君王所侵犯的权利和自由，这是民主、废奴运动和女权主义所做出的重大成就。若想全面地了解这个话题，请参阅《感官与灵魂的联姻》（*The Marriage of Sense and Soul*）和《万物简史》。

13.2　《感官与灵魂的联姻》第九章对此作了更充分的论述。也可以参阅《性、生态学和灵性》第 2 版（全集 6）对海德格尔、福柯、德里达等后现代主义者的批评意见。

13.3　参阅《感官与灵魂的联姻》中库恩对科学发展的信念。难怪约翰·塞尔在其杰作《社会现实的建构》——而不是“现实的社会建构”——中不得不反击这种极端结构主义的方法，他认为：建构本身需要以对应的真理为根基，文化现实就是在这种真理的基础上被建构起来的，没有这种真理，建构从最初就根本无法进行。再说一次，我们可以接受后现代主义的片面性真理——诠释和结构主义始终是宇宙的重要成分——而不致走向极端，试图将所有其他现象和其他真理还原成那个片面的真理。

13.4　为何现代哲学基本上是语言哲学呢？因为种族发展学的意识已

经在很多重要方面开始超越语言，因此意识能够审视语言领域，而在它自身以语言领域为根基时，它是无法做到这一点的。这里有点讽刺意味的是：大多数后现代哲学因此诞生于大学的语言文学系，而非哲学系，这就解释了这种哲学的新颖和幼稚。

13.5　标准的启蒙运动（和平地）思想是：由于词语指向或代表某个客体，因此它具有含义，这完全是独白式和经验主义的。被孤立的主体注视着同样被孤立的客体（比如某棵树），随后就挑选某个词来代表这个可感客体，这被认为是所有真实知识的基础。即便在复杂的科学理论中，每种理论都是一幅描述客观领域的地图。如果这种对应是准确的，这幅地图就是正确的；如果这种对应是不准确的，这幅地图就是错误的。人们认为，科学——以及所有真正的知识——就是准确描述并制作地图的直接例子。怀特根斯坦会立马说："我们绘制经验世界的图画"，如果这张图画与现实相符，我们就获得了真理。

这就是所谓的表现论范式，又称为基本的启蒙运动范式，因为这是启蒙运动时代的大多数著名哲学家都认同的总体理论。现代哲学往往是"表现论的"，这意味着它试图准确地描述世界。这种表现论观点也被称为"自然之镜"，因为它普遍认为，终极现实是感官所面对的自然界，哲学家的使命就是正确地描绘或反映这个现实。

表现论的存在和效用并不是个问题，许多时候，表现论的知识是极其恰当的认知方式。然而，问题在于表现论试图霸道且蛮横地将所有知识还原成经验主义的表现论，这就变成了现代性的灾难：将超逻辑的灵性和对话思维还原成独白式的感官认知，从而将宇宙解析成为右侧象限事物的再现，仅此而已。

在早期的结构主义中，索绪尔对经验主义的认知理论作出了最早的批评（至今仍然是最准确、最有效的批评），他指出，经验主义的认知理论甚至无法解释"树木上的树皮"这样简单的事情。含义并不仅仅来自于客观所指，也来自于无法完全客观地指明的主体间结构。如果没有这些主体间结构的话，就根本没有（而且不可能作出）客观的描述。因此，所有的后现代知识论都是**后表现论的**。由于它们更多地利用统观逻辑而非形式运思能力，它们也基本上是后形式的。因此，后现代是后表现论的、后形式的。

13.6 为了便于阅读，此处提供了《感官和灵魂的联姻》（第九章）的概要总结：

后现代的后结构主义者接纳了许多深刻的、必不可少的观点，并将它们发挥到极端，这让它们变得几乎毫无用处。它们不仅将个体的意图置于文化背景之中，而且试图彻底抹杀每个主体："人之死"、"作者之死"、"主体之死"，公然企图将主体（左上象限）仅仅还原成主体间结构（左下象限）。"语言"取代"人"成为了历史的动因。不是主体（我）此刻在说话，而仅仅是非个人的语言和语法结构通过我在说话。

作为不计其数的例子中的一个，福柯说到："卢坎的重要性在于，他表明是结构（语言系统）透过患者的叙述和神经官能症的症状在说话，而不是这个人在说话。"换言之，左上象限被还原成了左下象限，还原成了福柯著名的"无主体的匿名系统"。因此，不是迈克尔·福柯的"我"写下了这些话，这个"我"也绝不需要为此负主要责任，而是语言在做所有这些事（尽管这并不妨碍迈克尔·福柯接受了出版社支付给据称并不存在的作者的版税）。

简而言之，每个"我"始终离不开"我们"这一背景的事实，被扭曲成了下面这种荒谬的观点："我"根本就不存在，只有无所不在的我们，也就是说，没有单个的主体，只有巨大的主体间网络和语法结构。[佛教徒请注意：这绝不是"无我"（anatta）的观点，因为取代这个"我"的，不是空性，而是"我们"这个限定的语法结构，这因而放大（而非超越）

了真正的问题。]

福柯最终抛弃了他早期的极端主义立场，极端的后现代主义者有意地忽略了这个事实。滑天下之大稽的是，后现代主义的传记作者开始试图为这些据称起初就不存在的人物写传记，然后创作出了那些传记书籍，这就像吃晚餐却没有食物那样搞笑。

在索绪尔看来，能指和所指是不可分割的整体（子整体），但后现代的后结构主义者企图单单排他性地强调可变的能指链，从而破坏了这种整体性，这是他们的明显转向之一。能指——真实物质或书面符号——几乎被赋予了全部的最高重要性，从而与其所指和指示物割裂开来，因此，这些可变或"自由漂浮"的能指链据说仅仅根植于权力、偏见和思维方式。（我们再次了解到极端结构主义是后现实主义的最显著特征：能指并不根植于自身以外的任何真理或现实，只是创造或建构了全部的现实。这无论如何都是不对的。）

可变的能指链：这是后现代后结构主义者的重大转向。这是后**结构主义**的，因为它起源于索绪尔对语言符号——它们在部分程度上具有建构功能，也在部分程度上具有描述功能——的网状结构的洞见；也是后结构主义的①，因为能指完全和任何根基割裂了开来。并不存在客观的真理（除了诠释），因此，在极端的后现代主义者看来，能指仅仅建立在权力、偏见、思维方式、性别、种族、殖民主义、物种偏见等基础之上（这是个践言冲突，意味着这种理论自身也仅仅奠基于权力、偏见等基础之上，因此，这种理论就像它所鄙视的其他理论那样毫无价值）。极端主义者接受的重要真理就这样将自身解构掉了。我们希望同时接纳左上象限和左下象限的真理，但并不打算将它们彼此还原（这会扰乱这些领域的丰富

---

① 作者此处纯粹在完文字游戏，分号前面的"后结构主义"的原文单词是postSTRUCTURAL，此处的原文单词是POSTstructural。

结构）。我们想要凸显意识的无限子整体本质，而不仅仅是某种意识观或意识体系。

13.7　正是出于这个原因，我们可以确定，普遍的后现代主义心态在时间上起源于那些著名的唯心主义者（注意，德里达就是这样认为的。他说，黑格尔是旧时代的终结者或新时代的开创者）。

13.8　后现代主义谱系学的结果是：通过最终否定其全部初衷的系列逆转，企图再次引入内在性和诠释。我们知道，后现代主义起初能够再次引入诠释、深度、宇宙内在性，认为意识不仅反映了宇宙，而且也参与了创造宇宙的活动；世界不是某种感知，而是某种诠释。这种对诠释的强调最终被发挥到了极端，认为文本之外别无一物，这就在后现代哲学中抹杀了客观真理。一旦真理受到怀疑，最终就无法判断任何事物。内在领域就完全被解析成了主观偏好，仅此而已；深度就被完全解析成了千篇一律的表面和无透视的疯狂（没有内在性、没有深度）。这样，极端后现代主义就陷入了平地的强大引力场中。解构性的后现代主义谱系学是绝望、虚无和自恋的谱系学。它基本上偏离了建构性的后现代主义的光辉前景，至于其原因，可以参阅《婴儿潮》和全集 7 的引言。如果想了解建构性的后现代主义的例子，可以参阅大卫・累・格里芬编辑的系列后现代主义优秀文集。我在本书中阐释的整合心理学就受到了建构性后现代主义的启发。

第十四章　意识研究的 1-2-3[①]

14.1　参阅格里芬的《解开世界之结》，该书很好地概括了这个问题

① 本章注释中，根据上下文语境，interior/exterior 有时译为“内 / 外在性”，有时译为“内 / 外在物”。

的现状。如果想了解“现代社会的主要困境”，亦即主观自我（意识）和客观世界（自然）之间的关系，请参阅《性、生态学和灵性》第2版（全集6），尤其是第四、十二、十三章。

14.2　如果我们说主体和客体是某个根本现实的两个侧面，就会引发出下述问题：既然我们不能说这个根本现实仅仅是“主观的“和”客观的”混合物，那么，它是什么呢？要么这第三个实体（根本现实）具有主观和客观的性质，要么它就不具有。如果它具有的话，它就不是真正根本的；如果它不具有，它就不是真正和谐的。龙树菩萨和其他圣哲都坚定不移地认为，身心问题是无法在理性层次上获得解决的。若想充分了解这个话题，请参阅《灵性之眼》第三章。

14.3　更确切地说，身心问题牵涉到三个难题：（1）如何将内在性和外在性（包括大脑）联系起来；（2）如何将心灵（内在的观念意识）与身体（外在的感受）联系起来；（3）如何了解身体与心灵（主体与客体）之间的最终联系？

我认为，可以分别采用下述方式来探讨这三个问题：（1）承认每个外在物都具有其内在物（如图5所示），这就将身体与心灵结合起来了；（2）承认意识的发展具有多个内在阶段（也可参考图5），这也就将身体与心灵结合起来了；（3）承认有更高的意识发展层次，这最终就将身心协调起来了（从而防止了任何形式的二元论）。现在我们来依次予以讨论：

1. 内在性（意识）与外在性（物质）的关系问题经常被表述为：宇宙的基本结构（夸克、原子、弦等等）由不具有内在性的实体组成；心灵具有内在性；由于后者从前者演变而来，我们如何从外在性中得到内在性呢？既然这显得不可能，我们要么必须彻底否认内在性的自性存在（物质主义），要么必须设想存在的奇迹（二元论），某种崭新类型的实体（内在性）在某个时刻忽然形成了。在现代性的早期阶段，当上帝仍然存在的时候，二元论是个流行的解决办法，因为我们可以将这个奇迹归功于上帝。在今天的世界，这个奇迹——及其外观上的不可能性——是大多数哲学家滑向物质主义的主要原因之一。

在我看来，尽管只有在后理性的发展阶段（不二波），我们才能揭示出内在性与外在性的确切关系，然而，我们能够理性地认识到，每个内在物都有其外在物，反之亦然（见图 5）。如果内在性和外在性确实彼此生成，我们就不需要奇迹了，我稍后会解释这个问题。（至于不二阶段，当它呈现出来时，它确实涉及灵性，然而却采取了最平凡、最朴实的方式："这多么神奇啊！我汲水，同时携带着燃料。"在任何情况下都不需要有超自然的奇迹。）

这种解决办法（每个外在物都有内在物）似乎涉及某种泛心论（panpsychism），只不过不同的是，正如《性、生态学和灵性》所说，每种主要的泛心论形式都会将"内在性"等同于某种特定类型的内在物（例如感受、觉察、灵魂等等），从而试图将那种内在物无限延伸到宇宙的基本结构中（夸克、原子、弦，诸如此类），我认为这是行不通的。在我看来，广义的意识最终是无限的（空性），因此，尽管内在性会无限延伸，但内在性的类型却不会。就此而言，我是个泛内在论者，而不是泛经验论者、泛唯心论者、泛感受论者、泛灵魂论者。内在性的形式体现了发展的演变过程，它们依次是：模糊不清的某个事物、摄受（prehension）[①]、感觉、知觉、冲动、意象、概念、规则、理性等，但对于某种特定的形式而言，它们都不会无限延伸。大多数泛心论流派都接受了某一种内在物——例如感受或灵魂——并认为，所有的实体都拥有它（原子具有感受，细胞具有灵魂），这是我绝对不认同的。细胞具有内在性，其形式就是原生质的应激性（图 5），根据量子论的观点，电子具有"存在的倾向性"，但它们都不是"心灵"、"感受"或"灵魂"，而仅仅是内在性的极早期形式。

---

① 摄受，心理学术语，指主体与某个相关事物或实体的互动。

非常笼统地说，我认可怀特海（哈茨霍恩[1]、格里芬）的观点：我们也许可以将“摄受”描绘成内在性的最早形式（从某种意义上说，每种内在性都触及或摄受到了某种外在性，因为内在性和外在性是交互生成的），但是，当我们用感受或情绪等词语来解释这种摄受时，我认为就走得太远了。也正是出于这个原因，当我谈到四象限时，我常常说读者可以照着自己的看法，自由地将内在性无限广延或收缩。由于内在性最终是无限的（在我看来，每种内在性基本上都是某种虚空，相应的外在性都在其中生成；参阅《性、生态学和灵性》第 2 版第四章注 13、25），而且，由于只有后理性意识才能最终揭示内在性与外在性之间的关联，我不想说各种内在性会无限延伸（尽管我相信它们会），以图解决这个身心问题；最终的解决办法来自其他地方（见第三个问题）。然而，通常来说，我更乐意向读者解释我为何认为：至少当我们进化到人类时，存在着四个象限。因为在我看来，在人类的层次上整合“三巨头”是最迫切的要求（这种整合最终有助于解决各个层次上的身心问题）。

我对怀特海的摄受观的主要保留意见是：它基本上是独白式的。每个主体（或我）都将其直接前身摄受为客体或他者，然后，每个“我”都作为新“我”的客体，在发展流中向前成长：随着新“我”摄受了旧“我”，“我”成为了“它”。我认为，这种主体 / 客体的发展流在部分程度上是对的，怀特海对摄受阶段的分析是哲学上的杰出贡献。但是，怀特海在从人类经验谈到“经验原子”（atoms of experience，我认为这个概念是合理的）时，对人类经验起初就抱着错误的看法，这就仿佛给存在的原子赋予了错误的存在类型。人类经验不是了解独白式客体的独白式主体，事实上是个四象限事物：每个主体仅仅在主体间空间中生成（后现代主义的

---

① 哈茨霍恩（Charles Hartshorne，1887—2000），美国著名宗教哲学家、过程神学的代表人物，著有《哲学与感觉心理学》、《创造的综合与哲学的方法》等书。

精髓)。换言之，经验原子是四象限的子整体，而不是独白式子整体。正如我在《灵性之眼》(第十章注 11）中所说，怀特海选择了平地，并让它成为所有经验的范式。

大多数怀特海主义者都强烈反对我将他们的观点描述为相当独白式的，并指出他们的真实立场是关系性的、生态学的。但生态学是独白式的，而系统理论则是关系过程（relational process）理论的绝佳例子，也是独白式的。因为不仅主体摄受其客体，而且，主体是在**主体间性**的背景中摄受其客体的。“我们”是“我”的内在组成部分，不是其客观摄受物，而是主观的组成成分。产生“我”的“我们”空间不是“我”的客体，而是“我”开始摄受客体的背景空间，因而首次作为主体成分（而非客体摄受物）进入到了“我”之中（因此，这种主体间性不是“曾经是主体的客体”，后者是怀特海信徒们的常见做法，将因果律改造成了知觉，在我看来，它其实是关系性的、过程性的、生态学的、独白式的，是片面的真理，没有足够敏锐地觉察到所有四个象限不可简化的现实，并始终如此)。

大卫·雷·格里芬的《解开世界之结》极好地阐释了怀特海的观点，此外，格里芬（在怀特海 / 哈茨霍恩的基础上）提出了泛经验论的、物质主义的解决办法。我相当认同格里芬的观点，但在涉及这条尾注中的第一、第三个问题时除外（我认为内在性并不等同于感受。只有在超理性的不二意识中，我们才能最终了解外在性与内在性之间的关系，这一关系无法像怀特海和格里芬所说的那样“被思考出来”)。我相信自己理解了格里芬所说的“感受”的含义（最原始意义上的摄受），但“感受”或“体验”之类的词汇被用得太滥了。而且，正如我刚才所说，我认为人类经验或宇宙的基本结构不是独白式的（格里芬告诉我他也不这么认为。参阅全集 8 的引言可以了解我们对这个问题的交流意见)。

还有个次要的问题：在我看来，格里芬的复杂个体发展线显得并不完善。当然，格里芬/怀特海的观点是“新生的复杂个体的层次”（子整体的层级）。但格里芬似乎承认进化的谱系，这个谱系依次是：原子、大分子、细胞器、细胞、神经元、心灵。神经元是仅次于心灵的最高层次的持久个体，心灵则是亿万个神经元的摄受经验。我认为这个跨越太大了，图5阐释了更准确的观点。也就是说，感觉是神经元的对应内在物；具有爬行动物的脑干的有机体是真正复杂的个体（子整体），其内在物是冲动；具有大脑边缘系统的有机体是真正复杂的个体，其内在物是情感；具有复杂大脑新皮层的有机体是真正复杂的个体，其内在物是概念思维。在上述的每个层次上，不仅内在物会摄受其对应的外在物，它们也会摄受自己的历史（我相信格里芬也会认同这种看法）。这似乎不仅解释了内在性-外在性互动，也解释了内在因果律、内在遗传和身心互动。

因此，在我看来，格里芬过于匆促地从神经元跳跃到了心灵。我觉得他或许会说，神经元是心灵之前的最高层次的长久个体，因为爬行动物的脑干和大脑边缘系统仅仅是组织的聚合物，而不是复杂的个体，这恰恰是我不认同的。例如，马匹的大脑边缘系统是高度组织化的系统，被马匹的表皮从聚合物转变成了个体（这类似于真核细胞的细胞膜，如果前者是复杂的个体，那么后者也是）。具有大脑边缘系统的复杂个体又被聚合成了具有神经元的复杂个体，具有了截然不同的内在性和外在性层次（图5）。因此，从神经元到心灵的跳跃并没有像格里芬所说的那样巨大。很多哲学家发现，很难直接从神经元发展到理性意识。虽然不能采取这种（令人费解的）大跳跃，我们却可以获得系列的小跳跃：从神经元跳跃到神经索，再跳跃到爬行动物的脑干，再到古生哺乳类的大脑边缘系统，最后跳跃到大脑新皮层，这似乎更容易理解（就如同对应的内在性发展：感觉、知觉、冲动、情绪、意象、概念、规则、理性），其中每次跳跃的产物都是一个子整体，是真正的复杂个体。

物理学的世界观通常被用来支持下述观点：宇宙的基本结构（夸克、

弦、原子）不具有内在性。我不想与泛经验论者争辩说，原子肯定具有感受，而想说，如果没有内在性，外在性是没有意义的，而且，如果原子具有外在性，它们也必然具有内在性。只要物质客体之间存在着边界（例如，这个原子与那个原子之间），那么，这些原子就具有外在性，而只要有外在性，就有内在性，两者总是成对出现。外在性和内在性会随着宇宙的最初边界而同时生成，两者是互相生成、互相制约的，因此，内在性和外在性会无限延伸（只要延伸还有意义）。说物质宇宙仅仅具有外在性而不具有内在性，就不啻于说宇宙只有高处，没有低处，这样说毫无意义。只要内在性和外在性产生，它们总是同时出现；只要延伸还有意义，内在性就会无限延伸。

在最低层次时，内在性很少有意义，因为此时外在性也是如此：你当真关注过量子力学描述的现实吗？在最低的存在层次时，外在性和内在性都是毫无意义的，它们消失在太初的混沌之中，此时可能不具有任何心灵，也不具有任何物质；当外在性变得透明时，内在性也是如此。只要它们出现，它们总是成对出现。每个左侧事物都有个右侧事物，反之亦然。

我完全赞同莱布尼茨 / 怀特海 / 哈茨霍恩 / 格里芬的观点：只有被称为复杂个体的实体才具有独特的内在性。子整体不同于纯粹的堆积物或聚合物，因为前者具有真正的整体性（可辨别的模式、作用、制度等）。单个子整体包括：夸克、电子、原子、细胞、有机体等（如图 5 所示），其内在性包括摄受、倾向性、应激性、感觉、趋化性、知觉、冲动、意象等（图 5）。与此相反，堆积物是碰巧拼凑起来的子整体（例如沙堆）。子整体具有效用和内在性（每个整体也都是一个部分，因此，每个子整体都具有内在性和外在性），堆积物则并非如此。社会子整体介于两者之间：它超越了堆积物，因为其个体被关系交换模式联合起来了，但就其机制的严谨性而言，它又不如单个的子整体：社会子整体在任何发展阶段都不具有自我意识（而更高层次的单个子整体则具有越来越强的内在性意识，因此，对人类这种复杂个体来说，自我意识在个体而非社会中才变得可能。上面两个象限是单个的子整体，下面两个象限是社会的子整体。如果想深入地了解复杂个体，请参阅《来自伊甸园》和《性、生态学和灵性》第2版。

这种简单的区分［子整体具有内在性，堆积物则不具有（堆积物中的子整体是个例外）］，以及“内在性仅仅意味着外在性的对应物”（不是指感受、灵魂、自我意识等，它们是各种内在性类型）的观点，大大促使泛内在论更加深入人心。泛心论的常见看法（但不是怀特海/格里芬的）——例如岩石具有感受乃至于灵魂——是很荒唐的［事实上，这是魔法–泛灵论发展层次（而非不二层次）上的信仰］。石堆不具有内在性，然而，岩石确实包含了原子（它们是子整体），而这些子整体具有最低层次的内在性类型（永恒的倾向性和模式）。但不管怎样，岩石不具有“感受”，更不用说灵魂了（岩石是灵性的显现形式，但自身并不具有灵魂）。

内在性和外在性都会发展或共同进化，在两条线的每个阶段都会存在着突变，从而在某种程度上带来真正的创造性和新特征（物理学家说这是“无法解释的”，整合论者则将其称为“爱欲”）。许多物理学家（从丹奈特到阿尔文·斯科特）都认同突变进化论，但他们试图表明，内在意识是外在性发展到最高层次时忽然出现的（因为他们相信，只有外在性是真实的，“凭空出现的意识”只是承认了那种认为意识的确存在的绝对直觉，那种直觉随后又被解释成为复杂外在性的功能性巧合，或者被更罕见地解释为二元论）。正如埃克里斯（Eccles）所说：“正如在生物学中，物质会具有新生特征，同样，在大脑新皮层极端复杂的组织层次上，也仍然会产生新的突创特征，亦即与意识体验相关的特征。”但是，左侧象限不是右侧象限的更高层次，而是右侧象限在每个层次上的内在性，两者都会无限延伸（参阅《性、生态学和灵性》第二版第四章和“意识的整合理论”）。纳格尔非常正确地指出，不具有观点的客体完全不可能产生具有观点的主体。（格里芬说这是“突变范畴中的错误”，但我认为，内在性和外在性是相互生成的。）

纳格尔则说：“如果我们在进化树上走得太远，人们就会逐渐抛弃进化中存在经验的信念。”这句话说得非常对，正是出于这个原因，我没有将经验（或者感受、灵魂或任何特定类型的内在性）无限延伸。我仅仅认为，有外在性的地方就有内在性，而在涉及较低层次的内在性时，我觉得，我们其实并不能非常自信地说它们“里面”是些什么。就像物理学家无法作出反证那样，我同样无法证明它们“里面”是什么。

顺便说一句，丹奈特发现阿米巴虫身上出现了某种感知能力。我很乐意表示认同，这倒不是因为我对更低层次的生物所知甚少，而是因为，当我们谈到原子和亚原子范畴时，量子力学的数学公式就会变得极其怪异，怪异到了我们无法想象的地步，大多数物理学家都坚决反对它所表达的涵义。我本人相信原子具有内在性，但我不会死抱着这种观点，因为到了这个层次，宇宙变得非常模糊不清，而且，只有在超理性而非前理性的范畴，才能确定内在性与外在性之间的真实联系。人类能够直接地、直观地认识超理性范畴，但只有晦涩的数学公式——它还在继续向前发展——才能了解（如果了解是可能的话）亚原子范畴。

2. 承认内在性（及其外在性）的发展以后，我们就能认识到，心灵（内在的心理意识）和身体（内在的感受）的关系是超越并包含的（参见图5中的左上象限，图1、图8，以及展示内在发展的所有图表）。如图13所示，毫无根基的心灵和它在可感身体中的本原被联系起来了。更详尽的探讨可以参阅《性、生态学和灵性》第2版第十二、十三章。

就像外在发展那样，内在发展是由系列的整体所构成的，这些整体又是后续整体的组成部分，这个过程会无限持续下去（例如，我们在前文中谈到，感觉运动是个认知整体，同时又是具体运思的组成部分，后者又是形式运思的组成部分，以此类推）。

纳格尔暗示说，也许任何泛内在论的主要问题在于：我们缺乏“心理的整体－局部关系”的观念，从而无法解释统合经验的绝对直觉（也就是说，“单个的自我如何能够由许多个自我构成？”）。但是，无数例子表明：内在体验是由子整体流和整体/局部按照某种紧凑而完美的方式组成的。这同样适用于自我流，某个阶段的主体成为了下个阶段的客体——这个阶段的整个近端自我成为了下个阶段的远端自我的组成部分，因此，在每个阶段，“单个的自我都是由许多自我组成的”。在每种情况下，用怀特海的名言来说，“多化为一，一化为更多”。怀特海说的是微观摄受，但这句名言也适用于宏观阶段，因为微观摄受是宏观阶段的基础，两者都只是改头换面的“超越并包含”而已。换言之，发展心理学的一致结论似乎消除了纳格尔的主要异议。

3. 承认更高层次的发展（包括不二阶段），从而明确而恰当地揭示出身体与心灵（内在性与外在性、主体与客体）之间的最终关联：心灵和自然都是灵性的活动，因此，这样既没有二元论，也没有还原论。《性、生态学和灵性》第2版第十二章至第十四章更详尽地讨论了这个问题。

这个难题——向“感质”的跳跃（亦即，外在数量如何能够产生内在特征）——最终被解决了。解决办法不是认识到每个外在物都具有内在物（问题一），因为这仅仅表明它们是彼此关联的（仍然没有解决这个大难题）。解决办法是发展到不二领域，然后彻底化解（或消解）了这个问题。在开悟境界就能够明白这种解决方案，它无法用理性的方式表达出来（除非你已经开悟，那时的理性方式会很有效）。理性和经验的方式无法（迄今也仍然没有）解决这个难题，原因在于：在这些层次上，解决方案是不存在的。那些试图在这些层次上解决身心问题的哲学天才们之所以失败，不是因为他们不够聪明，而是因为那个层次无法解决这个问题。

14.4　在当今的个体发展学中，对于第三人称（或右侧象限）发展，存在着两种不同的认识。在个体身上，右上象限自身会不断成长：生物体、神经通路、大脑结构等的成长。例如，生物学、神经生理学、有机系统理论都探索了这种成长和发展。这个象限中的子整体会成长、发展和进化（就像所有象限的子整体那样），运用经验科学能够探索这种成长。自然科学能够了解这些客观的子整体及其行为，它们因此是“第三人称的”，是右侧象限领域的发展。

但个体意识（左上象限）也会发展其认知右侧客观世界的能力，皮亚杰和大多数认知心理学家所研究的，正是这种（左上象限了解右侧客观世界的）认知能力。如正文所说，大多数西方研究者将“认知”定义为了解客观现象的能力，这种（左上象限了解右侧客观世界的）能力会逐步成长和发展，其发展顺序是：感觉运动、前运思、具体运思、形式运思。这是第一人称单个主体准确了解第三人称客体的能力，因此这是我们谈到第三人称意识成长的第二层含义。

当我说个体的审美、道德和科学都会进化（或者说，第一、二、三人称意识都会成长）的时候，我所说的“科学”或“第三人称”具有两种含义：客观有机体的成长（科学、神经生理学等已经揭示了）、这种了解客体的认知能力的内在发展。[这又再次表明了自我层次与客观层次（或结构与领域 / 平面，或主体的认识论发展与被认知客体的本体论发展）之间的区别。如果没有特别指明，我通常指的是两者，但也取决于上下文。]

当然，第一、三人称意识都与第二人称的主体间结构紧密相关，它们同样也会成长和发展。（也就是说，象限自身会发展，主体了解这些象限的能力也会发展。）换言之，所有这些象限都密不可分（其他象限的发展——比如生理神经通路和主体间话语结构——是主体能够了解其他象限的前提条件）。

我所阐述的整合心理学赞成采用整合方法来研究所有这些象限的发

展，更确切地说，就是“全层次、全象限”的方法：关注所有象限中的所有层次和线。这意味着既关注每个象限的发展，也关注主体对每个象限的了解能力的发展（即主体对自身主观象限以及其他象限的了解能力）。这意味着关注三种环境或三个世界（“三巨头”）的自我发展，亦即：自身的内在动力、理念、自我概念、审美、意识状态等主观世界；符号互动、论辩话语、相互理解、规范结构等主体间世界；物质客体、事态、科学系统、认知客体等客观世界。每个世界都会从前个人层次发展到个人层次，再到超个人层次（也就是说，每个象限在发展中都会依次通过——或能够通过——巨巢上的所有层次：身体、心智、通灵的、精微的、自性的、不二的），因此，“全层次、全象限”的方法能关注所有象限中的所有层次和线的发展。

我将发展线简化成三种主要类别：审美的/主观的、道德的/主体间的、科学的/客观的。但事实上，每个象限中的发展线数量非常多，例如，在主观或左上象限范畴，我们发现了二十多条发展线。所有这些线都包含在“所有象限中的所有层次和线”这种简单说法（或更简单的“全层次、全象限”）之中。

多伯特、哈贝马斯、纳奈-温克勒（布劳顿在其著作《心理学发展的批判理论》的“自我的发展”一章中）都提出了模型，尽管这些模型不是全层次的，在很多方面却是全象限的。也就是说，它关注了“三巨头”范畴（主观的、主体间的、客观的）中的自我发展。他们试图整合“自我认同形构”（self identity formation）中的“三巨头”范畴，这表明他们也在整合发展心理学的三个著名流派（弗洛伊德学派的，或主观的；符号互动论者，或主体间的；皮亚杰流派的认知心理学，或客观的）。这种认同形构涉及自我的发展（整合心理学也是如此，在我看来，认同感属于自我的功能），因此，他们的思想体系在某些方面非常契合本书阐释的观点。

三种不同的理论传统都在研究与认同形构概念相关的发展问题：（1）让·皮亚杰开创的认知发展心理学；（2）可以追溯到乔治·赫伯特·米德[1]的符号互动论者的社会心理学；（3）发源于西格蒙德·弗洛伊德的自我分析心理学。在所有这三种理论体系中，发展趋势的特征就是，在涉及三个特定环境（"三巨头"）时，至少有一个环境越来越具有自主性。换言之，发展的特征就是自我在提高解决下述问题的能力时所获得的独立性：（1）可控客体（右上象限）和被巧妙地客观化的社会关系（右下象限）所具有的外在自然现实；（2）行为预期、文化价值观和认同感（左下象限）等符号现实；（3）自觉体验和自身身体（左上象限）——尤其是那些难以交流的内驱力——的内在本质。皮亚杰的认知发展理论解决了第一个问题，米德的互动发展理论解决了第二个，弗洛伊德的性心理学发展理论解决了第三个。当然，我们万万不可高估这三种方法的共同处。但不可否认的是，它们强调的理论视角彼此相得益彰。

事实的确如此。按照这些流派创始人的观点，这些"三巨头"范畴全部被自我联结起来了（正文已经谈到，自我是单个生物身上的所有波和流的导航者和整合者）。注意，这些创始人指出，对这三个重要心理学流派来说，发展都意味着越来越强的自主性（这属于进化的 20 条法则，参阅《性、生态学和灵性》第 2 版第二章）。所有进化系统（包括自我）所表明的 20 条法则都谈到了越来越强的自主性，最后的自主性就是清净本性，在它之外了无一物，因而是完满的自主性状态：由于清净本性之外没有任何东西，所以，它就是整个光辉奇妙的宇宙，是完全自主的。发展之所以体现出越来越强的自主性，是因为：发展的最后目标，就是这种清净不二自性的终极自主性。

---

① 米德（George Herbert Mead，1863—1931），美国社会学家、社会心理学家、哲学家，符号互动论的奠基人，著有《心灵，自我及社会》等书。

在尾注 10.3 中，我假设自我不断以新体验代替旧体验，以便建立结构。这种机制将暂时的状态转变成了长久的特征。我谈到了这种观点与自我精神分析心理学、与皮亚杰的结构主义之间的广泛相似性。多伯特等人也注意到了这些相似性："对所有这三种理论来说，将外在结构（和非结构化行为）转变成内在结构是很重要的学习机制。当行为图式——指掌控客体的规则——被内在地转变成理解和思维图式时，皮亚杰谈到了'内在化'（interiorization）。精神分析学和符号互动论提出了从关系互动模式进入关系内在心理（intrapsychic）模式的类似转变过程，并将其称为'内部化'（internalization）。通过活跃地重新体验最初被消极体验到的事物，这种内部化机制都涉及了获得独立——无论是独立于外在客体、相关人群，还是个体自身的冲动——的更深原则。"（注意："越来越强的内部化"也被列在 20 条法则之中）。

此外，这些创始人认为，大多数证据表明，在这些领域中，每个领域都"反映了结构越来越复杂的层级"（"复杂性和结构化越来越强"也属于 20 条法则中的一条）。

多伯特等人的模型的核心，就是"互动能力"的观念，这是自我和发展的主要整合因子。而且，在这些创始人看来，这种互动能力的发展会经历 3 个主要阶段（或波）：前习俗的、习俗的、后习俗的，每次发展都体现出了意识的扩展，以及内在化和自主性的增强。"学龄前儿童的认知仍然处于前习俗层次，与行为相关的符号世界主要由下述要素构成：个人具体的行为预期、行为、行为结果所受到的奖励或惩罚。当儿童学会扮演社会角色时，也就是作为合格成员（习俗的、神话－团体的）与别人互动时，其符号世界就不再由仅仅表示孤立意图（比如愿望或愿望满足）的行为所组成。相反，儿童现在能够将行为理解为实现或抵制普遍的行为预期。最终，当青少年学会置疑社会角色和行为规范的合理性时，他们的符号世界就会再次变得更加广阔，出现（后习俗的）原则，可以用它们来评判惹人争议的规范。”

不幸的是，他们的全象限自我发展模型不是全层次的，所以不足以称为真正的整合心理学。它仅仅关注个人发展的粗重线。然而，就现状而言，它比大多数发展模型要全面得多，其洞见也非常有助于任何真正的整合心理学。

14.5　若想了解现象学的重要性和局限性，请参阅《性、生态学和灵性》第 2 版（尤其是第四、十四章的注释）。

多伯特等人批评了现象学（我也批评过），因为它无法了解没有被直接赋予可感具体含义的主体间结构，因而无法有效地了解意识和社会世界的发展。“事实上，现象学研究具有类似的目的，因为它旨在探索可能的社会生活世界的总体结构。然而，由于从最初开始就采用了意识哲学的内省方法，这种缺陷阻碍了现象学研究实现自身的意图”，也就是说，直观内省尽管很有益处，却无法识别主观内省置身其中的任何主体间结构（例如，处于第五道德阶段的个体能够内省自身的愿望，但永远认识不到第五道德阶段的结构）。“只有语言学和发展心理学的能力理论（competency theory）所采纳的出发点才创造出了范式，将已知结构的形式分析和可观察过程的因果分析结合起来。”参阅《性、生态学和灵性》第 2 版第十四章注 1。这也是怀特海的“摄受说”的主要问题：他典型地体现出了意识哲学的这种相同缺陷（参阅尾注 14.3，也可参阅全集 8 中本人就怀特海的独白式立场问题与大卫·雷·格里芬展开的对话）。

状态和结构

最后再说说状态和结构。状态——包括正常的自然状态（例如清醒、做梦、睡眠）和不正常的、罕见的变异状态（例如冥想、高峰体验、宗教体验）——都是短暂的、转瞬即逝的现象：它们在产生以后，稍作停留就消失了，即便这个过程是周而复始的。相反，结构则更加长久：它们是相当长久的意识和行为模式。发展层次和发展线（波和流）基本上都是由各种意识结构（或具有可识别规则、机制或作用的自组织整体模式）组成的（不要将这与结构主义流派混淆起来，我与后者充其量只是稍稍有点关联。参阅全集2的引言）。

换言之，结构非常类似于持久的子整体，这些基本结构或层次在本质上就是存有巨集的基本层次。当这些层次指主体时，我们就称之为意识层次、自我层次或主体性层次；当这些层次指客体时，我们就称之为客观层次、现实范畴、现实领域。

尽管意识状态具有结构性特征，但它们往往是暂时性的、瞬息万变的。然而，必须辨别出两种总体的状态类别：广义的状态和狭义的状态（不要与普通状态、非普通状态混淆起来）。阿兰·康芒斯将它们称为“意识状态”和“心理状态”，前者指广义的模式（比如睡眠和清醒），后者指每个瞬间的“小”状态（比如喜悦、怀疑、决心等）。阿兰认为，它们以多层次的方式彼此关联，意识结构形成了广泛的基础，其中出现了各种意识状态，而每种意识状态中又出现了各种心理状态。尽管这种结构体系是可能的，但我认为，阿兰颠倒了意识状态与意识结构之间的关系（见尾注12.12）。广义的意识状态（如清醒）具有多种不同的意识结构（例如，清醒状态包括神话、理性、人马等结构），但反过来并不成立。（你不能具有理性结构，又具有若干种不同的状态，如醉酒或睡眠状态）。因此，在广义的意识状态中，存在着不同的意识结构。

但是，在这些意识结构中，存在着不同的心理状态。这些结构确实制约并暗中影响着其中出现的各种心理状态（例如，具有具体运思能力的个体，其大部分想法（和心理状态）都来源于这种意识结构。因此，在我看来，这三者之间的总体关系是：广义的意识状态中存在着各种意识结构，意识结构中存在着各种心理状态。

与此同时，这些不同状态和结构之间的关系无疑是子整体的、密不可分的。不是像许多砖块那样逐个堆砌起来，而是彼此交织起来并相互影响。许多心理学理论和模型的问题在于：它们仅仅聚焦于广义的状态（或结构，或狭义的状态），从而将那些局部的、并非孤立的事物当成基本要素。单单依赖变异状态（或心理学结构或现象学）无法让我们全面地了解心灵和意识。

第十五章　全面接纳

15.1　形式运思（而非前运思或具体运思）才能区分价值领域。库克－格鲁特指出，前运思具有第一人称，具体运思具有第二人称，形式运思具有第三人称，因此，只有形式运思才能区分我、我们、它（审美、道德、科学）这三个领域。因此，说现代性通通区分了这些领域，也就是说，现代性是从神话－团体层次（基于具体运思）发展到了视角－自我层次（基于形式运思）。古代的希腊人较早地具备了形式运思和统观逻辑的某些特征，因而很好地区分了真、善、美，正是出于这个原因，他们堪称现代性的先驱者。然而，他们并没有将这种理性（及其后习俗道德）极其广泛地融入到文化中去（否则，他们会废除奴隶制和其他许多事物）。与此同时，最开明的圣哲——从柏拉图到普罗提诺，到无著——始终区分能“三巨头”（因为他们达到并超越了统观逻辑），但普遍的文化意识层次很少支持这种做法，还有待现代性去完成。我们或许会说：基督了解并超越了黄金法则，但现代性才将它变成了法则，并利用充分的文化约束力去支持它。

15.2　有多种原因让我们无法单单说现实的本体论层次有待我们去认识，这就是原因之一。这些层次会和意识的成长尖端共同发展，因为它们都乐于接纳发展，亦即无所不在的“创造中的灵性”。从贬斥或前批判的意义上而言，这些诉诸于独立本体论层次的模型是形而上学的，它们还没有接受现代性和后现代性的成就，而这种成就对于接纳所有存在和认识范畴中的分化－整合过程是必不可少的。

15.3　若想了解“同时关注（simultracking）”层次和象限的方法，请参阅《意识的整合理论》（全集 7）。传统的心理学聚焦于左上象限的层次和线，通常的整合研究聚焦于所有象限中的层次和线。例如，右下象限中的线包括生产力（从采集社会到种植社会，到农耕社会，到工业社会，到信息社会）、地缘政治结构（城镇、城邦、国家）、生态系统、成文法典、建筑风格、运输方式、通信技术方式等。右上象限的线包括器官结构、神经系统、神经递质、脑波模式、营养摄入、骨骼－肌肉发展等。左下象限的线包括：世界观、主体间语义学、文化价值观和风俗、文化背景等。此处的要点在于，即便心理学聚焦于左上象限，了解所有四个象限也是必要的，因为所有四个象限决定了个人的意识状态。